LÉVITIKON.

Grand Sceau

DU GOUVERNEMENT
DE L'ÉGLISE CHRÉTIENNE.

A. GUYOT, IMPRIMEUR DU ROI, RUE NEUVE-DES-PETITS-CHAMPS, Nº 37.

LÉVITIKON,

OU EXPOSÉ

DES PRINCIPES FONDAMENTAUX

DE LA DOCTRINE

DES CHRÉTIENS-CATHOLIQUES-PRIMITIFS;

SUIVI

DE LEURS ÉVANGILES, D'UN EXTRAIT DE LA TABLE D'OR,
ET DU RITUEL CÉRÉMONIAIRE POUR LE SERVICE RELIGIEUX, etc.

ET PRÉCÉDÉ

DU STATUT SUR LE GOUVERNEMENT DE L'ÉGLISE,
ET LA HIÉRARCHIE LÉVITIQUE.

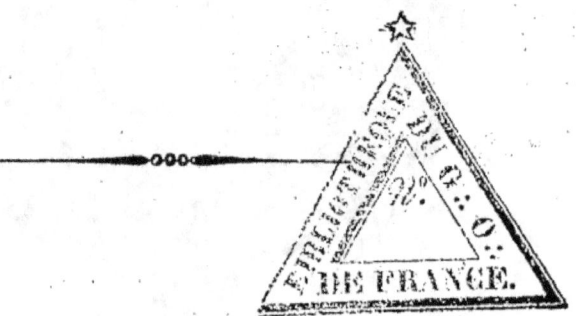

PARIS,

A LA LIBRAIRIE DES CHRÉTIENS PRIMITIFS.
Et chez J. MACHAULT, Trésorier-Général,
Rue du Roi-Doré Saint-Louis, N° 4.

1831.

Vois d'abord ce que nous avons dit page 48, pour ce qui a trait au Levitikon

AVERTISSEMENT.

Les archives de la Cour Apostolique contenant exclusivement les *documens historiques* de l'Eglise chrétienne-catholique-primitive, nous avions formé le projet de les publier avec l'autorisation du Prince des Apôtres et de la Cour. Mais, ce travail exigeant des recherches auxquelles il est impossible que la Cour se livre en ce moment, on a pensé, du moins, qu'on ne pouvait pas se dispenser de répondre aux justes demandes des *lévites qui ont pris la résolution de professer enfin publiquement le culte de l'Église du Christ.*

C'est pour cela qu'il a été ordonné qu'on livrerait à l'impression les écrits qui contiennent les principes fondamentaux de la religion chrétienne-primitive, et qui sont indispensables, tant aux ministres qu'aux fidèles.

Ces écrits sont principalement le *Lévitikon* et les *Évangiles*. On y a ajouté un extrait de *la Table d'Or*, le *Statut fondamental du gouvernement de l'Église*, le *Rituel cérémoniaire du service religieux*, etc.

On croit devoir rappeler que le *Lévitikon*, les Évangiles et l'extrait de la Table d'Or sont la traduction d'un des manuscrits renfermés dans le trésor sacré de l'Eglise chrétienne.

Ce manuscrit est en grec, sur parchemin (grandes feuilles), en lettres d'or, et porte la date de 1154. Il est une copie ou apographe d'un manuscrit du cinquième siècle, conservé par nos frères d'Orient, et semblable à celui d'Occident, sauf les passages relatifs à *l'Ordre des Templiers, incorporé dans l'Eglise primitive dès son institution en* 1118; et quelques notes et passages extraits du commentaire traditionnel de la doctrine religieuse, dont la Cour Apostolique a ordonné l'insertion dans toutes les traductions du codex lévitique.

Les Évangiles sont ceux qu'a écrits l'Apôtre Jean, anxquels on a ajouté, en regard, l'Evangile du même Apôtre, selon la Vulgate.

La Table d'Or contient la liste ou série chronologique, jusqu'en l'année 1154, des Souverains Pontifes et Patriarches, dont le dernier (ou le soixante-quatorzième) était le cinquième Grand-Maître du Temple.

Le Statut fondamental du gouvernement de l'Eglise, le Rituel cérémoniaire et les vingt-un articles de la profession de foi ou abrégé du *Lévitikon*, sont extraits d'un ancien manuscrit, contenant divers décrets de la Cour Apostolique, lesquels décrets ont été, dans les derniers temps, réunis en un seul code par ordre de la même Cour.

Pour éviter aux critiques des répétitions inutiles, et

aux fidèles des réponses à des argumens sans valeur, nous prévenons que les manuscrits dont il s'agit, et autres conservés dans les archives de l'Église, ont été examinés avec une attention scrupuleuse par un grand nombre d'hommes capables de les juger, entre autres par le savant et illustre Grégoire, ancien évêque de Blois, qui, dans son *Histoire des Sectes religieuses*, tome 2, page 407 et suivantes, édition de 1828, déclare partager le sentiment d'hellénistes distingués et versés, en outre, dans la paléographie, sur l'ancienneté du manuscrit, qui contient le Lévitikon, les Évangiles et la Table d'Or, manuscrit qu'il dit être du treizième siècle, lorsque d'autres prétendent qu'il est antérieur (1).

M. Grégoire, nonobstant sa douce tolérance et une pleine conviction relative à l'authenticité de ce manuscrit, entraîné, sans doute, irrésistiblement par les préjugés d'une éducation première, fondement de cette foi catholique, romaine, contre laquelle il aurait craint d'armer un instant son intelligence, M. Grégoire

---

(1) Il n'est pas possible que ce codex soit antérieur à l'an 1154, puisqu'il porte le nom du Souverain Pontife Bertrand de Blancfort, élu et sacré en cette même année. Il est probable que le manuscrit aura été écrit avec autant de soin que de luxe, et placé dans les archives du Temple, par ordre du Convent général de 1154, convoqué pour l'élection du Grand-Maître, Souverain Pontife et Patriarche, et après son intronisation.

s'efforce de trouver des raisons pour prouver que le manuscrit *Lévitikon* ne contient pas l'expression fidèle de la doctrine chrétienne. A défaut de raisons, il témoigne de la douleur de ce que l'Évangile de Saint Jean n'a que dix-neuf chapitres (1) au lieu de vingt-un, et ne parle pas de miracles ; de ce qu'il se tait sur la résurrection du Christ et sur plusieurs faits concernant Saint Pierre, etc. ; d'où il conclut (non selon les lois de la logique, mais en catholique romain, désolé de trouver de puissans argumens contre sa croyance), que *ces omissions décèlent la mauvaise foi qui a présidé à la confection de ce manuscrit, lequel paraît être dirigé contre toute idée de prérogative de l'apôtre Saint Pierre, et être fait, seulement en faveur du déisme et de la primatie de l'apôtre Saint Jean.*

Si, pour étayer son opinion, il cite l'appui qu'ont donné à la chrétienneté primitive des hommes dont la foi lui paraît peu conforme à la sienne, tels que Samuel Bochart, célèbre protestant, Frédéric II, roi de Prusse, l'abbé Barthélemy, Duclos, Dupuis, Lacépède, etc., inscrits parmi les grands dignitaires de cette Église, on a de la peine à comprendre qu'il ne soit pas au moins ébranlé dans son opposition, en lisant, en même temps, sur la liste des Pontifes catholiques primitifs, les

---

(1) Les chapitres portent, dans le *Lévitikon*, conservé en occident, le titre d'*Évangiles*.

noms de Fénélon, Massillon, Mauviel, évêque de Saint-Domingue, Salamon, évêque d'Ortosia, etc.

Quant à la doctrine, on verra, en comparant le texte du *Lévitikon* avec ce qu'en a dit M. Grégoire, que ce prélat, toujours soumis à la même puissance, n'a pu se décider à donner une analyse non tronquée de cette doctrine, et surtout à déduire des conséquences rigoureuses des principes si positifs, si clairs, si empreints de vérité, qui sont établis, pour ainsi dire, dans chaque ligne d'un livre qu'une conscience libre de préjugés ne peut se dispenser de qualifier de divin.

On verra que, par des interprétations forcées, telles qu'on est dans l'habitude de les faire parmi les sectaires romains, mais auxquelles le zèle le plus pur pour la religion papiste servira toujours d'excuse chez M. Grégoire, ce prélat fait dire aux chrétiens primitifs le contraire de ce qu'ils disent. C'est ainsi qu'il prétend que, d'après leur système religieux : « toutes les parties de la nature, quelles que soient leurs compositions, auraient la faculté de penser, et jouiraient du libre-arbitre ; que nous rejetons la croyance à la création, et la plupart des livres de la bible, tels que la Genèse, le Pentateuque, etc. »

Sans doute, notre Eglise rejette ce qui est *absurde*, *impie*, *immoral*, comme n'étant pas l'œuvre de la révélation à la raison de l'homme ; mais elle admet tout ce qui, dans l'Ancien et le Nouveau Testament, n'est pas l'œuvre de falsificateurs, tout ce qui émane de Dieu.

Ainsi, en déclarant qu'elle ne reconnaît comme authentiques que les Évangiles qui lui viennent de Saint Jean, les Épîtres, etc., livres qu'elle possède dans toute leur pureté, l'Eglise ne dit pas qu'elle *rejette* les autres livres; elle entend seulement qu'elle *rejette* de ces livres *ce qu'ils ont d'impie, d'immoral, de faux et d'absurde*..... Sans doute, elle croit autant à la création ou formation de la terre et des êtres qui l'ont habitée, qu'elle croit à la création ou formation d'une infinité d'êtres qui se montrent sous nos yeux, et qui disparaîtront, comme disparaîtra un jour la terre, pour faire place à d'autres êtres, etc., etc., etc. Insister sur un tel sujet serait, en quelque sorte, porter atteinte à la sainteté de notre croyance, qui est toute posée en principes; et ces principes, encore une fois, sont si évidens qu'ils ne sauraient comporter aucune discussion, et qu'il n'y a qu'à en tirer des conséquences. C'est pourquoi nous rappelons que notre Eglise défend, par une loi spéciale, toute polémique sur la doctrine, et nous ne nous permettrons pas d'enfreindre une loi aussi sage et qui force d'abandonner le parlage de la dialectique pour ne recourir qu'à la dialectique de la conscience.

Ensuite, ne pouvant résister au besoin de revenir à la vérité, M. Grégoire cherche à corriger le jugement

qu'il vient de porter : mais après avoir fait une part à la justice, et toujours de plus en plus soumis à sa foi, il ne peut s'empêcher d'élever à cette foi un petit autel expiatoire, en ajoutant que *l'historien des opinions n'est pas tenu d'en éclaircir les obscurités et d'en concilier les antilogies.*

Quoi qu'il en puisse être de ce mélange que l'on remarque dans l'écrit de M. Grégoire, tant de sa conviction de l'authenticité de nos livres et de la sublimité de notre philosophie religieuse, que de sa répugnance à l'avouer formellement, nous nous ferons un devoir de rendre hommage à son zèle pour la propagation de la vérité ; et s'il n'a pas cru devoir *lui-même* présenter nos livres à la vénération des hommes, du moins est-il un de ceux qui nous ont le plus engagés à les publier, et à exercer publiquement notre culte.

Des écrivains anonymes, en attaquant le Temple et la religion primitive, ont, dans quelques journaux, cité M. Grégoire en faveur de ce qu'ils appellent leur opinion. Si nous étions convaincus de leur bonne foi, comme nous le sommes de celle qui présida, dans toutes les circonstances, à la conduite du vénérable évêque de Blois, nous leur répondrions par un silence respectueux, ainsi que nous l'avons fait pour M. Grégoire.

Mais attendu qu'ils n'ont pris dans cet auteur que des

phrases isolées qui pouvaient donner de la force à des espèces d'argumens dont le but était de nous signaler comme des *impies* et des *sacriléges*, nous croyons devoir, non pas nous plaindre d'une conduite aussi étrange, mais rappeler, entre autres, un passage qu'ils citent pour prouver, à leur manière, que les chevaliers du Temple se permettent de se croire investis de la puissance épiscopale.

« Une question s'élève (dit M. Grégoire, p. 414,
« tom. 2, *de l'Histoire des sectes religieuses*), c'est de
« savoir si un simple chevalier peut conférer l'onction
« pour la consécration des lévites *du premier grade*
« *où chevaliers* : sur quoi, en 1812, est intervenu le
« CONSIDÉRANT d'un décret : qu'avec le caractère sacré
« et à jamais ineffaçable de la chevalerie (1), et par le

---

(1) Voyez *Manuel des Chevaliers du Temple*, édition de 1825, page 301, où se trouve le décret suivant, rendu par le Grand-Maître, agissant en sa qualité de chef de la religion, et contresigné par l'évêque de Saint-Domingue, Primat et Président du conseil des Ministres du Souverain Pontife et Patriarche.

DÉCRET.

« Vu la demande qui nous a été adressée par le Grand-Prieur de Lorraine, notre légat magistral, de statuer par un édit magistral, sur la proposition de savoir *si, d'après une délégation spéciale du Grand-Maître, en sa qualité de* SOUVERAIN PONTIFE ET PATRIARCHE, *un chevalier peut conférer l'onction de la Chevalerie;*

Note relative à la note mise bas de la page 12 du Lévitikkon.

Ce décret est à comparer d'abord avec le même décret inscrit et imprimé page 181 du manuel in 8º de 1817 = 2º avec celui imprimé au manuel de 1829 page 301 et suiv.

Comparé au premier on observe ligne 1re le mot fait au lieu de adresse ligne 5 après patriarch on lit au manuel in 8º de l'ordre

Page 13 lignes 11. 12 et 13 de la note on a ajouté entre parenthèses une phrase qui n'est pas au manuel de 1817.

3 lignes après le Lévitikkon porte après avoir pris l'avis de la cour Synodiale primatiale, le manuel de 1817 dit après avoir pris l'avis du Synode.

7 lignes ensuite ces mots entre parenthèses prêtres ou docteurs de la loi ne sont pas portés au manuel de 1817

avant dernière ligne cour Synodiale et ce qui suit entre parenthèse n'existe pas au manuel de 1817 qui dit sus le livre des actes du Synode et contresigné par le primat, &c.

page 14 cour Synodiale & le manuel dit ici à la cour Synodiale par nous &

Enfin le nouveau manuel ne se lit pas au manuel de 1817 (ligne dernière de la page 14 du Lévitikkon.

Comparons le actuellement au manuel de 1829.

Ce decret si on le compare à celui qui est imprimé au manuel de 1825 présente des différences avec celui qu'on lit ici et même avec celui du manuel de 1817. = Ainsi page 13 du Leviticum ligne 11 de la note les mots relatifs au vœu et tout ce qui est placé entre parenthèses ne se trouve pas au manuel de 1825.
3 lignes après ce paragraphe le manuel de 1825 dit cour synodiale on a ajouté ici primatiale qui n'est pas dans le manuel.

les mots (prêtres ou docteurs de la loi) ne se trouvent pas non plus dans le manuel de 1825.
Dans le Leviticum ligne 26 de la note ici le mot primatiale est encore ajouté il ne se trouve pas au manuel non plus que ce qui est placé à la suite entre parenthèses.

« fait de son élévation au rang des lévites préposés à la
« défense de l'Arche-Sainte et à la célébration du culte,
« chaque Templier a reçu la puissance de création, etc.;
« qu'ainsi, tout chevalier du Temple peut remplir cet
« acte de religion. »

« Considérant qu'avec le caractère sacré et à jamais ineffaçable de la chevalerie, et par le fait de son élévation au rang de lévites préposés *à la défense* de l'Arche-Sainte, et à la célébration du culte, chaque Templier a reçu la puissance de création ;

« Que tout *chevalier*, en recevant cette puissance, a dû nécessairement acquérir celle de procéder à une création entière ;

« Que l'onction sacramentelle est une des conditions sans lesquelles l'acte de création ne saurait exister ;

« Mais que, pour avoir le droit d'exercer la puissance de création, un chevalier a besoin de l'autorisation (*licentia*) prescrite par l'art. 307 des Statuts (relatif au vœu de profession par lequel chaque chevalier s'engage sur l'honneur à ne créer aucun chevalier (*nullos equites creaturus*) ;

« Considérant, en outre, etc., etc. ;

Vu les articles 37 et 53 desdits Statuts, et *après avoir pris l'avis de la Cour synodiale-primatiale*, avons décrété et décrétons ce qui suit :

Art. 1er. Tout chevalier du Temple, spécialement institué par le Grand-Maître, ou par le Prince délégué, *pour donner l'onction qui* PRÉCÈDE *la profession des chevaliers*, est déclaré habile à remplir cet acte de religion.

2. Dans tous les lieux où il existe des chevaliers-ecclésiastiques (prêtres ou docteurs de la loi), l'onction est faite de droit par *lesdits chevaliers*.

3 Le présent décret sera enregistré par le secrétaire-magistral, sur le livre des actes de la Cour synodiale-primatiale (*comme appartenant également à l'administration de la milice armée*

Quand même il n'eût point lu ce qui précède et ce qui suit cet article, tout homme d'un esprit droit en aurait conclu tout simplement que cet article ne concernait que la chevalerie du Temple; que cette chevalerie est à la fois religieuse et militaire; qu'elle concourt à la défense de l'Ordre et aux cérémonies du culte; que l'on confère une onction aux chevaliers quand on les reçoit, et que cette onction imprimant un caractère sacré, celui qui a reçu ce caractère à l'aide de l'onction, a la puissance (en se conformant aux règles et quand il en a reçu l'autorisation en exécution de ces mêmes règles), qu'il a, dis-je, la puissance de conférer à son tour la chevalerie à qui de droit.

Mais ce n'est pas ainsi qu'ont agi les vociférateurs. *Calomnions:* tel est leur *cri de guerre,* qu'ils appellent *de victoire;* et sans penser qu'ils donnaient des armes

---

et de la milice lévitique), et contresigné par le Primat ou l'un de ses coadjuteurs généraux.

 Soit le présent, etc.
Signé: ✠ F. Bernard-Raymond.

Et plus bas,

De par S. A. E.: le *Ministre de l'Ordre, Secrétaire-Magistral,*
✠ F. Jacques des Bermudes.

 Vu et enregistré ledit jour, à la Cour synodiale-primatiale, par nous, *Primat de l'Ordre, Évêque de Saint-Domingue,*
✠ F. ✠ Guillaume de la Cicile Citérieure (Mauviel).

ligne 8 de la note l'édition porte encore
le mot primatial qui n'est pas au manuel,
au manuel on lit après S.r Domingue cette
le 20 adar 694 est aussi la date du
décret telle qu'elle est portée avant la signature
Bernard-Raymond. = Enfin
le nom de mauviel ne se lit pas au manuel de 1828
que conclure de tout cela ?

contre eux-mêmes, ils ont crié au sacrilége. Sans doute, ils savaient bien que la milice des chevaliers ou lévites du premier grade n'est que la garde armée de l'Ordre Lévitique, et qu'elle en forme, en quelque sorte, le mur d'enceinte; mais était-ce une raison pour la considérer comme étant aussi le sanctuaire du Temple? Cette conséquence serait trop absurde pour qu'elle ne s'écroulât pas d'elle-même. Ils savaient aussi qu'il existe dans l'intérieur neuf Ordres lévitiques non militaires, depuis le deuxième jusqu'au pontificat; et que les évêques seuls, d'après les règles disciplinaires de l'Église, ont reçu le pouvoir de créer d'autres lévites à compter de ce deuxième degré... et cependant nous avons été poursuivis de leurs calomnies!... Que l'on juge, d'après cela, de la logique, de la bonne foi et de la charité de ces hommes qui se proclament chrétiens par excellence, et qui, après nous avoir ignoblement injuriés, n'ont pas craint, dans un trop grand nombre de circonstances, et surtout en 1815 et 1828 (1), d'invoquer

---

(1) En 1815, le Grand-Maître, Souverain Pontife et Patriarche, Bernard-Raymond, a été incarcéré : ses papiers ont été saisis...... On croyait sans doute saisir en même temps les archives de l'Ordre et de l'Eglise ; mais quelques perçans et multipliés que soient les yeux de nos argus, les mesures de conservation d'aussi précieux monumens, adoptées de temps immémorial par la Cour Apostolique, sont telles, que jamais elle n'aura à craindre à ce sujet les suites d'une trahison..... Qu'on se sou-

contre nous l'action du Gouvernement, et de proclamer qu'avant peu on aurait mis bon ordre à nos impiétés, etc.

Nous citerons également parmi les personnes les plus remarquables qui ont pris connaissance de nos livres, le savant Munter, évêque de Zélande, qui a consacré un ouvrage à l'étude et à l'examen du *Lévitikon*, et surtout des Evangiles de Saint Jean dont l'Église catholique ou primitive est dépositaire.

Cet ouvrage a pour titre : *Frederici Munteri, episcopi Zelandiæ, notitia codicis græci Evangelium Johannis variatum continentis*. M. Munter en a envoyé un exemplaire au Patriarche, ainsi qu'une copie manuscrite d'une ancienne règle du Temple, en langue romane, qu'il avait trouvée dans la bibliothèque du Vatican, copie dont il a cru devoir faire hommage à l'Ordre.

Après avoir examiné avec un soin scrupuleux non-seulement chaque phrase, mais encore chaque mot de ce livre si heureusement conservé, et s'être livré à ce sujet à un travail extrêmement pénible, le savant évêque de Copenhague ne peut s'empêcher d'avouer que l'ancienneté de ce manuscrit ne saurait être mise

---

vienne de l'interrogatoire et du bûcher de Jacques de Molay! et l'on acquerra la conviction que tous les bûchers, et les noms de tous les Philippe-Lebel et Clément V de l'univers ne serviraient tout au plus qu'à éterniser des crimes et une honteuse impuissance.

en doute, et que, pour n'avoir pas été publié jusqu'alors, ce livre n'en est pas moins digne de fixer l'attention ; mais, à l'exemple de l'évêque de Blois, et sans toutefois combattre la doctrine, il laisse entrevoir qu'elle doit être considérée *comme apocryphe, parce qu'elle repousse des dogmes contraires aux lois de la nature et de la raison, et qu'on n'y considère pas comme surnaturel ce qui peut être expliqué par les lois de la nature, etc.*

Quant à l'époque où ce manuscrit a été confectionné, il pense, d'après ses propres investigations et celles d'un savant helléniste, professeur de la faculté de théologie de Copenhague, M. Hohlenberg, qui a lu notre manuscrit et l'a étudié avec soin; il pense, dis-je, que ce livre est au moins du treizième siècle, et qu'il appartient à la famille de ceux de la recension byzantine ; mais que, d'après quelques idiotismes qu'on y remarque, et l'omission assez fréquente de l'article ὁ, il est probable que ce manuscrit a passé par des mains latines.

Nous aussi sommes de l'opinion de M. Munter sur l'époque où le *Lévitikon* a été copié et sur la translation de ce livre du grec en latin et du latin en grec. Cette translation ne saurait être mise en doute par ceux qui voudront bien se souvenir que le Grand-Maître, *Hugues de Païens,* a reçu la doctrine religieuse et la transmission des pouvoirs apostoliques-patriarcaux du soixantième Souverain Pontife et Patriarche, *Théoclet*, en 1118, ainsi qu'il conste de nos livres traditionnels, de l'exposé même du *Lévitikon* et de la table extraite du *Chrysè-Biblos*, on pourrait même ajouter de la charte de transmission, et du mode adopté en tout temps dans le Temple, pour le sacre et l'intronisation du Grand-Maître, en sa qualité de prince revêtu à la fois de la puissance magistrale et de la puissance apostolique-patriarcale, etc. (*Voyez* les statuts généraux de l'Ordre).

Sans aucun doute, Hugues a dû recevoir et a reçu la doctrine telle que la professaient les chrétiens de *Théoclet*, et que l'ont professée depuis ceux auxquels elle a été transmise par la série des Princes des Apôtres et Grands-Maîtres du Temple, auxquels en a été confié le dépôt sacré.

Mais puisque nous trouvons que le manuscrit que nous possédons, et qui est désigné sous le nom de *manuscrit d'Occident*, contient des passages relatifs aux Templiers et à la transmission des pouvoirs de *Théoclet* à *Hugues*, et que les Templiers ou leurs scribes étaient français-latins d'origine et de langage, il est présumable que le manuscrit grec aura été traduit d'abord en latin et peut-être même en français, pour l'usage desdits Templiers; qu'on y a ajouté les passages dont nous avons parlé, et que, par respect pour la langue-mère de l'Église, les scribes du Temple au-

ront, par ordre de qui de droit, remis en grec ce manuscrit avec les passages dont l'insertion avait été ordonnée. Il est également présumable qu'en se livrant à cette traduction, ils auront fait ce qui arrive tous les jours, en pareil cas, aux personnes habituées à parler un idiome un peu différent de la langue-mère, et qui, traduisant en cette langue, s'exposent, en quelque sorte malgré elles, à introduire dans leurs copies et traductions des changemens ou additions de mots qui sont selon leurs habitudes, et qu'elles croient être plus intelligibles ou plus conformes au langage reçu.

Plusieurs de nos frères avaient pensé qu'il serait convenable d'insérer, à la suite du *Lévitikon*, la liturgie de l'Église catholique-primitive ; mais cette liturgie, ainsi que le catéchisme, faisant partie du *Diurnal* ou *Rituel lévitique* des cappellanies, et le *Lévitikon* étant plutôt un livre destiné à préparer les hautes méditations auxquelles doivent se livrer les fidèles, nous avons cru ne pas devoir insérer ici cette liturgie.

Nous rappellerons seulement que la doctrine et la liturgie étant et devant être les mêmes dans toute la chrétienté, sauf la différence des langues, la Cour Apostolique a déclaré désavouer, comme ne provenant pas de la source pure du christianisme, tous livres de doctrine, de prédications, de prières, de règles disciplinaires, de liturgie, d'histoire lévitique, etc., qui ne seraient pas revêtus de l'approbation d'un évêque chargé titulairement de l'administration d'une juridiction ecclésiastique de l'Église primitive, approbation visée par la Cour synodiale-primatiale.

Statut Fondamental

DU GOUVERNEMENT DE LA SAINTE-ÉGLISE
DU CHRIST,

EXTRAIT

DU CODEX PONTIFICAL - PATRIARCHAL

ET MAGISTRAL.

La Cour apostolique, voulant mettre en harmonie les diverses règles qui ont été établies sur la hiérarchie lévitique, ainsi que sur les devoirs, les droits, les insignes et les titres des lévites de tout Ordre et de tout rang,

A ordonné que ces règles fussent réunies en une seule, dans le Codex pontifical, patriarchal et magistral; et a rendu à cet effet le décret suivant, comme complément du statut fondamental de la sainte Église du Christ.

ARTICLE PREMIER.

L'Eglise du Christ est gouvernée par un Souverain Pontife et Patriarche, une Cour apostolique-patriarchale, une Cour synodiale-primatiale, des Cours primatiales-coadjutoriales, des synodies épiscopales et des synodies curiales, ou capellanies.

Souverain Pontife et Patriarche, prince des Apôtres.

ART. 2.

Le Souverain Pontife, réunissant à ce titre celui de Grand-Maître de l'Ordre du Temple, est élu, sacré et intronisé conformément à ce qui est prescrit par les statuts généraux de l'Ordre (1).

Le Souverain Pontife est nommé *ad vitam*.

Il est chargé du gouvernement général de l'Église chrétienne, catholique et apostolique. Il fait mettre à exécution ses décrets et ceux de la Cour apostolique, par ses ministres, les membres de la Cour synodiale-primatiale, et, quand il y a lieu, par tous autres fonctionnaires, lévites et fidèles. Il convoque et préside les Conciles (2) et Convens généraux, ainsi que la Cour apostolique, dont il est membre (*Voyez* pour ce qui concerne le Grand-Maître et les Convens généraux, les statuts, édits et décrets qui composent le Codex magistral, et servent à compléter le présent Codex).

---

(1) Voyez *Manuel des Chevaliers de l'Ordre du Temple*, dernière édition.

(2) Les Conciles généraux se composent de la réunion des Princes et grands dignitaires de l'Église, des députés des Évêques (un par primatie-coadjutoriale), et des députés des Recteurs (un par synodie-épiscopale). Chaque Évêque est accompagné d'un Docteur, et chaque Recteur d'un Diacre; les Docteurs et les Diacres n'ont que voix consultative. Les Conciles sont divisés en deux Synodes, celui des Recteurs et celui des Pontifes (Voyez le *Rituel des Conciles*).

Les décrets des Conciles ne sont légaux qu'autant qu'ils ont été délibérés : 1° par le Synode des Recteurs, à la majorité des deux tiers des voix des membres présens ; 2° par le Synode des Pontifes, à la même majorité.

Aucune proposition ne peut être mise en délibération dans les Conciles ou Convens généraux, si elle n'a été inscrite au *commentarium* par un décret du Souverain-Pontife et Grand-Maître.

Cour Apostolique-Patriarchale.

ART. 3.

La Cour apostolique-patriarchale est composée de douze Apôtres, Princes de l'Église, nommés *ad vitam*, ayant seuls voix délibérative, et formant le conseil souverain de ladite Église.

ART. 4.

Les Apôtres ne prennent rang à la Cour qu'après avoir été consacrés Pontifes ou Evêques.

ART. 5.

A l'exception du Souverain Pontife, chacun des autres onze Apôtres ou Princes souverains apostoliques est nommé en séance de la Cour apostolique-patriarchale, à la majorité des voix des Princes souverains présens à la séance.

En cas de partage des voix, le Souverain Pontife prononce.

ART. 6.

Toute élection de Prince apostolique est nulle, si les Princes électeurs n'ont pas été individuellement convoqués.

A cet effet, le Prince, secrétaire de la Cour, assisté d'un conseiller apostolique-pontife, d'un conseiller-prêtre et d'un conseiller-diacre, se rend chez chacun des Princes, leur fait signer un acte de convocation; et, dans le cas d'absence et d'impossibilité de signification du décret de convocation, il en dresse procès-verbal qui est soumis à la Cour durant trois assemblées consécutives, qui ont lieu à cet effet de huitaine en huitaine.

Il ne peut être procédé à l'élection qu'après la troisième desdites assemblées.

ART. 7.

La Cour apostolique-patriarchale a trente-six conseillers apostoliques, élus et révocables par la Cour.

Douze de ces conseillers ont le titre de conseillers-pontifes, douze celui de conseillers-prêtres ou docteurs de la loi, et douze celui de conseillers-diacres. Les uns et les autres ne peuvent siéger à la Cour, qu'après avoir été consacrés pontifes ou évêques.

ART. 8.

Les conseillers apostoliques sont nommés de la même manière que sont nommés les Princes de l'Église.

Leur révocation ne peut être prononcée qu'autant qu'on a observé les formalités prescrites pour leur nomination.

ART. 9.

Toutes nominations et révocations sont nécessairement précédées d'un rapport fait par une commission de trois Princes.

Ces actes ont lieu en assemblée secrète des Princes, et au scrutin secret.

Cette assemblée est désignée d'avance et dans la séance où est nommée la commission, sauf les dispositions établies par l'article 6.

ART. 10.

Les conseillers apostoliques n'assistent aux séances de la Cour que lorsqu'ils sont convoqués par ordre de la Cour, ou par décret du Prince des Apôtres.

ART. 11.

La Cour apostolique-patriarchale connaît de tout ce qui a rapport à la doctrine, et juge souverainement.

ART. 12.

Toute décision, sur affaires majeures, est nécessairement précédée d'un rapport fait par une commission nommée par la Cour dans une séance antécédente.

ART. 13.

Les commissaires peuvent être pris parmi les conseillers apostoliques : mais le président de chaque commission est nécessairement un Prince souverain de l'Église.

ART. 14.

Les actes de la Cour sont arrêtés à la majorité des voix des membres présens à la séance.

En cas de partage des voix, le Souverain Pontife prononce.

ART. 15.

Outre les affaires de doctrine, la Cour connaît de tout ce qui a rapport à la discipline ecclésiastique, et juge aussi, à cet égard, souverainement, sauf les décisions rendues par un Concile général de l'Église, légalement convoqué.

ART. 16.

La Cour donne son avis sur l'administration extérieure, lorsqu'elle en est requise par le Souverain Pontife, auquel appartient l'exercice de ladite administration, conformément aux dispositions des statuts généraux de l'Ordre du Temple, sanctionnées par l'Église.

ART. 17.

Les décisions de la Cour sont toujours transmises aux diverses autorités, aux convens et maisons de l'Ordre par l'autorité magistrale, lorsque la Cour l'a ainsi arrêté.

Cour Synodiale-Primatiale.

ART. 18.

La Cour synodiale-primatiale est composée de cinq évêques, ministres du Souverain Pontife ;

Savoir :

Un Pontife, Primat général, et quatre Pontifes, Primats coadjuteurs généraux, nommés conformément aux statuts généraux, et chargés spécialement de faire mettre à exécution les décrets du Prince des Apôtres.

Cours Primatiales-Coadjutoriales.

ART. 19.

Il est institué une Cour primatiale-coadjutoriale dans chaque langue, ou Gouvernement.

ART. 20.

Les Cours primatiales-coadjutoriales sont composées chacune :

1° D'un Evêque, coadjuteur du Primat, nommé à vie, et choisi par le Souverain Pontife et Patriarche parmi trois candidats, présentés par la Cour apostolique, et pris sur une liste de six évêques, envoyée par la Cour synodiale-primatiale, et

réduite à ce dernier nombre par cette même Cour primatiale, sur une liste de douze évêques, formée par la majorité absolue des suffrages des évêques de la juridiction coadjutoriale, dans laquelle la charge de coadjuteur est vacante, et présens à une assemblée électorale, convoquée à cet effet, et présidée par l'évêque le plus ancien en exercice de ladite juridiction;

2° De quatre prêtres, docteurs de la loi, grands capellans, vicaires-primatiaux, conseillers du coadjuteur, élus par ce dernier sur une liste de canditats, présentés au nombre de quatre par chaque évêque synodial de la coadjutorerie, d'après l'avis à lui donné, à cet effet, par le coadjuteur.

Il est interdit à ce dernier de présenter des candidats, quoiqu'il remplisse les fonctions d'évêque de la synodie dans laquelle est établi le siége de la Cour coadjutoriale.

ART. 21.

Un vicaire primatial ne peut être révoqué par le coadjuteur que pour des raisons graves, qu'après avoir été entendu en cour coadjutoriale, et sur l'avis motivé de ses collégues.

Synodies Épiscopales.

ART. 22.

Il est institué des synodies épiscopales, en nombre indéfini, dans chaque juridiction coadjutoriale et sous la surveillance du Primat-coadjuteur.

ART. 23.

Les synodies épiscopales sont composées chacune :
1° D'un Evêque nommé à vie, et choisi par le Souverain Pon-

tife et Patriarche parmi trois candidats, présentés par la Cour apostolique, et pris sur une liste de six, envoyée par la Cour synodiale-primatiale, et réduite à ce dernier nombre par cette même Cour primatiale, sur une liste de douze capellans, formée par la majorité absolue des suffrages des recteurs et autres capellans de la juridiction épiscopale, dans laquelle la charge d'évêque est vacante, et présens à une assemblée électorale, convoquée, à cet effet, par le coadjuteur, et présidée soit par lui, soit par un recteur ou par un autre capellan qu'il aura délégué pour le remplacer;

2° De quatre prêtres, docteurs de la loi, grands capellans, vicaires-épiscopaux, conseillers de l'évêque, élus par ce dernier sur une liste de candidats, présentés au nombre de quatre par chaque recteur de la synodie épiscopale, d'après l'avis à lui donné à cet effet, par l'évêque.

Les vicaires épiscopaux, attachés au coadjuteur, en sa qualité d'évêque-synodial, sont nommés de la même manière que les autres vicaires épiscopaux.

ART. 24.

Un vicaire épiscopal ne peut être révoqué par l'évêque que pour des raisons graves, qu'après avoir été entendu en synode épiscopal, et sur l'avis motivé de ses collégues.

Synodies Curiales ou Capellanies.

ART. 25.

Il est institué des synodies curiales ou capellanies, en nom-

bre indéfini, dans chaque juridiction synodiale-épiscopale, et sous la surveillance de l'évêque synodial.

ART. 26.

Les synodies curiales ou capellanies sont composées :

1° D'un prêtre, docteur de la loi, capellan, recteur synodial, nommé à vie, choisi par l'évêque synodial parmi trois candidats, présentés par une assemblée électorale des recteurs de la synodie épiscopale, réunis selon le mode prescrit en l'article 25 précédent, lesquels trois candidats sont pris sur une liste de douze prêtres, docteurs de la loi, formée par la majorité absolue des suffrages des fidèles inscrits sur les registres de la capellanie, dans laquelle la charge curiale est vacante, et présens à une assemblée générale desdits fidèles, convoquée et présidée par le vicaire le plus ancien en exercice, ou, à défaut de vicaire, par le président du conseil chargé de l'administration temporelle de la capellanie;

2° D'un nombre indéterminé de prêtres, docteurs de la loi, vicaires du recteur, de diacres et de lévites des Ordres inférieurs, présentés par le conseil d'administration, et agréés par le recteur.

ART. 27.

Un vicaire curial ne peut être révoqué par le recteur que pour des raisons graves, qu'après avoir été entendu en assemblée d'administration de la capellanie, et sur l'avis motivé des administrateurs.

ART. 28.

Les droits et devoirs des Cours primatiales-coadjutoriales,

des synodies épiscopales et des synodies curiales sont déterminés tant par les règles de l'Eglise et les décrets du Souverain Pontife et de la Cour apostolique-patriarchale, que par les statuts généraux de l'Ordre.

ART. 29.

Les lévites des divers Ordres, ainsi que les dignitaires de l'Eglise, sont distingués par des insignes qu'ils sont tenus de porter dans toutes les circonstances de la vie.

ART. 30.

Ces insignes sont,

1° Pour le Souverain Pontife et Patriarche :

Croix pontificale-patriarchale et magistrale, portant, d'un côté, l'effigie de N. S. J. L. C., avec ces mots : *Pro Deo et Patriâ,* et de l'autre, l'effigie du très-saint père Hugues, avec ces mots : *Ferro, non auro se muniunt.* Cette croix, surmontée de la tiare pontificale, est suspendue au col par une chaîne de fer ;

Anneau d'or pontifical-patriarchal et magistral, orné de quatre rubis triangulaires, formant la croix, ayant, au centre, un diamant, et séparés par quatre émeraudes ;

2° Pour les autres Princes souverains :

Croix apostolique d'or, surmontée de la tiare pontificale-patriarchale d'or, suspendue au col par une chaîne de même métal ;

Anneau d'or apostolique, orné de quatre améthystes triangulaires, formant la croix, ayant, au centre, un rubis, et séparées par quatre rubis ;

3° Pour les conseillers apostoliques, pontifes :

Croix pontificale d'or, surmontée de la tiare pontificale-patriarchale d'or, suspendue, *ut suprà;*

Anneau d'or pontifical, orné de quatre améthystes triangulaires, formant la croix, ayant, au centre, une émeraude, et séparées par quatre améthystes;

4° Pour les conseillers apostoliques, prêtres :

Croix, *ut suprà;*

Anneau, *ut suprà*, ayant au centre une améthyste;

5° Pour les conseillers apostoliques, diacres :

Croix, *ut suprà;*

Anneau, *ut suprà*, ayant, au centre, une topase;

6° Pour le primat :

Croix, *ut suprà;*

Anneau d'or pontifical, orné de quatre améthystes triangulaires, formant la croix, ayant une émeraude au centre, et séparées par quatre émeraudes;

7° Pour les coadjuteurs généraux :

Croix, *ut suprà;*

Anneau d'or pontifical, orné de quatre améthystes, formant la croix, ayant, au centre, un saphir, et séparées par quatre saphirs;

8° Pour les pontifes titulaires ou non titulaires :

Croix, *ut suprà;*

Anneau d'or pontifical, orné de quatre améthystes triangulaires, formant la croix, ayant, au centre, une topase, et séparées par quatre topases;

9° Pour les prêtres ou docteurs de la loi :

Croix pontificale d'argent, surmontée de la tiare pontificale-patriarchale d'or, suspendue par une chaîne d'argent ;

Anneau d'or sacerdotal, orné de quatre topases triangulaires, formant la croix, ayant une améthyste au centre, et séparées par quatre topases.

Nota. Les anneaux lévitiques (patriarchal, apostolique, pontifical et sacerdotal) se portent au doigt annulaire de la main droite.

10° Pour les Ordres lévitiques 2, 3, 4, 5, 6 et 7 :

Croix conventuelle, surmontée de la tiare pontificale-patriarchale d'or, suspendue, pour les diacres, par une chaîne d'argent, et pour les autres, par un ruban de soie rouge, liséré de blanc ;

Anneau d'or, de profession, portant la croix triangulaire, émaillée de rouge, et les lettres P. D. E. P., et en-dedans les noms de religion et de famille du lévite, avec le jour et l'année de sa réception au premier Ordre ;

11° Pour les lévites du premier Ordre :

Croix conventuelle, surmontée soit de la barrette magistrale, soit de la tiare pontificale, suspendue par un ruban de soie rouge, liséré de blanc ;

Anneau de profession, *ut suprà*.

ART. 31.

Le costume et les ornemens des lévites, pour le service religieux, sont établis et demeurent fixés ainsi qu'il suit ;

1° Prince des Apôtres :

Simarre de laine ou de soie blanche, fourrée et lisérée d'hermine, avec des boutons de soie rouge;

Aube courte de lin;

Ceinture de soie blanche, avec franges en torsades d'or;

Étole de soie blanche, avec une croix d'Orient, brodée d'or, avec franges d'or, en torsades, à chaque extrémité;

Trabée de soie verte, brodée d'or et lisérée d'une torsade d'or, surmontée d'une seconde trabée de soie blanche, brodée d'or et lisérée d'une torsade d'or, avec la grande croix d'Orient, en soie rouge, brodée sur la partie antérieure et supérieure. Le grand côté de la trabée verte est antérieur; il en est de même du petit côté de la trabée blanche;

Ou, selon les circonstances, camail blanc, en soie ou en laine, fourré et bordé d'hermine, liséré d'une torsade d'or, avec des boutons d'or;

Rabat de lin à la chevalière;

Gants de soie blanche, ornés de la croix d'Orient, brodée en soie rouge;

Anneau pontifical-patriarchal et magistral;

Croix patriarchale; Collier en chaîne de fer;

Grand'-Croix et Grand-Cordon de l'Ordre;

Tiare pontificale-patriarchale, ceinte du diadême magistral; ou mitre d'or ceinte du diadême magistral; ou, quand il y a lieu, barrette magistrale;

Bâton pastoral d'or, portant le globe du monde, surmonté de la croix d'Orient;

Pantalon blanc en soie ou en laine;

Chaussure blanche en soie ou en laine, ornée de la croix en soie rouge d'Orient, brodée en soie.

Nota. L'épée magistrale et la main de justice sont portées devant le Prince des apôtres, ou placées sur l'autel, lorsqu'il remplit des fonctions pontificales.

2° Princes apostoliques :

Simarre de laine ou de soie blanche, avec boutons et large bordure en soie rouge, et un liséré d'hermine au contour inférieur;

Aube, *ut suprà;*

Ceinture, *ut suprà;*

Étole de soie rouge, herminée, avec franges d'or;

Trabée de soie blanche, lisérée d'une torsade d'or;

Ou, selon les circonstances, camail rouge en soie ou en laine, bordé inférieurement d'hermine, liséré d'une torsade d'or, avec des boutons d'or;

Rabat, *ut suprà;*

Gants de soie rouge;

Anneau apostolique;

Croix apostolique, et collier en chaîne d'or;

Grand'-Croix conventuelle et collier de l'Ordre;

Mitre d'or, herminée, ayant sur le devant une croix apostolique en soie rouge ou en rubis;

Ou, selon les circonstances, barrette de soie rouge avec bordure d'or sur hermine, et houppe d'or;

Crosse d'or;

Pantalon blanc en soie ou en laine;

Chaussure de laine rouge.

3° Conseillers apostoliques aux titres de Pontife, de Prêtre et de Diacre :

Simarre en soie ou en laine rouge, avec des boutons de soie violets;

Aube, *ut suprà*;

Ceinture de soie blanche à franges d'argent;

Étole de soie rouge à franges d'argent;

Trabée de soie rouge, lisérée d'une torsade d'argent;

Ou, selon les circonstances, camail de soie rouge, liséré inférieurement d'une torsade d'argent, avec des boutons d'or.

Rabat, *ut suprà*;

Gants de soie rouge;

Anneau pontifical du titre dont est revêtu le conseiller;

Croix pontificale, et Collier, *idem*;

Grand'-Croix conventuelle, et Collier de l'Ordre;

Mitre d'or, avec croix d'Orient, en soie rouge ou en rubis sur le devant;

Ou, selon les circonstances, barrette de soie rouge, avec bordure et houppe d'argent;

Crosse d'or;

Pantalon rouge ou blanc,

Chaussure rouge.

4° Primat :

Simarre de soie ou de laine verte, lisérée au pourtour inférieur d'une torsade d'or, mêlée de soie rouge, avec des boutons de soie violets;

Aube, *ut suprà*;

Ceinture de soie blanche à franges d'or et de soie rouge;

Étole rouge à franges d'or et de soie rouge ;

Trabée de soie rouge, lisérée inférieurement d'une torsade d'or et de soie rouge ;

Ou, selon les circonstances, camail vert, liséré d'une torsade d'or, mêlée de soie rouge, avec des boutons violets ;

Rabat, *ut suprà* ;

Gants violets ;

Anneau pontifical du quatrième Ordre ;

Croix pontificale et Collier, *idem* ;

Grand'-Croix conventuelle et Collier de l'Ordre ;

Mitre d'or ;

Ou, selon les circonstances, barrette de soie verte avec bordure et houppe d'or et des boutons violets ;

Crosse d'or ;

Pantalon violet ou blanc ;

Chaussure violette.

5° Coadjuteurs généraux :

Même costume, mais les lisérés et la houppe sont en argent ;

Anneau pontifical du cinquième Ordre.

6° Primats-coadjuteurs, Evêques-synodiaux et Pontifes non titulaires :

Simarre de soie ou de laine violette avec boutons de soie rouge, et bordure en ruban de soie rouge, au pourtour inférieur, au-dessus d'un liséré rouge ;

Aube, *ut suprà* ;

Ceinture de soie blanche à franges d'argent et de soie verte ;

Étole rouge à franges d'argent ;

Trabée verte, lisérée d'une torsade d'argent, avec une grande croix pontificale d'argent, brodée à la partie antérieure et supérieure;

Ou, selon les circonstances, camail violet, liséré, inférieurement, d'une torsade d'argent, avec boutons rouges pour les Pontifes non titulaires, d'argent pour les Evêques synodiaux, et d'or pour les Coadjuteurs;

Gants violets;

Rabat, *ut suprà*;

Anneau pontifical du sixième Ordre;

Croix pontificale et Collier, *idem*;

Grand'-Croix conventuelle et Collier de l'Ordre;

Mitre d'or ou d'argent, selon les solennités;

Ou, d'après les circonstances, barrette de soie violette, ayant une bordure et une houppe d'or;

Crosse d'or;

Pantalon violet ou blanc;

Chaussure violette.

Nota. Les Capellans-Vicaires-Primatiaux portent le costume des docteurs de la loi; mais ils sont distingués par un camail violet en soie, avec boutons rouges et un liséré inférieur de soie rouge en torsade. Les Capellans-Vicaires-Episcopaux portent le même costume; ils sont distingués par un camail en soie bleue, avec boutons rouges et un liséré inférieur en torsade de soie rouge, et une bordure en ruban de soie violette au-dessus du liséré.

7° Recteurs, et Prêtres ou Docteurs de la loi :

Simarre de laine, bleu de ciel, avec boutons de soie rouge, et bordure rouge, au pourtour inférieur;

Aube, *ut suprà;*

Ceinture de soie blanche, à franges d'argent et de soie rouge;

Étole de soie violette, à franges d'argent;

Trabée de soie blanche, dont les deux côtés sont rouges (chacun d'une largeur égale à celle du milieu), lisérée d'une torsade d'argent, mêlée de soie rouge;

Ou, selon les circonstances, camail bleu en laine, avec boutons de soie rouge, et bordure inférieure de soie *idem*, pour les Prêtres, et deux bordures pour les Recteurs;

Rabat, *ut suprà;*

Gants violets;

Anneau doctoral;

Croix et Collier sacerdotaux;

Croix conventuelle et Collier de l'Ordre;

Barrette bleue en soie, avec bordure et houppe d'argent;

Pantalon noir ou blanc;

Chaussure noire.

8° Diacres :

Simarre de laine bleu de ciel, avec boutons de soie orange;
Aube, *ut suprà;*
Ceinture de soie blanche, à franges bleues;
Étole de soie orange, en écharpe de droite à gauche;

Dalmatique à grandes manches, en partie ouverte des deux côtés, en soie rouge, avec franges de soie bleue;

Ou, selon les circonstances, camail bleu en laine, liséré inférieurement d'une torsade de soie orange, avec boutons de soie orange;

Rabat, *ut suprà*;

Gants fauves;

Croix conventuelle et Collier de l'Ordre;

Barrette bleue, avec bordure et houppe orange en soie;

Pantalon noir ou blanc;

Chaussure noire.

9° Lévites du deuxième au sixième Ordre :

Simarre de laine orange, avec boutons de soie bleue;

Aube, *ut suprà*;

Ceinture de soie bleue, à franges en soie blanche;

Camail de laine orange, bordé inférieurement d'un ruban de soie rouge, liséré de blanc des deux côtés, avec boutons de soie bleue;

Rabat, *ut suprà*;

Gants fauves;

Croix conventuelle et Collier de l'Ordre;

Barrette orange, avec bordure et houppe, selon le rang; savoir :

Pour les lévites du parvis,		en noir.
Idem,	de la porte intérieure,	en bleu de ciel.
Idem,	du sanctuaire,	en violet.
Idem,	cérémoniaires,	en vert.
Idem,	théologaux,	en blanc.

Pantalon noir ou blanc;
Chaussure noire.

Nota. Dans les cérémonies de deuil, la trabée des lévites des divers Ordres est en soie noire, bordée d'un ruban de soie blanche.

ART. 32.

Les titres du Souverain Pontife sont :

Altesse éminentissime, très-grand, très-puissant et très-excellent Prince, sérénissime Seigneur, *TRÈS-SAINT-PÈRE, Prince des Apôtres, Souverain Pontife et Patriarche, Grand-Maître de la milice du Temple* (1).

ART. 33.

Les titres de chaque Prince souverain sont :

Eminentissime Sainteté, Altesse, très-grand, très-puissant et très-excellent *Prince Souverain-Apostolique,* sérénissime Seigneur, *très-vénérable Père de l'Eglise et Pontife.*

ART. 34.

Les titres d'un Conseiller apostolique sont :

Très-Sainte Eminence, très-grand et très-honoré Seigneur, *Conseiller-Apostolique, vénérable Père et Pontife.*

---

(1) Ces titres et autres de la hiérarchie lévitique consacrés par des Statuts, et qu'on ne peut abolir que par l'autorité d'un Concile ou d'un Convent général, ne sont plus usités.

On ne donne que les titres désignés en *italique*.

ART. 35.

Les titres du Primat sont :

Très-Sainte Eminence, très-grand et très-honoré Seigneur, *très-révérend Frère*, *Primat*.

ART. 36.

Les titres des Coadjuteurs généraux sont les mêmes que ceux du Primat.

ART. 37.

Les titres des Primats-Coadjuteurs sont :

Eminence, très-illustre et très-honoré Seigneur, *très-révérend Frère*, *Primat-Coadjuteur* de.... (nom de l'État.)

ART. 38.

Les titres des Evêques synodiaux et des Pontifes non titulaires sont les mêmes; mais, au lieu du titre de *Coadjuteur*, ils sont désignés par le titre de *Pontife* ou *Evêque-synodial* de..... (nom de la Province.)

ART. 39.

Les titres des Capellans, soit vicaires primatiaux, soit vicaires épiscopaux, soit recteurs sont :

Très-noble et très-honoré, *révérend Frère*, M. le... (nom de la Juridiction ou du lieu.)

ART. 40.

Les titres du Prêtre sont les mêmes que ceux du Capellan.

S'il n'est pas en exercice, il est désigné sous le titre de *Docteur de la loi*.

ART. 41.

Les titres des Lévites des Ordres inférieurs sont : *Lévite-diacre*, *Lévite-théologal*, etc., selon leur Ordre.

ART. 42.

1° Le Souverain Pontife signe :

☩ F. (le nom ou les noms de religion).

ART. 43.

2° Les Princes souverains de l'Église signent :

☩ ou ☩ F. ☩ (noms de religion et de famille ou de charge bénéficiale).

ART. 44.

3° Les Pontifes signent :

☩ ou ☩ F. ☩ (noms, *ut suprà*).

ART. 45.

4° Les Docteurs signent :

☩ ou ☩ ou ☩ F. (noms, *ut suprà*). ☩.

ART. 46.

Les Lévites du septième au deuxième Ordre indiquent leur rang lévitique en plaçant un N° de 7 à 2 à la suite de leur signature. Le N° est surmonté d'une croix ($\frac{\dagger}{7}$).

Les Lévites du premier Ordre, ou Chevaliers signent :

☩ ou ☩ F. (noms de religion et de famille ou de charge bénéficiale).

ART. 47.

Les Coadjutoreries, les Synodies-épiscopales et les Synodies-

curiales prennent leur titre : les premières de l'État (1), les secondes de la Province, les troisièmes de la Ville ou du lieu où elles sont établies.

ART. 48 ET DERNIER.

Tous décrets contraires au présent sont et demeurent annulés.

Soit le présent décret, etc.

---

(1) La division territoriale de l'Eglise étant la même que celle de l'Ordre du Temple, on ne sera pas étonné de trouver plusieurs Coadjutoreries dans un Gouvernement ou Etat.

Ainsi, la France se trouvant divisée en trois Grands-Prieurés (ou Langues), 1° celui des Gaules ou de France proprement dit, dont le siége est à Paris; 2° celui d'Aquitaine, dont le siége est à Bordeaux; 3° celui de Lorraine, dont le siége est à Nancy, il y a une Cour primatiale-coadjutoriale dans chacune de ces Langues. Il en est de même de quelques autres Etats.

(*Voyez*, au sujet de la Primatie-Coadjutoriale des Gaules, la note B, à la fin du présent volume.)

D'autre part sont les modèles des lettres de constitutions lévitiques.

A LA PLUS GRANDE (Place des armes Patriarchales). GLOIRE DE DIEU.

Au nom et par délégation du Prince des Apôtres, Souverain Pontife et Patriarche de la Sainte Église du CHRIST, Grand-Maître de l'Ordre du Temple, Frère N.....;

Nous, ÉVÊQUE dans l'ÉGLISE CHRÉTIENNE, (Titres).

Avons, le constitué LÉVITE THÉOLOGAL, DANS LADITE ÉGLISE, notre Frère, le LÉVITE, CHEVALIER N.....

En foi de quoi, délivrons les présentes Lettres de Constitution Lévitique à notre-susdit bien-aimé Frère, lequel a signé avec nous.

Soient les présentes Lettres enregistrées à la Cour Primatiale-Coadjutoriale de la langue d   selon que de droit, et sous peine de nullité.

A   le   jour du mois de   an de Notre-Seigneur Jésus-le-Christ 183

(Signature du Pontife et son Sceau).

Enregistré sous le N°   et scellé du Sceau Coadjutorial, par le Grand-Capellan, Secrétaire de la Cour Coadjutoriale, à   le   (Sceau).
jour du mois d   an de N. S. J. le Christ 183

(Signature du Secrétaire).

Signature du Lévite auquel les présentes Lettres sont délivrées.

(45)

A LA PLUS GRANDE (Place des armes Patriarchales). GLOIRE DE DIEU.

Au nom et par délégation du Prince des Apôtres, Souverain Pontife et Patriarche de la Sainte Église du CHRIST, Grand-Maître de l'Ordre du Temple, Frère N.....;

Nous, ÉVÊQUE dans l'ÉGLISE CHRÉTIENNE, (*Titres*).

Avons, le   élevé au rang des DIACRES, DANS LADITE ÉGLISE, notre Frère, le Lévite-Théologal, N.....

En foi de quoi, délivrons les présentes Lettres de promotion Diaconale à notre susdit bien-aimé Frère, lequel a signé avec nous.

Soient les présentes Lettres enregistrées à la Cour Primatiale-Coadjutoriale de la langue d   selon que de droit, et sous peine de nullité.

A   le   jour du mois de   an de Notre-Seigneur Jésus-le-Christ 183

(*Signature du Pontife et son Sceau*).

Enregistré sous le N°   et scellé du Sceau Coadjutorial, par le Grand-Capellan secrétaire de la Cour Coadjutoriale, à   le   (*Sceau*).

jour du mois d   an de N. S. J. le Christ 183

(*Signature du Secrétaire*).

Signature du Diacre auquel les présentes
Lettres sont délivrées.

A LA PLUS GRANDE (Place des armes Patriarchales). GLOIRE DE DIEU.

Au nom et par délégation du Prince des Apôtres, Souverain Pontife et Patriarche de la Sainte Église du CHRIST, Grand-Maître de l'Ordre du Temple, Frère N.....;

Nous, ÉVÊQUE dans l'ÉGLISE CHRÉTIENNE, (Titres).

Avons, le　　　　créé PRÊTRE-DOCTEUR DE LA LOI dans ladite Église, notre Frère, le Lévite-Diacre, N....

En foi de quoi, délivrons les présentes Lettres de Création Sacerdotale à notre susdit révérend Frère, lequel a signé avec nous.

Soient les présentes Lettres enregistrées à la Cour Primatiale-Coadjutoriale de la langue d　　　　selon que de droit, et sous peine de nullité.

A　　le　　jour du mois de　　　　an de Notre-Seigneur Jésus-le-Christ 183

(Signature du Pontife et son Sceau).

Enregistré sous le Nº　　　　et scellé du Sceau Coadjutorial, par le Grand-Capellan, Secrétaire de la Cour Coadjutoriale, à　　　　le　　　　(Sceau).
jour du mois d　　　　an de N. S. J. le Christ 183

(Signature du Secrétaire).

Signature du Prêtre auquel les présentes
Lettres sont délivrées.

(47)

A LA PLUS GRANDE (Place des armes Patriarchales). GLOIRE DE DIEU.

En exécution du Décret Pontifical, rendu par le Prince des Apôtres, Souverain-Pontife et Patriarche de la Sainte Église du CHRIST, Grand-Maître de l'Ordre du Temple, Frère N....., sous la date du

Nous, ÉVÊQUE dans l'ÉGLISE CHRÉTIENNE, PONTIFE DANS LADITE ÉGLISE, notre (*Titres*)

sacré ÉVÊQUE, PONTIFE DANS LADITE ÉGLISE, notre très-révé-

Avons, le
Frère, le LÉVITE-PRÊTRE-DOCTEUR DE LA LOI, N....
En foi de quoi, délivrons les présentes Lettres de Consécration à notre susdit très-révérend Frère, lequel a signé avec nous.
Soient les présentes Lettres soumises au Souverain Pontife, et enregistrées à la Cour Apostolique, selon que de droit, et sous peine de nullité.
A le jour du mois de an de Notre-Seigneur Jésus-le-Christ 183

(*Signature du Pontife et son Sceau*)

Soit partout et à toujours reconnue sainte la Consécration Épiscopale de très-Révérend Frère N.....
(*Timbre Patriarchal*) (*Signature du Souverain-Pontife*)

Enregistré sous le N° et scellé du Sceau Pontifical Patriarchal et Magistral, par le Prince-Secrétaire de la Cour Apostolique, en la Ville Pontificale, le (*Sceau*).
Patriarchale et Magistrale, le

(*Signature du Prince-Secrétaire*)

Signature du Pontife auquel les présentes
Lettres sont délivrées.

Le grand Maître du Temple, Mr. fabré Palaprat, en fesant imprimer le Levitikon, y a introduit des propres elucubrations. J'y ai fait les ratures et changemens ci-après pour le remettre en harmonie avec la traduction française littérale du texte grec conservé dans les archives de l'ordre.

Juge

LÉVITIKON,

OU EXPOSÉ

DES PRINCIPES FONDAMENTAUX

DE LA DOCTRINE CHRÉTIENNE. (1)

Ier ORDRE.

Lévite de la garde extérieure, ou Chevalier (2).

(Voyez le Rituel conventuel, ou Formulaire de la réception des Chevaliers.)

---

(1) La Cour Apostolique-Patriarchale a ordonné que le Commentaire verbal et traditionnel de la Doctrine écrite, que l'on est dans l'usage de donner avec plus ou moins d'extension, selon les circonstances, aux lévites admis aux 7e, 8e et 9e Ordres, fût recueilli dans un Codex spécial pour éviter qu'une fausse interprétation ne se glissât dans l'Exposé qui serait fait de la Foi primitive de l'Église de Jésus-le-Christ. Elle a prescrit, en outre, que ce Commentaire fût inséré dans les copies du *Lévitikon*, pour qu'il en fût donné lecture dans toutes les circonstances où la doctrine lévitique serait présentée à la vénération des fidèles.

Par le même décret, la Cour a déclaré qu'elle désavouait tout autre Commentaire traditionnel, oral ou écrit, ou tout développement quelconque de la Doctrine, qui pourrait être contraire à l'esprit du texte du *Lévitikon*, conservé dans les archives de la Cour, et à celui de la tradition orale dont elle est dépositaire.

(2) Ce premier degré appartenant principalement à l'Ordre militaire (ou chevalerie) du Temple, nous croyons qu'il est inutile d'en placer le rituel dans un Codex consacré exclusivement à l'Ordre lévitique.

Voyez d'ailleurs pour les droits et devoirs des lévites des divers Ordres, le rituel qui les concerne.

Nota. Quelques personnes ayant adressé à la Cour apostolique des questions relatives *au mariage des prêtres*, nous croyons, pour éviter le renouvellement de pareilles questions, devoir rappeler ici que non-seulement le mariage des Prêtres et des Évêques n'a jamais été prohibé dans l'Église du

2ᵉ, 3ᵉ, 4ᵉ, 5ᵉ et 6ᵉ ORDRES.

Lévite
- du Parvis:
- de la Porte intérieure;
- du Sanctuaire;
- Cérémoniaire;
- Théologal.

Conformément à un usage ancien, les 2ᵉ, 3ᵉ, 4ᵉ, 5ᵉ et 6ᵉ Ordres se donnent à la fois.

Le récipiendaire, revêtu des habits du 1ᵉʳ Ordre ou de la Chevalerie, est introduit par un cérémoniaire devant le Pontife, qui lui adresse les questions suivantes:

Demande. Croyez-vous à la religion du Christ?
Réponse. Je crois à la religion du Christ.

D. Qu'entendez-vous par la religion du Christ?
R. J'entends la pratique des vertus.

D. Quelles sont les vertus enseignées dans la religion du Christ?
R. La foi, l'espérance et la charité.

D. Qu'entendez-vous par la foi?
R. J'entends la croyance en la vie éternelle.

D. Qu'entendez-vous par l'espérance?
R. J'entends l'espoir en la récompense des vertus.

D. Qu'entendez-vous par la charité?
R. La charité est renfermée toute entière dans ces paroles:
« Ne pas faire aux autres ce que nous ne voudrions pas

Christ, mais que, toutes choses égales d'ailleurs, l'Église se fait un devoir de confier, de préférence, les charges curiales, épiscopales et autres, aux lévites qui, pratiquant à la fois et les vertus d'un prêtre et celles d'un père de famille, peuvent donner ainsi une double garantie de la sainteté de leur conduite, et acquérir encore plus de droits à la confiance, au respect et à l'affection des fidèles.

+ lui passe autour des reins une ceinture jaune à franges bleues et le revêt d'une dalmatique noire à manches courtes et fendues.

Le Coadjuteur

« qu'on nous fît ; saisir toutes les occasions de leur faire ce
« que nous voudrions qui nous fût fait. »

Après ces réponses, le Pontife dit : Je constitue le Chevalier N.... Lévite du parvis, et il lui place une pique à la main ;

Je constitue le Lévite du parvis N.... Lévite de la porte intérieure, et il lui met une clé à la main ;

Je constitue le Lévite de la porte intérieure N.... Lévite de la porte du sanctuaire, et il lui met deux clés à la main ;

Je constitue le Lévite du sanctuaire N.... Lévite cérémoniaire, et il lui met à la main le bâton des cérémonies ;

Je constitue le Lévite cérémoniaire N.... Lévite théologal ; il lui met entre les mains le livre de la loi, et le fait revêtir de la simarre et ~~des insignes de son Ordre~~

Puis, il s'écrie : V. D. S. A.

Nota. Quoique les Ordres (du 2e au 6e inclus) soient conférés simultanément, le récipiendaire est tenu de remplir les fonctions de celui des six premiers Ordres, auquel il sera attaché par un supérieur.

7e ORDRE.

Lévite-Diacre.

Le lévite théologal, revêtu de la simarre et des marques distinctives de son Ordre, se présente à la porte du temple, accompagné (~~si cela se peut~~) de deux Chevaliers armés ; un cérémoniaire annonce son arrivée ; ~~le Pontife~~ dit :

D. Que désirez-vous ?

R. Je désire être reçu dans l'Ordre des diacres de la sainte Église du Christ.

D. Qu'entendez-vous par l'Église du Christ ?

R. J'entends la communauté de tous les fidèles ou des hommes qui professent la foi chrétienne.

D. Qu'est-ce que la foi chrétienne?

R. C'est la croyance en la religion éternelle, sous la puissance du Christ, notre Père et Seigneur, lequel, après avoir reçu l'Esprit-Saint, fut consacré Théocrate dans le temple de l'Eternel.....

D. Qu'entendez-vous par ces paroles?

R. J'entends que Dieu est tout ce qui est, que Dieu a toujours été, que Dieu sera toujours, que le Christ est le grand Prophète de Dieu, et qu'il a été inspiré pour nous prêcher sa loi.

D. Expliquez-nous les principes de la loi de Dieu ou de la doctrine qui constitue votre foi?

R. Les principes de la loi de Dieu sont ceux dont le temple de N. S. J. C. est le conservateur. La doctrine qui constitue notre foi est basée sur une tradition éternelle, révélée à l'intelligence humaine, ainsi que sur l'étude des lois de la nature et sur les lumières de la raison. Elle nous apprend qu'il est un Être suprême, un, immuable, éternel, infini, souverainement harmonieux et souverainement bon, juste et parfait, remplissant l'infinité du temps et l'infinité de l'espace, et jouissant seul de la faculté de se comprendre. Or, un tel état de choses ne peut avoir lieu sans que Dieu ne soit lui-même tout ce qui est (1); par conséquent, chaque partie ou division de ce qui est, est une portion ou une division de Dieu. Mais si Dieu ne peut exister sans être rigoureusement tout ce qui est, si son essence est de contenir tout et d'être contenu dans tout, d'être l'ensemble et la réunion de tout, s'il ne peut exister que dans cette réunion et par elle, il est nécessairement tel que je l'ai défini.

---

(1) On lit dans *Strabon* que Moïse, l'un des prêtres égyptiens, enseigna *que cela seul était la Divinité, qui compose le ciel, la terre, tous les êtres, enfin ce que nous appelons le monde, l'universalité des choses, la nature* (Voyez *Géographie*, liv. XVI, pag. 1104, édit. de 1707).

Voyez *Lévitikon*, page 61.

+ la connaissance

D. Dieu étant tout ce qui est, et étant souverainement intelligent, chacune des parties qui constituent le grand tout ou Dieu, est-elle aussi douée d'une portion de son intelligence?

R. Oui, chacune de ses parties est douée d'une portion ~~ou modification~~ de son intelligence; d'où il suit qu'il y a une gradation infinie d'ordres d'intelligences, ~~résultant d'une infinité de composés différens~~ dont la réunion forme l'ensemble des mondes, le grand tout ou Dieu, lequel a SEUL *la puissance de former, modifier, changer et régir* tous ces ordres d'intelligences, selon les lois éternelles et immuables d'une justice et d'une bonté infinies.

D. Connaissons-nous tous ces composés?

R. Non, notre faible intelligence est forcée de reconnaître des bornes qu'il lui est imposé de ne pas franchir. Parmi les composés que nous sommes appelés à connaître et à comparer, nous savons seulement que ceux qui sont revêtus de la forme humaine manifestent une intelligence supérieure. Là se bornent nos connaissances positives; mais, puisque le temps et l'espace sont infinis, que l'espace contient de toute éternité une infinité de composés, et que ces composés ont ou doivent avoir d'autant plus d'action vitale ou intellectuelle, qu'ils sont plus élevés dans l'échelle de la perfection, il faut nécessairement que, dans cette échelle, se trouvent graduellement des êtres dont la vue intellectuelle embrasse un plus grand nombre d'objets, jusques au grand composé, formé de la réunion infinie et éternelle de tous les élémens, ou Dieu.

D. D'où résulte la faculté intellectuelle des divers ordres d'intelligences, dont vous venez de parler?

R. Cette faculté résulte du fait même de leur composition, et l'intelligence est différente suivant les différentes compositions. Ainsi, et pour nous borner à un seul exemple, la molécule ~~ou particule~~ (1) est douée d'un degré d'intelligence ou force vitale,

---

(1) On a cru devoir consacrer dans cette traduction les mots *attraction, affinité, molécule,* ~~ou particule,~~ etc., comme ayant une signification moins

~~quelque infiniment borné qu'on le suppose,~~ qui la porte à rechercher une ou plusieurs molécules non similaires avec lesquelles elle a de l'affinité, pour former, en se combinant avec elles, un composé différent, doué de propriétés différentes, physiques et vitales, ou intellectuelles. D'où il suit que les nouvelles combinaisons de molécules déterminant de nouvelles formes, donnent naissance à un nouveau mode d'intelligence.

Ce qui existe, ou le grand tout, est immuable dans son ensemble, mais il est muable dans ses parties. Après avoir vécu sous les lois de certaines combinaisons plus ou moins compliquées, ces parties vont vivre sous les lois de combinaisons nouvelles, et acquérir ainsi un autre mode de vitalité ou d'intelligence, produit de cette combinaison, *depuis le plus faible degré d'attraction ou d'affinité jusqu'au plus haut degré de vitalité ou d'intelligence*, précédant celui qui constitue la divinité ou le grand tout. ~~Mais ce grand tout ou Dieu, ayant la puissance de former, modifier, changer et régir tous les ordres d'intelligences, selon les lois éternelles et immuables d'une justice et d'une bonté infinies, il~~

---

inexacte que les mots extraits du texte, signifiant *atôme, tendance, amour, recherche mutuelle, entraînement à l'union*; ~~mais quelles que soient les expressions que l'on croie devoir employer,~~ ce qui existe étant, mathématiquement parlant, divisible à l'infini, il est certain que ces expressions, principalement les mots *molécule, particule, atôme*, etc. ne représenteront pas exactement l'idée émise par les sages, envoyés de Dieu, auxquels nous devons les précieuses doctrines contenues dans nos livres traditionnels. On sait que ces mots n'indiquent, et ne peuvent indiquer qu'*une modification ou un des accidens de l'existence des composés ou intelligences*.

Or, comme pour l'entente du développement de la doctrine sur la manière d'exister des divers composés de la nature ou êtres, il était nécessaire que l'on prît un point de départ, il est probable que dans ce but, on a cru devoir se fixer à ce mode d'être qui peut représenter le premier degré d'une échelle, et qui, pour nos yeux, semble être le moins complet des êtres, et que pour exprimer l'idée de cet être, on l'a désigné par les mots *atôme, molécule* ou *particule*, quelque imparfaites d'ailleurs et insuffisantes que soient, à la rigueur, de telles dénominations.

+ Soit une ou plusieurs molécules similaires, soit

est incontestable qu'il a également la puissance de donner à ces intelligences, en général, mais surtout à certains ordres d'intelligences (ceux, par exemple, qui sont doués du libre-arbitre), de leur donner, dis-je, la faculté de conserver, dans une autre manière d'être ou vie, le souvenir des modes d'exister précédens, par une transmission successive à d'autres composés d'une portion essentielle et rendue inaltérable de leur être, que nous désignerons sous le nom d'ame, dont notre raison ne saurait connaître la formation ni l'essence, mais dont l'existence paraît incontestable autant que nécessaire, chez tous les êtres doués du libre-arbitre (1), et à laquelle, et sous la puissance des lumières de ma raison, je déclare croire fermement et d'après une conviction inébranlable. C'est pourquoi je professe la croyance en l'existence dans l'homme d'une portion essentielle de son être, ame, cause et sentiment du *moi* ou de l'individualité; je crois que cette ame est unie (incorporée) à toutes les parties du corps, *dont elle modifie la vie*, et dans lesquelles et par lesquelles elle jouit de son existence actuelle et sent cette même existence; que, pénétrant (2) absolument tous les élémens, toutes les parties qui constituent le corps, ne faisant ainsi qu'un seul être avec elles tant que dure son existence humaine, recevant une influence nécessaire de ces parties, et ne se manifestant que par elles et en

---

(1) Puisque l'homme n'a pas le souvenir de ses états d'existence précédens, il est probable qu'il commence, du moins sur le globe terrestre, la chaîne des êtres doués du libre-arbitre ou de la faculté de conserver dans une autre existence le souvenir de l'existence actuelle.

(2) Sans doute l'ame pénètre tout le corps, mais toutes les parties du corps ne sont pas destinées à élaborer les matériaux de la pensée et du jugement. Cette fonction paraît être confiée spécialement à l'organe cérébral, dont chaque portion a un attribut qui lui est propre; et c'est par le travail réuni de tous les membres de cette sorte de tribunal, et par la mise en œuvre et le concours de tous leurs attributs, que la pensée et le jugement deviennent aussi parfaits que cela est possible.

Mais, de même que pour avoir la conscience *entière* du *moi*, et porter un jugement convenable, l'ame, la substance ou le corps, quel qu'il soit, qui perçoit en nous les sensations que lui communique le cerveau, a besoin du

elles, l'ame exerce sur elles une action plus ou moins prononcée, selon la nature de la composition de chacune de ces parties, et selon les fonctions que chacune d'elles est destinée à remplir;

Je crois, conséquemment, que le corps ou la réunion des parties qui le composent, et que chacune de ces parties doivent être considérés comme étant les organes de l'ame, sans lesquels cette ame n'aurait point d'existence humaine, pas plus que les élémens ou les parties du corps humain, livrés à leur existence isolée et au mode d'intelligence attaché à cette existence, ne seraient le corps, s'ils n'étaient réunis en faisceaux différens dont l'ensemble, et le *consensus*, ou concours réciproque constituent, de concert avec

---

concours de toutes les parties organiques cérébrales, destinées à apprécier et à fournir les divers motifs des jugemens qu'elle doit porter; et que, lorsqu'il n'y a qu'une partie, par exemple, du cerveau, en état de réveil et en activité, cette partie, faute du concours des autres parties organiques qui sont plongées dans le sommeil ou l'inactivité, produit des pensées incohérentes, n'a, dans cet état, et ne peut avoir qu'une conscience imparfaite du *moi*, et ne doit rendre que des jugemens sans ordre (*a*); ainsi, dis-je, l'intelligence humaine n'étant, en quelque sorte, qu'une partie isolée du Grand-Tout, ou Dieu, et se trouvant privée du concours d'autres intelligences, ne peut que porter un jugement imparfait sur le Grand-Être dont elle fait partie, tandis que d'autres Êtres s'approchent d'autant plus de la connaissance de Dieu, qu'ils sont formés d'un plus grand nombre d'intelligences qui concourent à la recherche de cette connaissance; c'est pourquoi Dieu, qui est la réunion de toutes les intelligences, a seul la faculté de se connaître et de se comprendre absolument.

Mais puisque l'homme a le bonheur d'avoir pu pénétrer dans le Saint des Saints, et de se faire une idée du Grand-Être, ou Dieu, cela ne peut provenir que d'un acte de la bonté et de la volonté de ce Grand-Être qui s'est révélé à nos Pères par des voies dont on a perdu la trace, et que le Christ est venu révéler et sanctifier de nouveau, en nous rappelant à la foi primitive.

(*a*) Dans le cas où plusieurs parties du cerveau seraient en état de réveil, elles concourraient à la formation de la pensée; et la pensée et le jugement seraient d'autant moins éloignés de l'ordre, qu'un plus grand nombre de parties cérébrales concourraient à leur formation. Ce que nous disons des parties du cerveau frappées de sommeil, nous le disons également des mêmes parties frappées de maladie. Dans ce cas, leur action n'est plus selon un ordre normal, et leur concours pour la production de la pensée ne peut que contribuer à porter le désordre dans les idées et les jugemens.

l'ame, ce même corps, sa vie physique et sa vie morale ou intellectuelle ;

Je crois qu'il doit en être de même de l'ensemble du grand tout, ou de l'univers, avec la différence : 1° que les élémens des parties qui constituent le corps de l'homme sont (ainsi que les élémens des parties qui constituent l'univers) muables, en ce qu'ils concourent, successivement et à l'infini, à former les êtres divers dont se compose le grand tout ; 2° que l'ensemble ou la *réunion* de toutes les parties qui forment ou constituent le grand tout est immuable, puisque, quelle que soit la nouvelle forme que revête successivement chacun des élémens qui composent cet ensemble, ou l'univers, celui-ci reste toujours composé des mêmes élémens, et conséquemment reste toujours le même être. D'où je conclus que Dieu, ou l'ame universelle, est à l'univers, éternel, impérissable et immuable dans son ensemble, ce que l'ame spéciale est au corps de l'homme périssable ou destructible dans le temps ; conséquemment, que tant que l'homme, par exemple, existe en sa nature ou composition humaine, il est l'image de Dieu : mais, à la mort de l'homme, son ame, son *moi*, quel qu'il soit et de quelque nature qu'il soit (ce que nous ne saurions connaître), va continuer de vivre au sein de nouvelles existences, tandis que Dieu et ses organes, remplissant l'infini du temps et de l'espace, sont et restent toujours les mêmes quant à l'ensemble, et qu'il n'y a de muable en eux, considérés comme ensemble, que les modes infinis et successifs de décompositions et de compositions, auxquels une loi éternelle veut que soit soumise, à jamais, chaque partie du grand tout.

Coéternelles de Dieu, toutes les parties de l'univers sont absolument pénétrées de Dieu ou par Dieu. De même que le corps de l'homme ne fait qu'un avec l'ame, toutes les parties de l'univers ne font qu'un avec Dieu, et subissent son action. Par cette union intime, absolue, éternelle et nécessaire de Dieu, ou ame de l'univers, avec les élémens qui constituent tout ce qui est, ces élémens, qui ne font qu'un avec Dieu, et sans lesquels Dieu n'existerait pas, deviennent ainsi partie intégrante de Dieu, et doivent en être considérés comme les organes dont les fonctions se modifient et varient, selon le composé à la formation duquel ils concourent.

C'est pourquoi l'existence de l'un étant nécessaire à l'existence des autres, et l'existence de l'un ne pouvant pas avoir lieu sans le concours de l'existence des autres, la réunion éternelle de tout ce qui est, sans exception de puissance active et de puissance passive, a dû être considérée comme étant Dieu lui-même; c'est ce qui explique la définition d'après laquelle Dieu est l'ensemble et la réunion de tout ce qui est, et qui semble se trouver toute entière dans ces mots de l'apôtre Paul : *In Deo vivimus, movemur et sumus* (1).....

D. Le principe d'une hiérarchie d'intelligences posé, quelle conséquence en tirez-vous?

---

(1) Il est probable que Fénélon, qui a pris place à la Cour apostolique sous le pontificat de Jacques Henry (de Durfort, duc de Duras), le 17 octobre 1695, a puisé (a) dans la doctrine de la haute et sainte initiation, les matériaux de son *Traité de l'Existence et des Attributs de Dieu.*

Après avoir dit au § 65 « qu'on a eu tort d'ajouter le mot *infini* au mot *être*, pour désigner Dieu; que ce mot *infini* diminue le sens du mot *être*; qu'il est inutile de dire l'*infini*, parce que l'*être*, sans restriction, emporte l'infini. » Fénélon raisonne ainsi dans le § 66 : « *Dieu est véritablement en lui-même tout ce qu'il y a de réel et de positif dans les esprits, tout ce qu'il y a de réel et de positif dans les corps, tout ce qu'il y a de réel et de positif dans les essences de toutes les autres créatures possibles dont je n'ai point d'idée distincte. Il a tout l'être du corps, sans être borné au corps, tout l'être de l'esprit sans être borné à l'esprit, et de même des autres essences possibles. Il est tellement* TOUT ÊTRE *qu'il a tout l'être de chacune de ses créatures; mais en retranchant la borne qui les restreint. Otez toutes bornes, ôtez toute différence qui resserre l'être dans les espèces, vous demeurez dans l'universalité de l'être, et par conséquent dans la perfection de l'être par lui-même.* »

Une personne d'un mérite distingué, qui a bien voulu assister à plusieurs de nos conférences, tout en applaudissant à notre doctrine, qu'elle qualifiait de *philosophie sublime*, témoignait du regret de ne pas voir la définition de Dieu, par M. *Victor Cousin*, substituée à celle du *Lévitikon*.

(a) C'est ainsi, vraisemblablement que Charles-François Dupuis, reçu membre de la Cour, le 9 avril 1782, sous le pontificat de Louis-Henry-Timoléon (duc de Cossé-Brissac), aura puisé dans un passage du *Lévitikon*, relatif à l'Apocalypse, l'idée de sa théologie uranique.

† D. — Le principe d'une hiérarchie d'intelligences posé, quelle conséquence en tirez-vous ?

R. Ce principe fondamental posé, 1° il est nécessaire qu'il soit également établi une hiérarchie dans chaque classe de composés analogues. En admettant l'égalité des droits parmi tous les êtres d'une même classe, êtres composés d'élémens semblables, il faut admettre aussi (ce qui est d'ailleurs prouvé par le fait), que parmi les intelligences qui constituent les êtres de cette classe, chacune est placée selon l'ordre ou le degré de son perfectionne-

---

Nous faisons profession d'un grand respect pour la manière dont s'exprime le célèbre professeur : nous admirons l'immense profondeur de ses pensées ; nous croyons même que ses conceptions doivent porter la plus vive clarté dans tous les esprits ; mais il ne nous appartient pas de les juger, encore moins de les substituer à celles que nous tenons des sages qui nous ont précédés, et que leur avait transmis une haute révélation.

Toutefois, après avoir reproduit ce qu'a écrit Fénélon sur ce sujet, nous nous faisons un devoir de placer ici la définition de M. Cousin, et nous nous permettrons d'y ajouter quelques traits de lumière lancés par l'illustre père Mallebranche, sur ce qu'on doit penser de Dieu.

« Le Dieu de la conscience n'est pas un Dieu abstrait, un roi solitaire,
« relégué par delà la création sur le trône désert d'une éternité silencieuse,
« et d'une existence absolue qui ressemble au néant de l'existence : c'est un
« Dieu à la fois vrai et réel, à la fois substance et cause, toujours substance
« et toujours cause, n'étant substance qu'en tant que cause, et cause qu'en
« tant que substance, *c'est-à-dire*, étant cause absolue, un et plusieurs,
« éternité et temps, espace et nombre, essence et vie, indivisibilité et to-
« talité, principe, fin et milieu, au sommet de l'être, et à son plus humble
« degré, infini et fini tout ensemble, triple enfin, *c'est-à-dire*, à la fois Dieu,
« nature et humanité. En effet, si Dieu n'est pas tout, il n'est rien ; s'il
« est absolument indivisible en soi, il est inaccessible, et par conséquent
« incompréhensible, et son incompréhensibilité est pour nous sa des-
« truction. »

(*Fragmens philosophiques*, par *Victor Cousin*, p. 40.)

« .... Et quoique vous ne compreniez pas clairement tout ce que je
« vous dis, comme je ne le comprends pas moi-même, vous comprendrez
« du moins que Dieu est tel que je vous le représente........ Il ne faut lui
« attribuer que des attributs incompréhensibles..... cela est évident. »

(MALLEBRANCHE, *Entretiens sur la métaphysique et la religion*, 8e entretien, p. 179 de la 2e édition).

ment (1), lequel degré est modifié par un très-grand nombre d'accidens et de circonstances dont ce n'est pas ici le lieu de donner le détail ;

2° De cette loi, ou principe nécessaire, dérive une autre loi également nécessaire, qui porte tous les peuples à se donner des gouvernemens, et avec eux des lois de convention ayant des différences ou modifications puisées dans les climats, les localités, etc. Conséquemment, tous tant que nous sommes, nous nous trouvons tenus, d'après une loi éternelle, d'obéir aux gouvernemens légitimement établis.

D. Déduisez-nous les conséquences des principes que vous venez d'établir relativement à la religion ?

R. De cette doctrine éternellement vraie et à jamais incontestable, il résulte trois corollaires principaux :

1° Qu'il n'y a qu'une seule et vraie religion (2), celle qui

___

(1) Or, en appliquant ce principe à l'espèce humaine, chaque homme doit être placé *selon sa capacité*, ce qui, comme on le voit, n'est pas une doctrine nouvelle, et a été enseigné dans les temps même les plus éloignés.

(2) La religion a nécessairement pour but l'adoration de Dieu ; mais Dieu étant immuable, conséquemment ayant toujours été, étant, et devant être toujours le même, son culte doit être un, et ne peut pas plus être susceptible de *progrès*, que Dieu n'est susceptible d'une plus grande perfection.

Ceux-là donc sont dans une grande erreur qui prétendent que *toutes* les religions ont été vraies, depuis celles des temps les plus éloignés jusqu'à la dernière que l'on aurait *imaginée* de nos jours, à moins qu'ils ne prennent le terme *religion* dans un sens contraire à celui qui est généralement adopté, et que, par une subtilité grammaticale indigne du grand objet qui nous occupe, ils n'aient recours à une étymologie latine (*religare*), étymologie qui d'ailleurs n'est pas la même dans toutes les langues, et qu'ils ne veuillent seulement exprimer par ce mot que l'action de rattacher des choses ou des personnes à un objet quelconque ; ce qui serait loin d'indiquer exclusivement l'acte par lequel on adore Dieu, et ne tendrait qu'à constituer, en quelque sorte, dupes des hommes de bonne foi, qui, ignorant une telle interprétation, croyant que le mot *religion* doit dire pour eux ce qu'il dit pour tout le monde, et subjugués par le prestige de ce mot sacré, s'abandonneraient, sans le savoir et sans le vouloir, à des erreurs que désavouerait certainement leur conscience, si elle était plus éclairée.

reconnaît un seul **Dieu**, existant de toute éternité, et remplissant l'infinité de l'espace; qu'étant placés dans le temps et dans l'espace, nous sommes nécessairement une portion du grand tout qui existe dans l'éternité, et qui remplit tout l'espace; que s'il en était autrement, Dieu ne serait point *partout*, conséquemment qu'il ne serait pas *souverainement grand* : ce qui ne peut pas être;

2° Que l'ordre de la nature est parfait et immuable, et que, quoique les bornes de notre intelligence ne nous permettent pas de juger le motif d'une apparence d'imperfection dans la portion de l'ensemble qu'il nous est donné de connaître, la raison nous dit que cette imperfection n'existe point et ne peut point exister dans l'ensemble;

3° Que, d'après cette doctrine, les lois ~~générales, essentielles ou nécessaires~~ de la nature, ~~ou Dieu~~, ont été, sont et demeureront toujours les mêmes (immuables); par conséquent, que toutes doctrines que l'on voudrait étayer sur des changemens de lois nécessaires, ~~qui sont~~ fixes et à jamais immuables, de la nature; que ces doctrines, dis-je, ne sont basées que sur l'erreur, et par une dernière conséquence, qu'il n'y a qu'une seule vraie religion, ~~celle qui est~~ basée sur les lois ~~éternelles~~ de la nature, ~~ou Dieu~~.

D. Quels rapports a cette religion avec la religion chrétienne?

R. La religion chrétienne est la religion naturelle ~~révélée par la volonté de Dieu à la raison humaine~~, conservée dans les Temples de la ~~sainte~~ initiation, en Égypte, en Grèce, etc., et dont je viens d'exposer les principes.

D. Comment, et sous quelle autorité nous a-t-elle été transmise?

R. Moïse (1), élevé au plus haut degré de l'initiation chez les Egyptiens, profondément instruit dans les mystères physiques, théologiques et métaphysiques des prêtres, transporta l'initiation et ses dogmes chez les Hébreux. Chef et conducteur d'un peuple ignorant, peu propre à connaître la vé-

---

(1) *Voyez* la note de la page 52.

rité, il se trouva forcé de ne confier qu'aux lévites d'un ordre supérieur les vérités de la religion. Bientôt les passions et l'intérêt de ces lévites altérèrent la loi primitive donnée par Moïse; et les traces commençaient à s'en effacer, lorsque Jésus de Nazareth parut sur la scène du monde. Pénétré d'un esprit tout divin, doué des plus étonnantes dispositions, après avoir reçu en Egypte tous les degrés de l'instruction et de l'initiation scientifique, politique et religieuse (1), et avec eux l'esprit saint et la puissance théocratique, il revint en Judée, et y signala les nombreuses altérations que la loi de Moïse avait subies entre les mains des lévites. Les prêtres juifs, attaqués dans leur crédit et aveuglés par leurs passions, persistèrent dans des erreurs qui en étaient et le produit et l'aliment; ils se liguèrent contre leur redoutable adversaire : mais les temps étaient accomplis. Jésus, dirigeant le fruit de ses hautes méditations vers la civilisation et le bonheur du monde, déchira le voile qui cachait aux peuples la vérité : *il leur prêcha* L'AMOUR DE LEURS SEMBLABLES, L'ÉGALITÉ EN DROITS *de tous les hommes devant leur père commun*. Consacrant enfin, par un sacrifice divin, les dogmes célestes qu'il avait transmis, il fixa, pour jamais sur la terre, avec les Evangiles, la religion écrite dans le livre de la nature et de l'éternité.

D. Qu'entendez-vous par l'esprit saint et la puissance théocratique que Jésus reçut en Egypte ?

---

(1) Il est à remarquer qu'*Arnobe l'ancien dit que les païens prétendaient que* JÉSUS-LE-CHRIST *avait dérobé les pratiques secrètes des prêtres égyptiens, conservées dans les lieux les plus secrets de leurs temples* (Arnobius, lib. 1, contrà gentiles).

Quelque absurde que soit une telle accusation, elle semble, du moins, prouver qu'il y avait une grande analogie entre les pratiques religieuses des chrétiens et celles des prêtres égyptiens; et, s'il en était besoin, elle confirmerait aussi, en quelque sorte, la tradition d'après laquelle il est établi, dans l'Eglise primitive, que JÉSUS-LE-CHRIST a été élevé dans le grand collége des prêtres d'Alexandrie, qu'il y a été initié à tous les mystères de l'initiation religieuse, scientifique et politique, et qu'il a été établi et reconnu Pontife des Pontifes dans la religion du Dieu éternel.

(63)

R. N'ayant pas reçu le complément de l'instruction ~~ou de l'initiation~~, je ne puis répondre à cette demande.

D. Comment cette initiation s'est-elle conservée jusqu'à nos jours?

R. Jésus conféra l'initiation évangélique et la suprématie sur l'église qu'il avait établie, au disciple bien-aimé qui lui fut constamment fidèle, Jean. Il conféra la même initiation à ses autres apôtres, sans en excepter Judas Iscariote et Pierre, dont l'un, malgré cet acte de confiance et de bonté, eut la lâcheté de le renier, et l'autre commit le crime affreux de le livrer à ses ennemis.

Jean, l'évangéliste, cet apôtre de l'amour fraternel, ne quitta jamais l'Orient; sa doctrine, toujours pure, ne fut altérée par le mélange d'aucune autre doctrine. Pierre et les autres apôtres portèrent les dogmes que leur avait enseignés Jésus chez les peuples lointains; mais forcés trop souvent, pour propager la foi, de se prêter aux mœurs et aux usages de ces diverses nations, même d'admettre des rites qui n'étaient pas ceux de l'Orient, des nuances, des différences se glissèrent dans les Évangiles comme dans la doctrine des nombreuses sectes chrétiennes.

Jusque vers l'an 1118, les mystères et l'ordre hiérarchique de l'initiation d'Égypte, ~~et de l'institution religieuse~~, transmis aux juifs par Moïse, puis aux chrétiens par Jésus, furent soigneusement conservés par les successeurs du Souverain Pontife et Patriarche Jean, l'apôtre. Ces mystères d'initiation ~~et institution~~, régénérés par l'initiation (ou baptême) évangélique, étaient un dépôt sacré que la simplicité des mœurs primitives, et toujours les mêmes des frères d'Orient, avait préservé de toute altération.

D. Expliquez-nous comment ces mystères ont été transmis de l'Orient dans l'Occident.

R. Les chrétiens, persécutés par les infidèles, appréciant le courage et la piété de ces braves croisés (1) qui, l'épée d'une

---

(1) Il est probable que ce passage et autres, relatifs aux Chevaliers du Temple de Jérusalem, ont été insérés dans le *Levitikon*, l'an 36 de l'Ordre (Voyez l'avertissement, p. 17, et la note de la page 6).

—main, et la croix de l'autre, volèrent à la défense des saints lieux, et rendant surtout une justice éclatante aux vertus et l'ardente charité des compagnons de Hugues de Païens, crurent devoir confier à des mains aussi pures le trésor des connaissances acquises pendant tant de siècles, sanctifiées par la croix, le dogme et la morale de Jésus. Hugues fut revêtu du pouvoir pontifical et patriarchal, et placé dans l'ordre légitime des successeurs de Jean, l'apôtre ou l'évangéliste.

Après cette profession de foi, le ~~Pontife~~ dit :

D'après la doctrine que vous venez de professer, je vous juge digne d'être admis parmi les lévites *diacres*; approchez, mon frère.

Le cérémoniaire conduit le récipiendaire ~~auprès de l'évêque~~, et le fait mettre à genoux.

~~Après avoir reçu son serment d'obéissance aux lois de l'Église et à tous les supérieurs sans exception, le Pontife~~ lui impose les mains sur la tête, en disant : « Rendez-vous digne de recevoir « le don de l'Esprit-Saint. »

Il lui met dans les mains l'encensoir, et dit : « Soyez le pre-« mier serviteur des lévites-prêtres de la religion du Christ. »

Ensuite il le revêt ~~des habits et insignes de son Ordre~~; puis il lui fait baiser l'anneau pastoral, l'embrasse, et le proclame, en s'écriant :

« Le lévite théologal, N..... est élevé parmi les diacres de l'Eglise du Christ. V. D. S. A. »

8ᵉ ORDRE.

Lévite-Prêtre, Docteur de la Loi.

Le lévite-diacre, revêtu des habits de son Ordre, se présente à la porte du sanctuaire du Temple, accompagné, ~~s'il se peut~~, de deux chevaliers armés, et de deux théologaux. Un cérémoniaire annonce son arrivée.

+ coadjuteur

++ au coadjuteur

+++ le coadjuteur

++++ met une ceinture de soie noire à frange de couleur pourpre et la clef, et d'une Dalmatique de soie verte, à manches courtes et fendues.

+ haute
++ hersute

Le Coadjuteur *lui fait les questions suivantes*.

Demande. Qui êtes-vous ?

Réponse. (N....) Diacre dans l'église du Christ.

D. Que demandez-vous ?

R. La grace du Seigneur, et avec elle le sacerdoce.

D. Faites votre profession de foi ?

R. J'ai fait ma profession de foi lorsque j'ai été admis parmi les diacres de la religion.

D. La profession de foi que vous avez faite contient-elle toute la religion du Christ ?

R. Cette profession de foi contient les principes généraux de la religion ; mais elle ne contient pas le complément de la ~~sainte~~ initiation, qui n'est révélée qu'à l'Ordre des diacres.

D. Exposez-nous le complément de cette initiation ~~sainte~~, sans lequel vous ne pouvez être élevé parmi les ~~docteurs de la loi du Christ, prêtres de son~~ église.

R. Je crois en Dieu.

Dieu est composé de trois puissances, savoir : *Père*, *Fils* et *Esprit* (1).

---

(1) Pour l'intelligence de la doctrine religieuse, et principalement de ce qui va suivre, voyez entre autres le *Rituel Magistral-Pontifical et Patriarchal* ; la *Table d'Or* ; le *Rituel de la morale* ; la *Doctrine de l'initiation* ; la *Règle intime* ; le *Commentaire général de la doctrine*, et surtout le *Traité de Dieu ou de l'intelligence universelle*, qui forme une des grandes études de la *très-haute initiation*, et dans lequel la doctrine esquissée dans le *Lévitikon*, ou Rituel des grades inférieurs de l'initiation religieuse, est exprimée d'une manière digne des philosophes chrétiens auxquels nous devons la transmission de vérités de l'Ordre le plus élevé ; voyez, en outre, le *Rituel de la haute milice* ; le *Traité des Mystères de la haute initiation et de leur influence sur le développement des lumières et sur la direction imprimée à la raison de l'homme* ; *Questions sur la révélation à la raison humaine, ou sur les rapports des intelligences douées du libre-arbitre, avec l'intelligence suprême*, etc.

Il ne nous est pas encore permis de disposer des manuscrits ci-dessus annotés, et nous regrettons vivement d'être privés de les livrer à l'impression ;

Dieu Père est *l'être infini*, composé de tout ce qui est.

Dieu Fils est *l'action*, produit de la puissance éternelle du père, ou de tout ce qui est ; produit infini qui se manifeste sans cesse, en tout, pour tout et par tout, et dans l'ensemble de tout ce qui est, et dans les modifications infinies et perpétuelles que subissent les parties de tout ce qui est.

Dieu Esprit est *l'intelligence*, produit de la puissance du père et de la puissance du fils, produit infini qui constitue l'intelligence de l'ensemble, ou réunion de tout, et les modifications infinies d'intelligence de l'infinité des parties dont se compose cet ensemble, ou grand tout.

Je dis que Dieu se compose nécessairement de trois puissances :

1° *L'être ou ce qui est*, ou *l'existence* ;

La nécessité de cette puissance n'a pas besoin de preuve ; j'ajouterai seulement que ce qui est existe de toute éternité ~~ce qui existe de toute éternité~~ est nécessairement incréé ; mais ce qui est ne pouvant exister que par les parties ~~élémentaires~~ dont il se compose, conséquemment chacune de ces parties existant de toute éternité, chacune de ces parties est nécessairement incréée.

2° *L'action* ;

Sans *l'action*, *l'existence* serait comme si elle n'existait pas. Or, comme il serait absurde d'admettre l'existence comme si elle

---

mais il y a lieu d'espérer que bientôt la Cour apostolique, composée d'hommes qui savent marcher avec le siècle, fera disparaître les raisons qui mettent ces précieux documens à la *seule* disposition des *très-hauts initiés*, et que le moment n'est pas éloigné où elle ordonnera la délivrance des copies de ces écrits, ainsi qu'elle a ordonné la délivrance des copies des pièces que nous faisons imprimer, pour qu'elles soient livrées à la méditation des fidèles, ainsi que de tous les hommes *sages* qui, reconnaissant *qu'une religion est nécessaire*, ne peuvent qu'applaudir à une doctrine religieuse aussi raisonnable, aussi pure, aussi digne de son origine, et faite pour être professée par l'universalité des hommes.

Tant

mêmes

† (ou Johannite)

haute

n'existait pas, ou de l'admettre pour l'inertie, il est nécessaire que ce qui est possède la puissance de l'action. Mais puisque Dieu est ce qui est, *l'action* est donc une puissance de Dieu.

3° *L'intelligence*;

Sans *l'esprit* ou *l'intelligence*, *l'existence* et *l'action* ne pourraient être comprises, senties, etc. Or, comme il serait absurde que ces deux puissances, c'est-à-dire, *l'existence* et son produit *l'action*, fussent sans être comprises, senties, perçues, etc., et qu'elles ne peuvent l'être que par *l'intelligence*, cette *intelligence*, qui renferme le sentiment et toutes les modifications de la faculté de sentir, percevoir, rechercher, attirer, choisir, etc., cette intelligence, dis-je, leur est donc nécessaire : donc, *Dieu*, qui *est* cette *existence* et cette *action* infinies, est aussi *l'intelligence* infinie : donc, Dieu se compose nécessairement de *l'existence*, de *l'action* et de *l'intelligence*.

Les trois puissances dont je viens de parler, ne pouvant pas exister l'une sans l'autre, forment *dans leur trinité* une puissance infinie, une et indivisible, qui est la *puissance universelle*, ou Dieu.

Conséquence : chaque portion du grand tout, ou Dieu, devant nécessairement participer aux puissances de ce même grand tout, ou Dieu, chacune des portions infinies du grand tout doit nécessairement jouir d'une portion de son *existence*, de son *action* et de son *intelligence* infinies, quelles que soient, d'ailleurs, les modifications auxquelles peut être soumise, à l'infini, chaque portion du tout, tant par rapport à sa manière (état ou puissance) d'être, que par rapport à son état ou sa puissance d'action, ou d'intelligence.

Je crois à la vérité de la religion catholique qui nous a été transmise par Jésus, lequel est notre Père et notre Seigneur.

Je crois que, par suite des divers degrés d'intelligence qui existent dans les portions de l'ensemble, et dans chaque classe hiérarchique, Jésus, doué d'une intelligence supérieure ou divine, a été reconnu en cette qualité au sein des Pontifes conservateurs des lois éternelles, dans le temple de la sainte initiation ; qu'il a

5.

été oint, consacré et proclamé ~~Fils de Dieu~~, *grand Prophète* et *Théocrate*, pour être assis sur le trône de la lumière, de la justice et de la charité, dissiper les ténèbres, laisser apparaître les vérités éternelles, et, avec elles, l'harmonie qui constitue l'univers.

Je crois que *l'Esprit-Saint* est l'intelligence; que l'intelligence de chacune des parties a, pour destination, d'embrasser plus ou moins de lumières ou de vérités; que, d'autre part, la faculté intellectuelle (produit des diverses combinaisons dont il a déjà été question) est susceptible de se développer en raison des communications qui lui sont faites par d'autres intelligences; et que, d'après ces principes, la communication de l'Esprit-Saint à ses apôtres par Jésus-le-Christ, notre Père et Seigneur, est la communication ou transmission de la puissance et des lumières dont il était le foyer conservateur.

Je crois qu'après avoir replacé l'Eglise de Dieu ~~son Père~~ sur ses fondemens légitimes, et rétabli la hiérarchie des lévites, chargés de transmettre le dogme et la morale de la religion, de la même manière que cette hiérarchie était établie chez les Egyptiens, ~~les Grecs,~~ ~~les Hébreux,~~ etc., ~~par l'effet d'une révélation primitive~~; je crois, dis-je, que Jésus-le-Christ, a constitué Jean, l'apôtre, en qualité de Patriarche et Souverain Pontife de cette même religion.

Je crois que la hiérarchie des lévites se compose des Ordres ci-après, savoir:

Ordre 1er (1), lévites de la garde extérieure;
2e, du parvis;
3e, de la porte intérieure;
4e, du sanctuaire;
5e, cérémoniaires;
6e, théologaux;
7e, diacres;

---

(1) ~~Lequel Ordre, depuis la fondation du Temple, a pris la dénomination d'Ordre de la Chevalerie du T.~~

8e, prêtres, docteurs de la loi;

9e, pontifes ou évêques;

Je crois que l'ordre hiérarchique établi parmi les lévites est symbole de l'ordre hiérarchique établi parmi les intelligences;

Je crois que les Evangiles écrits par l'apôtre Jean, tels qu'ils sont conservés dans l'intérieur du temple ~~de Jésus le Christ~~, contiennent les vérités fondamentales de la religion;

Je crois qu'il y a trois symboles sacramentels (1), savoir:

1° Le Baptême, ou symbole, par l'ablution à l'aide de l'eau, de la nécessité d'être pur et sans tache aux yeux du Seigneur;

2° L'Eucharistie, ou symbole de notre union avec le Christ, ainsi que de la fraternité et de la charité qui doivent régner parmi les fidèles;

3° Le Sacerdoce, ou le pouvoir de gouverner les fidèles et de communiquer les vérités de la religion.

Je crois que le *prononcé* des paroles sacramentelles *prononcées* par le Christ, lorsqu'il transmit ses pouvoirs à ses Apôtres, paroles telles qu'elles sont consignées dans le dix-septième Evangile de Jean, savoir:

« Λαβὲ Πνεῦμα ἅγιον· ἄν τινων ἀφῇς τὰς ἁμαρτίας, ἀφίενται αὐτοῖ· ἄ τινων κρατῆς, κεκράτυνται »

« Reçois l'Esprit-Saint; et les fautes seront remises à ceux
« auxquels tu les auras remises; et ceux auxquels tu les auras
« retenues, elles seront retenues. »

Je crois, dis-je, que ce *prononcé*, ~~suivi de l'onction en le Saint-Esprit~~, constitue la transmission de la puissance sacerdotale, pour que les prêtres instruisent les fidèles, dissipent les ténèbres de leur ignorance (ἁμαρτίας), ou les laissent

---

(1) Outre les sacremens établis par la règle fondamentale de l'Eglise, il existe des cérémonies sacramentelles et des cérémonies pieuses, consacrées par les règles disciplinaires, pour la célébration de divers actes religieux, tels que *l'invocation de l'Esprit-Saint sur les adolescens; la rémission des fautes; la bénédiction des époux; les prières consolatrices pour les mourans; le service pour les morts; les actions de grâces solennelles,* etc.

plongés dans ces ténèbres, s'ils ne sont pas dignes de la lumière, et enfin, en prenant le texte à la lettre, pour que les prêtres soient les gouverneurs et les juges de ces mêmes fidèles.

Je crois enfin que les paroles sacramentelles prononcées par le lévite-prêtre, avant de distribuer le pain et le vin, et extraites du 6e Evangile de Jean, démontrent que le Christ, en les prononçant, n'a voulu énoncer qu'un symbole; qu'elles ont été proférées (ainsi qu'il résulte de l'Evangile déjà cité) *du haut de la chaire évangélique, plusieurs années et non quelques jours avant la mort du Christ,* comme le prétendent les Evangiles non avoués par l'Eglise primitive, qui les lui font prononcer dans une cène qu'il fit avec ses disciples quelques jours avant de mourir; que la fausseté de cette assertion est suffisamment démontrée par le silence de Jean, qui, étant le frère du Christ et ne l'ayant jamais quitté, est nécessairement l'historien le plus fidèle de sa vie; car si ce sacrement avait été établi dans cette cène par le Christ, avec les caractères que lui attribuent les commentateurs des Evangiles non reconnus authentiques par l'Eglise primitive, Jean n'aurait pas omis l'acte peut-être le plus important de la vie du Christ. D'où je conclus que ce passage, ainsi que beaucoup d'autres, a été interpolé, altéré ou falsifié.

D. Quand Jésus transmit-il son esprit et son pouvoir à ses disciples?

R. Lorsque l'heure fut arrivée où il dut retourner vers son Père, celui par lequel tous les êtres existent, et qui n'existe que par ces mêmes êtres.

D. Qu'entendez-vous par retourner vers son Père?

R. J'entends être livré à ses ennemis, mourir pour le soutien de la vérité, et retourner ensuite à la vie éternelle.

D. Qu'entendez-vous par la vie éternelle (1)?

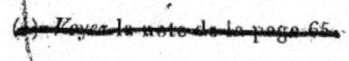

+ tout ceci est une
interpollation de Bernard
Raymond

par

et
les mystères de la haute

+ (et pour enseignement
par le Temple)

Ψ ant
O Déjà

R. La vie éternelle est la puissance dont est doué chaque être de vivre éternellement de sa vie propre, et d'acquérir une infinité de modifications en se combinant sans cesse avec d'autres êtres, de former avec eux de nouveaux modes d'existences ou intelligences, et de leur transmettre, dans certains cas, un de leurs principes d'animation et de sentiment, afin que, par ce moyen, soit conservé le souvenir des états précédens, et que l'être qui aura été doué de la faculté de connaître le bien et le mal puisse être soumis à l'expiation de ses fautes, ou recevoir la récompense de ses vertus, selon ce qui est prescrit pour les lois éternelles de la sagesse, de la justice et de la bonté infinies de la souveraine intelligence.

D. De quelle manière Jésus transmit-il son esprit à ses apôtres?

R. Après avoir fait sa prière, telle qu'elle est contenue au dix-septième Evangile, à nous transmis par Jean l'apôtre, Jésus déclara à ses disciples qu'il les envoyait enseigner, le Saint-Esprit, les paroles qu'il leur avait dites. Pour cela, il prononça les paroles apostoliques consacrées pour la transmission des pouvoirs dans une initiation : « *Recevez l'Esprit-Saint, etc.* »

D. Les paroles sacramentelles ou apostoliques dont vous parlez ne sont-elles pas attribuées au Christ après sa résurrection, dans les Evangiles non reconnus par l'Eglise primitive?

R. Oui. Mais nous ne reconnaissons pour authentiques et contenant toute la vérité que les Evangiles de l'apôtre Jean, tels qu'ils sont conservés par l'Eglise primitive; or, le dix-septième de ces Evangiles se termine par les paroles que nous venons d'indiquer; et Jésus ayant été livré aux Juifs immédiatement après, il est incontestable que c'est à ce moment que Jésus a transmis le sacerdoce à ses disciples. Après avoir prononcé les paroles susdites, Jésus ayant continué ainsi qu'il suit : « Vous avez en-
« tendu ce que je vous ai dit.... je ne suis plus de ce monde. Le
« Paraclet est en vous. Enseignez en le Paraclet. Comme mon
« Père m'a envoyé dans le monde, de même je vous envoie. Déjà
« je ne suis plus de ce monde; mais *Jean sera votre père*, jusqu'à
« ce qu'il vienne avec moi dans le Paradis. » Il les oignit en le

« Saint-Esprit). » Il est également incontestable que l'apôtre Jean a été établi pour tenir la place de Jésus sur la terre, et pour régir son Eglise, comme le père des fidèles.

Quant à la résurrection du corps de Jésus tel qu'il était avant son crucifiement, les Evangiles de Jean n'en parlent pas, mais ils disent que Jésus mourut pour vivre éternellement, de même qu'il vivait de toute éternité lorsqu'il reçut la vie humaine.

(voir les pages 343 et suiv.)

Nota. (Ici devraient être insérés quelques articles relatifs aux lois éternelles de la nature et à la doctrine de leur immuabilité. L'exposé de cette doctrine étant consigné avec les plus grands développemens dans le *Traité de Dieu*, dont il est probable, ainsi qu'on l'a déjà dit, que la Cour apostolique-patriarchale permettra, sans trop tarder, la communication ; et les articles sus mentionnés ne pouvant être donnés utilement qu'avec des explications qui, par leur étendue, ne sauraient trouver place dans ce recueil, nous renvoyons leur publication à l'époque où il nous sera possible de livrer à l'impression les autres précieux manuscrits dont le collége des apôtres est dépositaire ; d'ailleurs, le sommaire des lois dont il s'agit, et le commentaire traditionnel de ces mêmes lois étant donnés oralement aux néophytes de l'Ordre lévitique, nous éprouvons moins de regret d'être privés de les rappeler en ce moment.)

D. Quelle est la place assignée à Jésus-le-Christ dans l'ordre des intelligences?

R. Jésus est si grand, si élevé parmi les intelligences dont se compose le Grand-Tout ou Dieu, que la plupart des hommes le considèrent, avec raison, comme une émanation de l'essence divine, ou comme Dieu, en tant qu'il fait partie essentielle et indivisible de Dieu.

Ce que nous savons, c'est que l'homme et sa raison apparte-

† au surplus la Resurrection, telle qu'elle est indiquée dans les Évangiles nous reconnus authentiques par l'Église primitive est un acte contraire aux Lois de la nature.

Les Évangiles écrits par l'apôtre Jean ne parlent d'aucun acte de Jésus relatif à un changement des Lois de cette même nature et s'ils contiennent les merveilles de la guérison de Lazare, qualifiée de resurrection (Évangile 11) les guérisons qualifiées miraculeuses d'un paralytique (Évangile 5) d'un aveugle (Évangile 9) du fils d'un officier à Capharnaüm (Évangile 4) d'une apparence de changement d'eau en vin aux noces de Cana (évang. 2) & & Jean dont le langage figuré, parabolique, allégorique & est toujours empreint du sceau de la vérité, n'a eu pour but en rapportant ces faits que de rendre hommage aux connaissances extraordinaires de Jésus dans les hautes sciences enseignées dans les Temples de l'initiation.

Quant aux autres actes contenus dans les Évangiles primitifs, et qui sont présentés comme miracles dans les Évangiles non reconnus par l'église primitive, ce ne sont que des <u>allégories</u> dont il est constamment aisé d'expliquer le sens.

nant au fini, sont incapables d'embrasser, par cela-même, ce qui est infini : mais comme il est évident que l'homme a eu les moyens de pressentir l'existence de Dieu et de se faire une idée de son essence infinie, il faut nécessairement que cette connaissance ait été transmise à la raison humaine par une révélation quelconque dont nous ignorons la nature positive et le mode.

C'est cette révélation faite dans les temps les plus éloignés (peut-être vers l'époque où apparut sur la terre le composé ou intelligence, que nous appelons homme, et lors de sa maturité), révélation qui, successivement confiée aux diverses générations humaines, est parvenue jusqu'à nous par la voie des sophes, maîtres de la haute initiation.

Mais comme les passions des hommes avaient altéré la pureté de la révélation première, il a fallu qu'elle fût rétablie dans son premier état; et nous pensons que Jésus a été suscité pour opérer cette œuvre de bonté de Dieu son Père et notre Père à tous; qu'il a été envoyé sur la terre, pour habiter avec les hommes, se soumettre, sans exception, à toutes les chances de l'humanité, *donner l'exemple du travail pour lequel nous sommes faits*, enseigner à élever son esprit par l'étude et la méditation, apprendre aux hommes quels sont leurs droits et leurs devoirs, pratiquer la vertu, éviter le mal, enfin pour rétablir la doctrine divine de la révélation dans le cœur de ceux dont son Père l'avait institué le semblable, et faire connaître par la sainte initiation l'essence de celui par lequel existe tout ce qui existe.

Toutefois, l'intelligence humaine est si faible, malgré les lumières que lui a apportées la révélation, qu'il y aurait témérité d'assigner à Jésus un rang hiérarchique dans le sein de celui dont il est le Verbe. Est-il une portion *essentielle* de Dieu? Participe-t-il de la nature divine et de la nature humaine en même temps? Est-il seulement d'une nature identique à la nature humaine? N'a-t-il acquis le rang qu'il tient parmi les nations, qu'à cause de ses hautes vertus et de son génie supérieur et comme divin, qui lui ont valu d'être élevé par les sages de l'Égypte sur le trône de la lumière et de la vérité; et de recevoir, avec le caractère sacré de Souverain Pontife et Patriarche en la religion éternelle de Dieu, la confirmation, consécration ou proclamation de son titre de *Messie* ?

Il ne nous est pas donné de répondre. Jésus lui-même n'a jamais fait connaître ce qu'il était. Toutes ses réponses à des questions équivalentes semblent montrer seulement que ces questions étaient inutiles ou peut-être indiscrètes, et que pour atteindre le port du salut, nous n'avions pas besoin qu'il y répondît. Puisqu'il parlait constamment au nom de Dieu, son Père, qu'il n'a jamais parlé absolument en son propre nom, qu'il n'exigeait rien pour lui, mais que rapportant tout à Dieu, se soumettant lui-même à ses décrets, il allait prier dans le temple et pratiquait la religion de Dieu, non la sienne propre, n'était-ce pas nous déclarer, par l'exemple qu'il donnait, que nous devions l'imiter ?

Les Évangiles ne se prononcent pas non plus à ce sujet ; et il n'est pas à notre connaissance que, du temps de Jésus, quelqu'un ait proclamé formellement sa divinité ou sa participation à la puissance divine.

Quant à nous, à défaut de révélation positive et directe, et vu l'insuffisance des lumières qui ont été transmises sur cette matière, nous nous faisons un devoir de déclarer que nous nous confions entièrement en la bonté de Dieu, et le prions de nous tirer de l'erreur, si notre faible intelligence a le malheur d'y être plongée ; et nous professons que, quelles que soient, à l'égard du Christ, notre Père, Frère et Seigneur (auquel soient honneur et gloire dans l'éternité), que, quelles que soient à son égard les croyances des hommes, il est de notre devoir de les respecter toutes sans exception, surtout lorsque le cœur des croyans est rempli de l'amour de la charité, qui est la vertu par excellence, et qui renfermé en elle seule toutes les vertus du christianisme.

C'est pour cela et pour éloigner tout système et toute cause de controverse qui pourraient troubler la paix de l'Église, qu'il a été décidé par cette même Église qu'elle recevrait, sans distinction aucune, et qu'elle reconnaîtrait comme ses enfans, ayant tous des droits égaux, les chrétiens qui adopteraient, à l'égard

de la nature de Jésus, telle croyance qu'ils jugeraient la plus convenable, attendu que la religion de l'Église est la religion de Dieu, Père de tous, et que son culte est celui de ce même Dieu par lequel et dans lequel seul nous sommes, avec Jésus son Christ, son Verbe et son Pontife.

En conséquence, l'Église a défendu toute discussion sur un tel sujet, lequel est laissé entièrement au domaine de la conscience et de la foi intérieure, et sur lequel elle laisse à chacun une liberté pleine et entière de croyance et de toutes modifications de croyance.

Nota. Plusieurs néophytes, avant d'être élevés au doctorat de la loi, ayant ajouté la déclaration suivante, il a été ordonné que cette déclaration serait consignée ici comme un témoignage de l'esprit de tolérance, de conciliation et d'union, consacré dans l'Église catholique et professé sans interruption au sein des Pontifes préposés à la garde de la doctrine de Dieu.

(*Addition à la réponse ci-dessus.*)

Par le fait de la liberté de croyance, accordée par l'Église, et sans entendre m'écarter en aucune manière de la croyance essentielle qu'elle enseigne, je déclare et professe que, par un sentiment que je ne chercherai pas à définir, mais dans lequel je trouve une satisfaction secrète et les plus grands motifs de consolation, au milieu des tourmentes de la vie, je professe qu'il est dans mon cœur de croire que Jésus est plus qu'un homme, qu'il émane de l'essence de Dieu, qu'il est l'envoyé ou Messie, Verbe et Esprit de Dieu sur la terre, pour rétablir l'ancienne loi et pour nous affermir dans les voies de la vertu, et unir par un lien indissoluble l'homme et celui par lequel et dans lequel nous existons.

En conséquence, il est en moi de considérer le Christ comme participant essentiellement de la nature de Dieu et comme étant une des parties essentielles de Dieu; mais, attendu qu'il ne saurait y avoir de parité (d'après ma façon de sentir) entre cette manière de faire partie de Dieu et celle par laquelle tous les êtres de la nature en font de même partie, je conclus que les hommages adressés à Dieu sont également adressés à Jésus, émanation de Dieu; lequel a parlé aux hommes selon la plénitude de l'autorité divine appartenant au Verbe de Dieu, lequel enfin a prêché la parole de Dieu, qui est sa propre parole.

En ajoutant ce complément, peut-être inutile, à la profession qui est prescrite par l'Église, je déclare que je conserve l'intention de marcher constamment et radicalement dans le sens de cette même Église, et de ne jamais m'écarter de son dogme.

Mais il me semble que, par cette explication de ma pensée et de mon sentiment, la religion devient, en quelque sorte, plus sublime à mes yeux. Je crois être encore plus chrétien, s'il m'est permis de parler ainsi; et lorsqu'en ma qualité de lévite, je serai appelé à annoncer la sainte loi de Dieu et la morale qui en découle, je me croirai plus fort en me rappelant que je la tiens de l'esprit de Dieu transformé en Jésus. Il me semble que mes paroles sortiront plus pures de ma bouche, et qu'elles deviendront une source féconde de charité et de bonnes œuvres sous l'autorité du Fils immédiat, partie essentielle de Dieu, lequel a habité sur la terre, de qui émanent les pouvoirs donnés aux Apôtres, et dont je suis heureux d'être appelé à devenir le disciple et le ministre.

D. Respect à toutes les croyances accompagnées de la charité!... Mais la loi que nous suivons ayant été établie dès les temps les plus éloignés, et conséquemment avant Jésus-le-Christ, et les divers ministres qui ont existé avant le Seigneur Jésus, n'ayant pu professer, et ceux qui ont existé depuis ou qui existent en ce moment, pouvant n'avoir pas professé ou ne point professer rigoureusement la croyance ou les nuances de croyance que vous venez de manifester, il suivrait de votre manière de vous exprimer, que ces ministres auraient eu des pouvoirs moins positifs que ceux dont vous parlez, puisque la croyance que vous professez semblerait vous constituer plus spécialement ministre de Dieu en son émanation, le Christ?

D— Quels sont les livres ou écrits que nous a transmis l'apôtre Jean ?

R— L'apôtre Jean nous a transmis 1° les Evangiles contenant le dépôt des principes généraux de la Doctrine apostolique et quelques faits remarquables de la vie du Christ
2° les épîtres ou le commentaire de la morale évangélique
3° l'apocalypse ou tableau allégorique ou composé ou

R. Les pouvoirs des lévites ne proviennent pas du mode de leur croyance, mais d'un acte de transmission successive depuis les temps dont vous parlez, jusqu'à l'époque où le monde ou intelligence dont nous faisons partie aura subi la loi imposée à tous les composés ou intelligences (la dissolution); et puisque l'Église n'a pas établi, comme dogme essentiel, la croyance que j'ai manifestée, il s'ensuit que, quelle que soit la croyance sur un tel sujet, elle ne saurait être d'aucun poids pour donner de la force aux pouvoirs conférés aux lévites par notre Église qui est celle de Dieu. La croyance, en cette matière, ne regarde que l'individu. Elle est étrangère à l'Église dont le culte, encore une fois, est celui de Dieu auquel doit être nécessairement ramené tout ce qui se rapporte à lui (Dieu éternel), ainsi que toutes les modifications que des individus pourraient concevoir dans la manière d'être de ce même Dieu.

J'ajouterai que les pouvoirs des lévites, avant la venue de Jésus-Christ, étaient les mêmes que ceux des lévites d'aujourd'hui. Comme ceux-ci, ils étaient ministres du même Dieu dont une *émanation première* avait déjà porté sur la terre et transmis à la raison humaine la connaissance ou révélation de la religion éternelle, ou de la nature, ou de Dieu; révélation dont les traces s'étaient en partie effacées de la mémoire des hommes, lorsque Jésus-le-Christ, *également émanation de Dieu*, est venu nous remettre dans la voie de la vérité et nous apprendre à nous y maintenir.

D. Quels sont les livres que nous a transmis l'apôtre Jean?

R. L'apôtre Jean nous a transmis : 1° le Lévitikon et les Évangiles contenant le dépôt des principes généraux de la doctrine apostolique et quelques faits remarquables de la vie du Christ; 2° les Épîtres ou le Commentaire de la morale évangélique; 3° L'Apocalypse ou Tableau allégorique, tant des *prévisions* (1) de l'apôtre Jean, sur les tribulations et le triomphe final

---

(1) Voyez à la fin du volume, *Abrégé analytique du commentaire de l'Apocalypse*, par le très-révérend *** (note A).

de l'Église, que du composé ou intelligence, ou, en d'autres termes, du monde planétaire (*), dans lequel se trouve placé, comme une de ses parties formant un de ces organes et une de nos intelligences constituantes, le globe que nous habitons (*).

---

(1) L'auteur de l'*Origine des Cultes*, ayant été membre et secrétaire de la Cour apostolique, n'aurait-il pas puisé dans ce passage l'idée ou le sujet de son travail ?

(2) De ce que le Rituel lévitique ne parle que des livres de l'Apôtre Jean, il ne s'ensuit pas que l'Église primitive rejette les divers livres reconnus sacrés dans les autres églises chrétiennes.

Ne sait-on pas que, dans les cérémonies relatives à la profession des chevaliers, ou lévites du premier Ordre, au sacre et à l'intronisation du Souverain Pontife Patriarche et Grand-Maître, aux diverses cérémonies religieuses, etc., on lit des passages des différens livres de l'ancien et du nouveau Testament, et notamment des psaumes de David? les orateurs de l'Église chrétienne primitive ne citent-ils pas aussi dans leurs discours des textes des deux Testamens, des préceptes tirés des Evangiles de Mathieu, de Luc et de Marc, des Actes des Apôtres? Dans le service du Saint-Sacrifice, ne récite-t-on pas, en partie, l'oraison dominicale? etc.

Sans doute, l'Église primitive rejette ce qui dans ces livres est absurde ou immoral; elle rejette conséquemment ce qui a été ajouté, altéré, falsifié par l'esprit de secte, l'ignorance présomptueuse de certains docteurs, le sot orgueil des faiseurs d'explications, etc., mais elle vénère l'ensemble des Ecritures qualifiées de Saintes, qu'elle considère comme faisant partie de sa tradition.

Nous dirons, à ce sujet, que si les ennemis de notre Église ont osé avancer que, reconnaissant l'éternité des choses, nous rejetions et devions rejeter la création, et conséquemment le livre de la Genèse, attribué à Moïse, c'est à la seule ignorance dans laquelle ils sont de notre doctrine et de son esprit, qu'ils doivent une assertion aussi erronée.

Oui, notre Église croit que *ce qui est, le Grand-Tout, ou Dieu*, est éternel; mais elle croit aussi qu'il existe une loi éternelle, d'après laquelle les parties constituantes du Grand-Tout sont décomposées sans cesse pour former de nouvelles compositions. Par cela même, elle croit et doit croire que la terre, par exemple (ainsi que tous les autres corps) a été *créée, composée, formée dans le temps*, selon la loi dont nous venons de parler, et par un acte de la volonté, de la justice et de la bonté infinies et éternelles de la suprême intelligence formée de l'ensemble ou de la réunion de tout ce qui est, de toutes les intelligences, ou, en d'autres termes, de Dieu. Par conséquent, notre Église croit que cette terre aura sa fin après un temps plus ou moins éloigné, de la même

H.O.
Tou

+ Coadjuteur

(1) Les mots imprimés en italiques dans cette demande et dans la réponse ne sont pas dans le texte ou acte primitif

(79)

D. A l'exemple du Christ, notre Père et Seigneur, à l'exemple des martyrs de la foi chrétienne, et *principalement de l'Apôtre Souverain-Pontife et Patriarche Jacques de Molay* (*) (*auxquels soient honneur et gloire*), êtes-vous prêt à répandre votre sang pour la défense de cette même foi chrétienne dont vous venez de développer les principes?

R. Oui, à l'exemple du Christ, notre Père et Seigneur, à l'exemple des martyrs de la foi chrétienne, *à l'exemple surtout de l'Apôtre Souverain-Pontife et Patriarche Jacques de Molay* (*auxquels soient honneur et gloire*), je suis prêt à verser mon sang pour la défense de cette foi chrétienne, dont je viens de développer les principes.

Après cette profession de foi, le Pontife dit :

~~D. Jurez-vous, conformément aux lois de l'Église, respect, obéissance, fidélité et attachement à l'Église apostolique universelle, au Souverain-Pontife et Patriarche N....., Grand-Maître de la sainte milice du Temple, et à ses successeurs légitimes, aux princes apostoliques et à tous Pontifes et supérieurs légalement établis pour le gouvernement de cette même Église?~~

~~R. Je le jure.~~

Puisqu'il en est ainsi, venez, mon frère, prendre rang parmi les ministres de la religion du Christ qui ont été jugés dignes de

---

~~manière qu'elle a eu son commencement; elle croit de même, que chaque homme est créé, composé, formé d'après la loi générale précitée (laquelle se modifie à l'infini pour chaque espèce de composés, selon la volonté éternelle, immuable et toujours juste, de Dieu); et qu'il vit dans son existence humaine, pour qu'après un temps quelconque, ses élémens, comme ceux de tous les autres composés, aillent vivre au sein de nouvelles existences.~~

(*) ~~Ce~~ passage ~~n'est pas dans le texte ou original du *Lévitikon*~~, lequel est antérieur au ~~Souverain Pontife et Patriarche~~ Jacques de Molay. Depuis, l'Église a ordonné l'insertion ~~de la phrase qui le concerne~~ dans la ~~copies et traductions dudit texte~~ *profession de foi.*

~~Cette observation s'applique à tous autres passages qu'il nous serait sans doute bien difficile de distinguer, mais qui, ayant pu faire partie de la doctrine orale que Jean avait transmise, auraient été inscrits dans le Lévitikon, par ordre de ses premiers successeurs.~~

recevoir l'esprit de sagesse, de charité et de force, et, avec lui, le saint sacerdoce, ou pouvoir de gouverner l'Église, sous la direction des supérieurs légitimes.

Il fait avec les deux pouces une croix sur la tête, puis une croix sur les lèvres du diacre, lui impose les mains sur la tête, et dit: « Λαβὲ Πνεῦμα ἅγιον : αὔ τινων ἀφῆς τὰς ἁμαρτίασ, ἀφίενται αὐτοῖς ; αν τινων κρατῆσ κεκρατυνται (1). » (Texte du 17ᵉ Évangile de l'apôtre

---

(1) On ne doit pas oublier que cette formule a été constamment et successivement employée dans les diverses langues de l'ancienne Égypte pour la consécration des prêtres, et qu'elle a toujours été considérée *comme rappelant une révélation*; que Jésus, qui avait été consacré par le prononcé de cette formule, ou qui s'était soumis à ce mode de consécration, *comme exprimant une transmission positive de pouvoirs divins*, l'a conservé dans son Église, en se déclarant lui-même le restaurateur des dogmes éternels avec lesquels et pour lesquels cette Église a été constituée par lui sur cette terre.

Si l'on envisageait la doctrine sous un autre rapport que le rapport religieux, la formule λαβὲ, etc. prise à la lettre, serait une absurdité, et l'on pourrait considérer au moins comme extraordinaire une telle formule, ainsi consignée dans un livre élevé à la gloire du culte trois fois saint et à toujours vénérable, consacré par la révélation, et avoué par la raison. Mais dans ce cas même, l'absurdité disparaîtrait si l'on voulait bien se souvenir de l'état religieux des Égyptiens, pères des Juifs et des Chrétiens. Sous le rapport religieux, ils avaient une religion intérieure (ésotérique), et une religion extérieure (exotérique). Les prêtres de l'une étaient les prêtres de l'autre. Le peuple croyait à la religion que nous nommons extérieure, ou d'un dieu et même de dieux ayant apparu sous des formes plus ou moins bizarres, et gouvernant les hommes par des génies soit de bien, soit de mal. Il était dans sa foi que le sacerdoce venait éternellement et par transmission non interrompue de ces dieux, apparus, à diverses époques, sur la terre, et que cette transmission avait lieu par le prononcé des paroles λαβὲ Πνεῦμα, etc. lesquelles n'étaient que la traduction d'autres paroles exprimant les mêmes choses.

Mais les prêtres de la religion extérieure ou du peuple, étant les prêtres de la religion intérieure, des hauts initiés, ou de la révélation de la religion selon la raison; et leur ordination se faisant publiquement, on a dû employer, dans cette ordination, la formule vénérée par le peuple, puisque d'ailleurs elle était consacrée par la liturgie intérieure.

Pour les hauts initiés, et abstraction faite de *révélation* et de *religion*, cette formule, considérée civilement, et comme transmission de pouvoirs *légaux*, voudrait dire : « Vous possédez l'intelligence nécessaire pour *administrer* l'Église ou la communauté des frères; en conséquence, soyez juge parmi eux, dé-

+ Coadjuteur

Jean). ~~Ensuite, il fait sur son front une onction en forme de croix, avec le pouce droit sur lequel est de l'huile consacrée, en disant: Soyez oint en le Saint-Esprit~~. Puis, lui mettant les Evangiles ouverts dans les mains, il s'écrie :

« Par la grace de l'Esprit-Saint, le diacre N.... est créé lévite-prêtre de l'Église du Christ et docteur de la loi. »

« Je proclame le révérend frère N.... lévite-prêtre de l'Église
« du Christ, et docteur de la loi; que toutes paroles qui sortiront
« de sa bouche soient reconnues saintes et émanées de celui qui
« a toujours été, qui est, et qui sera dans l'éternité. »

Béni soit le Seigneur.

Tous les assistants répondent : Béni soit le Seigneur.

Le ~~Pontife, après avoir procédé aux cérémonies du sacrifice conformément au Diurnal~~, prend le pain et le vin, et plaçant les mains du nouveau prêtre sous les siennes, et les tenant ouvertes sur ce pain et ce vin, il dit :

---

clarez innocens ou pardonnés ceux qui doivent être déclarés innocens ou pardonnables. Déclarez coupables ou non pardonnables ceux qui doivent être déclarés tels. »

Cela étant, cette explication servirait de clef à plusieurs passages du Rituel des Pontifes (toujours en n'envisageant la matière que sous le rapport civil ou politique).

Dans le cas où, en vertu des lois de tolérance observées dans la religion chrétienne primitive, des frères croiraient ne devoir considérer Jésus que comme un homme supérieur, ayant seulement reçu ses pouvoirs d'autres hommes choisis par leurs semblables, à cause de leurs hautes capacités, pour diriger la communauté ; dans ce cas, disons-nous, cette formule serait au moins un voile mystérieux et symbolique sous lequel se trouverait, *comme sens des paroles* λαβε, *etc.* la traduction indiquée plus haut; tandis qu'en considérant cette formule, ainsi que cela doit être, comme l'expression d'une *transmission de pouvoirs religieux ou divins, d'après la révélation*, on y retrouve l'expression de *la toute-puissance divine par laquelle le prêtre reçoit le caractère sacré de ministre de Dieu.*

(Voyez d'ailleurs le livre du *Commentaire général de la Doctrine*, où se trouvent entièrement développés les dogmes et les principes de morale religieuse, civile et politique des Chrétiens primitifs).

« ~~Révérend frère,~~ conformément à ce qui a été ordonné par
« les Apôtres, premiers disciples du Christ, notre Père et Sei-
« gneur, sous la volonté de ce même Christ, les prêtres seuls
« ayant le pouvoir de consacrer le pain et le vin de la commu-
« nion, nous vous conférons le pouvoir de consacrer le pain et
« le vin destinés à la communion des fidèles, par les paroles sa-
« cramentelles prononcées par Jésus, telles qu'elles sont con-
« tenues au sixième Evangile de l'Apôtre et Patriarche Jean,
« ainsi que l'a établi et ordonné notre mère la sainte Église pri-
« mitive. »

Ils font ensemble un signe de croix sur le pain et le vin, et disent également ensemble : « Voici le pain et le vin qui sont
« descendus du Ciel... si quelqu'un en mange et en boit, il vivra
« éternellement... c'est ma chair et mon sang... En vérité, je vous
« le dis, si vous ne mangez la chair du Fils de l'homme, et ne
« buvez son sang, vous n'aurez pas la vie en vous... Celui qui
« mange ma chair et boit mon sang demeure en moi, et je
« demeure en lui..... mais c'est l'esprit qui vivifie, la chair ne
« sert de rien ; mes paroles seules sont l'esprit et la vie. »

~~Au moment de la communion, le Pontife~~ rompt le pain. Il en donne une partie au nouveau prêtre, et en prend une autre partie. Après qu'ils ont mangé ce pain, le Pontife boit une partie du vin, et en donne une partie à boire au nouveau prêtre ; il verse ensuite le restant du vin sur ce qui reste de pain, qu'il distribue, ~~s'il y a lieu~~, aux fidèles présens.

Après la communion, le pontife revêt le prêtre ~~des habits et insignes de l'Ordre des docteurs, ensuite~~ il l'embrasse en disant :

« Que la paix du Seigneur soit avec vous. ~~V. D. S. A.~~ »

Puis il termine les cérémonies du sacrifice.

+ Ensuite le Coadjuteur

l'an d'un surtout de Lin, lui met
une ceinture de soie couleur de
pourpre avec franges jaunes
le couvre d'une Trabée de soie
violette, bordée de blanc et lui
passe au cou une étole de
soie blanche. Puis

en s'écriant: Je constitue
révérend frère Levite prêtre
N.... Chapelain de la Maison
N....   V. D. S. A.

† pour remplir les fonctions pontificales dans une des langues de l'ordre,

†† et, s'il se peut,

††† au degré où il a été élevé dans l'ordre hiérarchique lévitique.
S'il n'appartient pas à l'un des sept degrés supérieurs, au degré de la chevalerie lévitique, il porte les habits et ornemens qui sont affectés soit à la chevalerie militaire ou 1er ordre, soit à la dignité dont il est honoré.

†††† D. — Avez-vous été élevé à quelque degré dans l'ordre hiérarchique de l'initiation lévitique.
R. — Je suis

††††† (il indique par l'ordre numérique le rang auquel il a été élevé. S'il a le 9e degré ou sacerdoce, il dit:)

†††††† (s'il n'est pas revêtu du sacerdoce ou le consacre lévite prêtre en lui conferant auparavant les grades lévitiques qu'il n'a pas reçus.)

9ᵉ ORDRE.

Lévite-Pontife, ou Évêque.

Le ~~prêtre~~ *chevalier*, élu ~~ou appelé pour être élevé aux honneurs de l'épiscopat~~, se présente, accompagné, ~~s'il se peut~~, de deux chevaliers armés, de deux cérémoniaires, de deux diacres et de deux prêtres, à la porte de la chapelle où doit se faire la consécration. Il se place sur un siége préparé à cet effet. Il doit être revêtu des habits et ornemens affectés ~~à l'Ordre sacerdotal~~, il doit tenir à la main droite le décret ~~d'appel, ou le décret~~ d'élection. Le co*adjuteur* ~~consécrateur~~ lui dit :

D. Qui êtes-vous ?

R. Je suis serviteur des serviteurs de Dieu, *j'ai* lévite dans l'Église du Christ, *j'ai* reçu l'Esprit-Saint, ou le sacerdoce, avec le droit d'exercer tous les pouvoirs et toutes les fonctions de ce même sacerdoce, après en avoir obtenu la licence des supérieurs, conformément aux lois de l'Église.

. Que demandez-vous ?

R. En exécution (1) *de nos saintes lois* ~~du statut fondamental du gouvernement de l'Église~~, les vicaires de l'Apôtre Souverain Pontife et Patriarche N.... Grand-Maître de la sainte milice ~~du T.~~, m'ayant proposé comme l'un des candidats, et ledit Souverain Pontife m'ayant choisi pour (le siége étant vacant) être le pasteur des pasteurs de l'Église, en la langue ~~ou en la synodie épiscopale~~ de N.... ~~(ou pour remplir les fonctions de....)~~, je me présente avec confiance pour obtenir, à l'aide de la consécration épiscopale, la licence d'exercer, dans toute sa plénitude, la vertu dont j'ai été pénétré lorsque j'ai reçu l'Esprit-Saint ou le sacerdoce.

---

(1) ~~On lit dans le texte : « En exécution de nos saintes lois. » La Cour apostolique a ordonné que, dans les copies, au lieu de ces mots on mettrait ceux-ci : « En exécution du statut fondamental, etc. »~~

l'acte

D. Qu'on lise ~~le décret~~ d'élection ~~(ou le décret d'appel)~~.

Un des assistans du consécrateur va recevoir des mains de l'élu l'acte d'élection ~~ou d'appel~~, il l'apporte au consécrateur qui, après en avoir reconnu l'authenticité, le fait lire par un de ses assistans. Après cette lecture, le consécrateur ordonne à l'élu de s'avancer jusqu'au pied de l'autel.

L'élu placé devant l'autel, à une faible distance du consécrateur, celui-ci lui dit d'une voix haute et distincte :

D. Mon frère, en exécution de notre sainte loi, nul ne pouvant être promu aux degrés supérieurs et aux dignités de la milice lévitique, s'il ne fait acte de profession de foi, selon la croyance de l'Eglise apostolique, catholique ou universelle, je vais exiger de vous le renouvellement de cet acte de profession :

1º Croyez-vous à la doctrine de sagesse professée, d'abord, dans les réunions mystérieuses ~~et religieuses~~ des sophes de l'Egypte, éprouvée ensuite dans les temples d'Israël, enfin, purifiée, sanctifiée et fixée à jamais dans la religion de concorde, d'amour et de vérité, par la toute-puissance, la charité sans bornes et les vertus divines du Christ, qui est notre Père et Seigneur ?

R. Je le crois.

D. 2º Croyez-vous ~~que~~ ledit Christ, notre Père et Seigneur, a transmis sa toute-puissance en œuvres, en charité, en vertus et en bénédictions à ses vicaires les Apôtres et les Disciples, ~~lesquels il a institués et classés d'après l'ordre hiérarchique~~ établi, d'abord, dans les Temples de la haute initiation ~~religieuse~~, ensuite en Israël, et, enfin, sanctifié par lui, le Christ, notre Père et Seigneur ?

R. Je le crois.

D. 3º Croyez-vous que ledit Christ, notre Père et Seigneur, a conféré la suprématie apostolique ou le patriarchat à l'Apôtre qui fût l'élu de son cœur, qu'il laissa reposer sur son sein, et qu'il donna à sa mère pour être son fils, notre frère, père et seigneur Jean (auquel soient honneur et gloire) ?

+ à la Grande Maîtrise, comme aussi aux

cet acte (ou le

(Sages)

± lesquels il a institués et classés d'après de l'ordre hiérarchique

+ l'apostolat.

R. Je le crois.

D. 4° Croyez-vous que le ~~suprême~~ patriarchat a été transmis par voie légitime et sans interruption, depuis ledit apôtre-patriarche, notre frère, père et seigneur Jean, jusqu'à l'Apôtre-Patriarche, notre frère, père et seigneur Théoclet (auquel soient honneur et gloire)?

R. Je le crois.

D. 5° Croyez-vous que ledit Apôtre-Patriarche, notre frère, père et seigneur Théoclet, a transmis ses pouvoirs apostoliques et patriarchaux à notre frère, père et seigneur, l'Apôtre-Patriarche, premier Grand-Maître du Temple, Hugues (auquel soient honneur et gloire), et que, depuis lors, jusqu'à ce jour, ces mêmes pouvoirs ont été transmis, par voie légitime et sans interruption, à nos frères, pères et seigneurs, les Apôtres-Patriarches, Grands-Maîtres, successeurs dudit Patriarche et Grand-Maître Hugues (auquel soient honneur et gloire.)

R. Je le crois.

D. 6° Croyez-vous que la suprématie apostolique, ~~ou souverain apostolat pontifical~~ le patriarchat, ainsi que ~~l'épiscopat~~ sont le résultat d'une ordination spéciale?

R. Je ne le crois pas.

D. 7° Dans ce cas, croyez-vous que cette suprématie ou le patriarchat n'est seulement qu'une primauté pontificale entre tous les Pontifes?

R. Je crois que dans l'intussusception de l'Esprit-Saint réside positivement et complètement l'ordination, création et consécration sacerdotales; que l'acte de l'intussusception consiste dans le *prononcé* par le Prêtre-Pontife, des paroles sacramentelles: Λαβɛ πνɛυμα etc. (1), tirées du dix-septième Évangile de l'apôtre

---

(1) ~~Lorsque parmi les catholiques romains on ordonne un prêtre, le Pon-~~

Souverain Pontife et Patriarche Jean (auquel soient honneur et gloire), ~~et dans l'onction en le Saint-Esprit~~; que, par le seul acte de cette intussusception, le lévite reçoit la vertu ou l'aptitude pour l'exercice plein et entier des pouvoirs sacerdotaux, sans exception aucune; que, par suite de l'institution de l'apostolat et ~~d'une~~ suprématie dans l'apostolat par notre Père et Seigneur le Christ, les apôtres ne sont que les supérieurs des prêtres ~~(1)~~, que

---

tife, en lui imposant les mains, emploie la formule primitive dont la traduction est : « *Reçois l'Esprit-Saint*, etc. »

Lorsque l'on sacre un Evêque, le consécrateur lui impose *de nouveau* les mains, en disant aussi, *de nouveau* : « *Reçois*, etc. » Mais si le prêtre que l'on va sacrer Evêque a déjà reçu l'Esprit-Saint, et n'y ayant qu'un Esprit-Saint, pourquoi le donner une seconde fois à celui qui le possède? Si le premier pronocé de la formule n'avait pas la vertu de faire descendre le Saint-Esprit dans la personne de l'ordinand, ou si, l'ordinand ayant réellement reçu l'Esprit-Saint, celui-ci l'a abandonné depuis son ordination, il est probable ou que les paroles susdites : « *Reçois l'Esprit-Saint*, etc. » n'auront pas plus de vertu la seconde fois que la première, ou que, si l'Esprit-Saint a abandonné le prêtre, c'est sans doute parce qu'il l'a jugé indigne de lui, et conséquemment qu'il se gardera bien d'établir de rechef sa demeure dans un tel homme.

Un vénérable prélat romain, auquel on avait présenté cette observation, répondit qu'elle était selon la raison; mais que *toute raison* devenait *déraison*, lorsqu'elle se permettait de juger autrement que l'Eglise.

Ce que nous disons de cette double transmission du Saint-Esprit, nous le disons également pour ce qui regarde le baptême et la confirmation, tels que ces actes religieux sont établis parmi les catholiques non primitifs, actes par lesquels l'Esprit-Saint descendrait sur les baptisés, pour descendre encore une seconde fois dans la confirmation et une troisième fois dans l'ordination, etc.

Nous respectons sans doute une telle croyance; mais la nôtre ayant essentiellement pour appui la raison, on ne sera pas étonné que notre Eglise n'admette pas un point de doctrine qui serait contraire à cette même raison ou au bon sens.

(1) Quand même, pour résoudre cette question, nous n'aurions pas l'autorité du *Lévitikon*, qui nous semble être d'un très-grand poids dans la balance, nous pourrions citer contre l'opinion des chrétiens non primitifs, l'autorité de Saint Paul et des plus fameux Pères de l'Eglise; et nous rappellerions,

+ dela

+ l'apostolat ou Pontificat

++ supériorité entre les

+++ il est besoin d'une institution ou

le patriarche n'est que le supérieur des apôtres, et que l'épiscopat est seulement une surveillance dans l'Ordre des lévites-prêtres, qui sont tous égaux entre eux par l'ordination; mais, d'une part, les prêtres ayant reçu l'Esprit-Ssaint de la même manière que les apôtres, et ne pouvant y avoir qu'un Esprit-Saint, un et indivisible et toujours permanent en celui qui le reçoit, et ne pouvant aussi y avoir qu'une seule manière de le recevoir; d'autre part, l'intussusception de l'Esprit-Saint étant l'ordination sacerdotale, qui seule donne tous les pouvoirs sacerdotaux, sans aucune exception, et ne pouvant y avoir aucun pouvoir au-dessus du pouvoir de l'Esprit-Saint, je crois qu'il n'y a qu'un seul sacerdoce; que les lévites pontifes et les lévites prêtres sont revêtus des mêmes pouvoirs sacerdotaux; mais que, pour l'exercice de l'autorité administrative, l'Église a prescrit une institution ou

---

ainsi que nous l'avons trouvé consigné dans une lettre écrite par un anonyme à M. l'Archevêque de Paris, et que l'on a fait imprimer sous le nom et les armes du Souverain-Pontife et Patriarche de la religion chrétienne catholique primitive; nous rappellerions que Saint Paul (act. 20, 17), étant à Milet, recommandait aux prêtres de l'Eglise d'Ephèse, qu'il avait priés de venir le trouver, qu'il leur recommandait, dis-je, de prendre garde à eux-mêmes et au troupeau sur lequel le *Saint-Esprit les avait établis* ÉVÊQUES.

En écrivant à Tite, ne donne-t-il pas *indistinctement aux mêmes individus* le titre de *prêtre* et d'*évêque*?

En écrivant aux Philipiens, ne salue-t-il pas les *évêques* et les *diacres*, sans faire mention des *prêtres*, qu'il confond avec les *évêques*?

Et Saint Chrisostôme (hom. 10, *comment. in ep. ad Timot.*), Saint Jérôme (ep. 85 ad Ev.), Saint Augustin, etc., ne disent-ils pas qu'*au commencement le prêtre et l'évêque* étaient la même chose; que *l'ordination* du *prêtre* et de *l'évêque* est *la même*? que, depuis qu'on a voulu (pour l'avantage de l'administration, sans doute) distinguer le prêtre de l'évêque, celui-ci n'est que le président des autres prêtres ses égaux, ou le surveillant de ses collaborateurs?

Saint Jérôme, dans son épitre à Ev., ne rapporte-t-il pas que depuis Saint Marc jusqu'à Saint Denis, et je ne sais quel autre saint (pendant l'espace de deux cents ans), les prêtres de l'église d'Alexandrie *nommaient évêque* celui d'entre eux qu'ils jugeaient digne de leur choix, et qu'ils le *plaçaient sur un siège élevé*? C'était là toute la cérémonie de l'ordination ou consécration de l'évêque, etc., etc., etc.

consécration spéciale, dont l'effet est de donner au Patriarche ou Souverain-Pontife, avec tous les droits pontificaux, une suprématie ou une supériorité d'administration sur l'universalité des Églises, formant l'Église du Christ ; et de donner aux Pontifes : 1° une supériorité d'administration sur les Églises particulières qui leur sont confiées par ledit Souverain-Pontife ; 2° le droit d'instituer et de consacrer les Pontifes qui leur sont désignés à cet effet par ledit Souverain-Pontife ; 3° le droit de conférer le sacerdoce et tous les degrés lévitiques, selon l'ordre de la hiérarchie établie dans l'Église du Christ ; 4° enfin, le droit de diriger l'exercice du sacerdoce, et de diriger, particulièrement, d'après les lois de la discipline de l'Église, les lévites des Ordres supérieurs à l'Ordre des lévites de la garde extérieure, qui sont placés sous le gouvernement ou l'autorité du chef suprême ou Patriarche.

D. Sur quelles autorités est fondée votre croyance ?

R. Sur la Tradition et l'Écriture.

D. Qu'entendez-vous par *Tradition ?*

R. J'entends la doctrine, les rits, les usages et les lois de discipline inspirés par la sagesse et transmis depuis le commencement jusqu'à ce jour, sous l'autorité de l'Église, par l'organe des Lévites serviteurs de Dieu.

D. Qu'entendez-vous par *Écriture ?*

R. J'entends les livres sacrés reconnus authentiques par l'Église du Christ, et surtout les livres des Évangiles et des Épîtres écrits par notre frère, père et seigneur l'apôtre-patriarche Jean (auquel soient honneur et gloire), (livres tels qu'ils sont conservés dans l'Église de son saint Temple, je veux dire exempts de toute altération.)

D. Croyez-vous que les livres écrits par notre frère, père et seigneur Jean (auquel soient honneur et gloire), tels qu'ils sont

---

(1) Voyez la note 2 de la page 78.

+ régir

et

† Toute

commenter le texte de
de modifier ce qui a été

conservés dans l'intérieur du Temple, renferment essentiellement la doctrine de la religion catholique ou universelle, ou de la vraie religion?

R. Je le crois.

D. Croyez-vous que toute doctrine, soit morale, soit dogmatique, qui n'est pas contenue textuellement dans lesdits livres, n'est pas la doctrine de la religion catholique ou universelle?

R. Je le crois.

D. Croyez-vous que les successeurs des apôtres, quel que puisse être leur rang dans l'Ordre des lévites, soit réunis en tout ou en partie, soit chacun en particulier, ont le pouvoir et le droit de changer ou modifier la doctrine évangélique et les lois qui ont été établies par la puissance divine, inattaquable, à jamais vénérable et toujours sainte et sacrée, et qui furent transmises à notre Père et Seigneur le Christ, lorsqu'il reçut l'Esprit-Saint et qu'il fut proclamé Théocrate dans le temple de l'Eternel?

R. Je ne le crois pas.

D. Croyez-vous que toute secte religieuse, quelle qu'elle soit, professant une doctrine, soit morale, soit dogmatique, qui n'est pas dans les Evangiles et autres livres de l'apôtre Jean (auquel soient honneur et gloire), ne marche pas dans le sentier de la vérité et du catholicisme-apostolicisme, lequel est la seule Église du Christ, notre Père et Seigneur?

R. Je le crois.

D. D'après la profession de foi que vous venez de faire, pensez-vous que nous devions éloigner notre charité de ceux qui ne suivent pas la route du catholicisme?

R. Je pense tout le contraire.

D. Pensez-vous qu'un catholique doive obéissance et fidélité aux chefs de nations dont la croyance n'est pas celle de l'Église universelle?

R. Oui, je le pense.

D. Pensez-vous que l'Eglise universelle puisse, sans manquer à ses devoirs, accepter la protection, les bienfaits, et même les secours d'une nation professant une autre religion, ou d'un chef de nation qui prendrait le titre de chef de religion, de Pontife, de Prophète, ou tout autre titre contraire à la croyance que nous professons?

R. Je le pense; d'ailleurs notre Église en a donné plusieurs exemples, ainsi qu'on en sera convaincu en lisant les annales et les règles de la milice de notre chevalerie, notamment l'article 4 des statuts généraux (1).

D. Avez-vous confiance dans le salut de tous les hommes quels qu'ils soient, par la grace toute-puissante du Christ, le Père et le Seigneur de tous, quelle que soit leur croyance (2)?

R. Oui, j'ai cette confiance, car la charité étant la vertu qui constitue essentiellement le chrétien, la foi ainsi que l'espérance ne servant de rien sans la charité, et la charité pouvant, à la rigueur, tenir lieu des deux autres vertus chrétiennes, je crois que tout homme qui est rempli de charité possède les droits essentiels d'un chrétien.

Or, les droits d'un chrétien étant de vivre dans la paix du Seigneur, soit en la vie humaine, soit en une autre vie, je crois que celui qui aura pratiqué la charité, quoique dans le sein de l'erreur, est digne de la grace promise par le Christ; conséquemment, je crois qu'il peut et doit avoir la paix du cœur en cette vie, et lorsqu'il aura passé en une autre existence, que sa mémoire sera saluée par les bénédictions des hommes de bien, et de toutes les intelligences placées dans un ordre supérieur; enfin, que quels que soient les modes d'existence qui lui seront assignés par la volonté et la justice sans bornes du Grand-Tout, il sera appelé à jouir, comme récompense de ses vertus, d'une félicité qu'il n'est

---

(1) Ces mots soulignés sont ajoutés comme indication.

(2) Voyez, principalement parmi les manuscrits dont nous avons déjà parlé, les *Questions sur la révélation à la raison humaine*, ou *sur les rapports des intelligences douées du libre-arbitre, avec l'intelligence suprême.*

+ de concevoir

pas donné à la nature de notre intelligence de ~~concevoir~~ de connaître, d'apprécier, de pressentir, mais dont la nécessité est démontrée par la nécessité de l'existence d'une perfection et d'une justice infinies en Dieu.

D. En admettant la nécessité de récompenses pour la vertu, vous devez aussi admettre la nécessité de punitions pour le crime.

R. Oui, car si le Christ nous dit, dans le cinquième Évangile « Ceux qui auront fait de bonnes œuvres ressusciteront pour la « vie. » Il dit aussi : « Mais ceux qui auront fait de mauvaises « œuvres ressusciteront pour la condamnation. » Ce qui doit être. En effet, puisque la récompense des vertus est déterminée par les lois immuables d'une sagesse et d'une justice infinies, il est nécessaire que le contraire de la vertu subisse les peines déterminées par ces mêmes lois, mais comme il ne nous est pas donné de concevoir quelles peuvent être la nature, les modifications, la durée, etc. des récompenses, il en est et doit en être de même de la nature, des modifications, de la durée, etc. des peines.

D. La doctrine que vous professez supposant le libre-arbitre, déclarez si vous croyez que l'homme est libre de faire le bien et d'éviter le mal.

R. L'existence de récompenses et de peines ne serait pas basée sur les lois de la justice, si l'être qui en est l'objet n'avait pas la puissance de combattre et de vaincre ses penchans vers le mal. Or, comme il est écrit dans le cœur de l'homme : « *Ne fais pas à autrui ce que tu ne voudrais pas qui te fût fait ; fais à autrui, autant que tu le pourras, ce que tu voudrais qu'on te fît,* » et que ces préceptes renferment toute la morale de la religion, l'homme étant sans cesse averti de ses devoirs, et la nature lui ayant donné une somme de raison suffisante pour le tenir en garde contre ce qui n'est pas bien, je crois que l'homme, dans son état ordinaire, ou, en d'autres termes, lorsque son organisation n'est pas altérée, est libre de ne pas faire aux autres ce qu'il ne voudrait pas qu'on lui fît, et, lorsqu'il en a la possibilité, de faire aux autres ce qu'il voudrait qu'il lui fût fait.

(92)

D. Si l'homme, ainsi qu'il est établi par la doctrine religieuse, fait partie du Grand-Tout, ou Dieu, celui-ci peut donc commettre le mal, et se punir lui-même en la personne qui aura commis ce mal et qu'il aura punie ?

R. Dieu, étant la souveraine sagesse, ne peut faillir; d'ailleurs, étant au-dessus de tout, contre qui pourrait-il faillir ?

Il n'en est pas de même des parties qui le constituent et qui ne sont pas plus lui qu'un des membres du corps humain, par exemple, n'est le corps lui-même, ou le *moi* qui constitue l'essence de ce corps, pas plus qu'une pierre n'est l'édifice à l'élévation duquel elle concourt.

Chaque partie est, proprement dit, au service du tout, lequel, par son intelligence infinie, peut en disposer comme il l'entend; et si, parmi les composans du grand tout, ou mieux, parmi les intelligences douées de la faculté de discerner le bien d'avec le mal, une d'elles trouble l'harmonie du tout, celui-ci, sans se blesser lui-même, a le droit d'arrêter et de punir ce trouble, de la manière que sa sagesse le lui ordonne. Par la même raison, il peut récompenser d'autres intelligences pour leurs vertus, sans que la punition et la récompense aient aucune influence sur la manière d'être de Dieu; conséquemment, sans qu'il se récompense ou se punisse lui-même, en punissant ou récompensant quelques-unes des intelligences dont il se compose.

D. Jurez-vous cette profession de foi ?

R. Oui, je la jure.

D. Jurez-vous, en outre, respect et soumission, obéissance, fidélité, attachement à l'Eglise apostolique universelle, ainsi qu'au Souverain-Pontife et Patriarche de cette même Église, Grand-Maître de la milice du Temple, N.... et à ses successeurs légitimes ?

R. Je le jure.

D. Jurez-vous de remplir fidèlement tous les devoirs qui vous seront imposés ?

R. Je le jure.

Le Consécrateur se lève, et dit à haute voix :

« Puisque votre croyance est la croyance des pasteurs apos-
« toliques, et que votre cœur est rempli de ce feu divin que nous
« a transmis le Christ, notre Père et Seigneur (auquel soient hon-
« neur et gloire); que vous portez en charité tous les hommes,
« sans exception, et que vous avez confiance dans le salut de
« tous, par la grace dudit Christ, notre Père et Seigneur, nous
« allons vous élever sur le siége des pasteurs pontificaux, afin
« que les ouailles quelles qu'elles soient, qui seront placées sous
« votre garde, reçoivent la lumière, la paix et le bonheur de
« votre sagesse, de votre tolérance, de votre charité et de
« votre fidélité à remplir les devoirs qui vous seront imposés.
« Ainsi-soit-il. »

Cela fait, le Consécrateur s'assied et donne l'ordre à l'élu de s'humilier devant le Seigneur.

Celui-ci se couche, la face tournée vers la terre.

Le Consécrateur se lève : et, se tenant de bout, il étend ses mains sur le prêtre qu'il doit consacrer Evêque; ensuite il le fait asseoir. Ayant mis un linge autour de lui, il verse de l'eau dans un bassin, lave les pieds de l'élu et les essuie avec un linge qu'il a autour de lui. Cela fait, les cérémoniaires aident l'élu à mettre sa chaussure : cette formalité remplie, deux des assistans apportent au Consé-crateur l'Evangile de Jean.

L'élu se met à genoux;

Le Consécrateur pose l'Evangile ouvert sur la tête de l'élu et le dirige vers la partie postérieure et inférieure du col de ce même élu.

Deux assistans soutiennent le livre et le maintiennent à la place où l'a mis le consécrateur.

Celui-ci étendant de nouveau ses mains sur l'élu dit, à haute voix :

« Mon frère, recevez la bénédiction de Dieu, Père et Fils et
« Saint Esprit, et sachez porter dans tous les temps et dans tous
« les lieux, le joug sacré de son Evangile. »

Les assistans répondent : *Amen.*

Le consécrateur s'assied. Prenant avec le pouce droit de l'huile consacrée, il fait avec ce pouce une croix sur la tête de l'élu, puis sur le front, puis encore sur la tête, en disant :

« Que votre tête soit ointe et consacrée par la bénédiction
« céleste dans l'Ordre pontifical, au nom du Christ. *Amen.* »

Ensuite, reprenant de l'huile, il en met en forme de croix sur chacun des doigts de chaque main de l'élu, en disant :

« Par le Christ, notre Père et Seigneur, que ces mains soient
« ointes de l'huile de la sanctification; qu'elles soient ointes et
« consacrées de la même manière dont Samuel oignit le roi
« David, en qualité de Prophète, afin que vous soyez béni,
« consacré et institué Pontife dans l'église du Christ, notre Père
« et Seigneur, comme les Seigneurs, nos frères et prédécesseurs,
« les Apôtres et leurs successeurs furent bénis, consacrés et
« institués Pères, Supérieurs et Seigneurs des lévites-prêtres, des
« lévites-diacres, des lévites-théologaux, des lévites-cérémo-
« niaires, des lévites du sanctuaire, des lévites de la porte inté-
« rieure, des lévites du parvis, des lévites de la garde exté-
« rieure, et de tous autres reconnaissant la suprématie de
« l'Église primitive, en universelle du Christ, notre Père et
« Seigneur. *Amen.* »

Imposant de nouveau les mains sur la tête de l'élu, le consécrateur dit :

« Par le Christ, notre Père et Seigneur, et par l'Esprit-Saint
« qui est descendu en vous, lorsque vous avez été consacré lé-
« vite-prêtre, je vous constitue Pasteur des pasteurs dans l'Église
« de notre Père et Seigneur le Christ; à cet effet, je vous ac-
« corde la licence de mettre en œuvre, dans toute son étendue,
« selon toute sa plénitude et sans aucune réserve, la puissance
« sacerdotale que vous tenez radicalement de l'intussusception
« de l'Esprit-Saint, savoir : d'évangéliser et de régir les fidèles
« et tous autres qui seront confiés à vos soins, par l'Apôtre
« Souverain Pontife et Patriarche de l'Église, et Suprême Maître
« de la milice du Temple de notre Père et Seigneur le Christ;
« de bénir, ordonner et consacrer des lévites-prêtres; d'instituer

† pères et supérieurs

+ au cou du nouveau pontife.

++ de la chevalerie.

+++ Tiare

++++ Tiare

« des lévites-diacres et autres lévites, selon la hiérarchie de
« l'Église primitive universelle de notre Père et Seigneur le
« Christ, et de les régir selon les lois de ladite Église; de bénir
« et sanctifier tout ce qui peut être béni et sanctifié; enfin, de
« conférer la présente licence aux lévites-prêtres qui auront été
« choisis par l'Apôtre Souverain Pontife et Patriarche, pour gou-
« verner l'Église de notre Père et Seigneur le Christ (1), ainsi
« que ses pasteurs. *Amen.* »

Le consécrateur place l'*Anneau* au doigt annulaire de la main droite du nouveau Pontife, en disant:

« Recevez cet anneau en signe de l'alliance que vous contractez
« avec les Prêtres-Pontifes, pasteurs des pasteurs, et de la fidélité
« que vous venez de jurer à l'Église et à son chef suprême. »

Il lui passe au col *l'Étole*, et dit:

« Donnez constamment l'exemple des vertus; soyez prêt à
« verser votre sang pour la défense et le soutien de notre foi. »

Il le revêt de la *Trabée*, et dit:

« Ceci est la cuirasse de force, qu'elle vous serve à repousser
« toute doctrine contraire à la foi, à l'espérance et à la charité. »

Il suspend la *Croix* à son col, et dit:

« Ayez toujours avec vous le signe de notre foi qui fut placé
« sur votre cœur, lorsque vous fûtes élevé aux honneurs du pre-
« mier degré lévitique. »

Il place la mitre sur sa tête, et dit:

« Cette mitre est le casque de sagesse. Je le place sur votre
« tête pour qu'il vous préserve des atteintes de l'erreur et de l'ou-
« bli de vos devoirs. Portez cette insigne chaque fois que vous

---

(1) Aux seuls Pontifes ou Evêques appartient le titre de *Christ*, *oint*, ou *consacré*. Mais ce titre de *Christ* est spécialement réservé aux Souverains Pontifes-Patriarches. Quant à Jésus, il est indistinctement désigné, soit par son nom de Jésus, soit par le titre de Christ.

« vous présenterez devant l'autel du Seigneur et à ses ouailles ; sa
« forme rappellera aux fidèles que celui qui en est orné est le
« successeur de Moïse, d'Aaron, de David et des Apôtres dont
« Jean fut établi le chef, le régulateur et le père. »

Il lui met dans la main gauche le ~~Crosse ou~~ *Bâton pastoral*, en disant :

« Recevez le bâton pastoral pour conduire dans la voie sainte
« les pasteurs et les ouailles soumis à votre autorité. »

Cela fait, le Consécrateur aide le nouveau Pontife à se relever, et l'embrasse en disant :

« Que la force du Seigneur soit avec vous ! »

Un des assistans apporte, pour la cène, du pain, du vin, ~~une patène et un~~ calice.

Le Consécrateur prend le pain et ~~verse~~ le vin ~~dans le calice~~ ; et il les bénit, en faisant une croix dessus ; ~~il procède ensuite aux cérémonies du Saint Sacrifice, conformément au Diurnal.~~

~~Après avoir rompu~~ le pain, et en donne une portion au Pontife nouvellement consacré ; ils mangent ce pain et boivent le vin.

Ensuite le Consécrateur, prenant le nouveau Pontife par la main, le conduit au siége pontifical qui a été dressé à cet effet ; il le fait asseoir sur ce siége, revient se placer sur le sien, et dit :

« Mon frère, souvenez-vous que l'élévation où vous êtes placé
« vous impose la loi de donner l'exemple de toutes les vertus. »

Le Consécrateur, s'adressant aux fidèles, dit :

« Mes frères, un nouveau Pontife est élevé au milieu de nous.
« Bénissons le Seigneur. *Amen.* V. D. S. A. »

~~Puis il termine les cérémonies du sacrifice.~~

fin du rituel.

† et Deux

†† en disant :
" Voici le Pain et le vin qui sont
" descendus du ciel ... Si quelqu'un en
" mange et en boit, il vivra éternelle-
" ment ... c'est ma chair et mon sang...
" En vérité je vous le dis, si vous ne
" mangez la chair du fils de l'homme
" et ne buvez son sang, vous n'aurez
" point la vie en vous. Celui qui mange
" ma chair et boit mon sang demeure
" en moi et je suis en lui : moi c'est
" l'esprit qui vivifie, la chair ne sert
" de rien. Mes paroles seules sont esprit
" et vie." (6ᵉ évangile de l'apôtre
Jean).
Ensuite il rompt

††† Puis le Consécrateur verse
du vin dans chaque calice et ils

ÉVANGILES

SELON L'ÉGLISE PRIMITIVE,

ET

SELON LA VULGATE.

ÉVANGILE
SELON SAINT-JEAN,

D'APRÈS LA VULGATE (1).

CHAPITRE PREMIER.

1. Au commencement était le Verbe, et le Verbe était en Dieu, et le Verbe était Dieu.

2. Voilà ce qu'il était avec Dieu dès le commencement.

3. Toutes choses ont été faites par lui, et rien de tout ce qui a été fait, n'a été fait sans lui.

4. Tout ce qui a été fait, était vie en lui, et cette vie était la lumière des hommes.

5. Cette lumière luit dans les ténèbres, mais les ténèbres ne l'ont pas comprise.

6. Il y eut un homme envoyé de Dieu, qui s'appelait Jean.

7. Celui-ci vint en témoignage, pour rendre témoignage de la lumière, afin que tous crussent par lui.

8. Il n'était pas la lumière, mais il était venu pour rendre témoignage à celui qui est la lumière.

9. La vraie lumière était celle qui éclaire tout homme qui vient en ce monde.

10. Il était dans le monde, et c'est par lui que le monde a été fait; mais le monde ne l'a pas connu.

11. Il est venu chez lui, et les siens ne l'ont pas reçu.

12. Mais à tous ceux qui l'ont reçu, il leur a donné ce privilége, d'être enfans de Dieu : et ceux-là sont ceux qui ont cru en son nom ;

---

(1) Traduction par l'abbé Valard, de l'académie d'Amiens. Paris, 1789.

ÉVANGILES

DU PRINCE DES APÔTRES, SOUVERAIN-PONTIFE ET PATRIARCHE JEAN,

CONSACRÉS DANS L'ÉGLISE PRIMITIVE.

(TRADUCTION LITTÉRALE).

ÉVANGILE PREMIER.

Au commencement était le Verbe, et le Verbe était avec Dieu, et Dieu était le Verbe. Celui-ci était au commencement avec Dieu. En lui était la vie, et la vie était la lumière. Et la lumière luit dans les ténèbres, et les ténèbres ne l'ont point comprise. Il vint un homme envoyé de Dieu, qui s'appelait Jean. Il vint en témoignage pour rendre témoignage de la lumière, et afin que tous crussent par lui. Il n'était pas la lumière, mais pour rendre témoignage de la lumière. Il était la lumière véritable qui éclaire tout homme venant dans le monde. Il vint dans ses propriétés, mais les siens ne le reçurent point. Tous ceux qui le reçurent, il leur donna le pouvoir de devenir enfans de Dieu, à eux qui croient en son nom, qui sont nés, non du sang, ni de la volonté de la chair, ni de la volonté de l'homme, mais de Dieu. Il se fit chair et il habita en nous; et nous avons vu sa gloire, une gloire comme du Fils unique d'un Père rempli de grace et de vérité. Jean rend témoignage de lui,

13. Qui ne sont point nés par la voie du sang, ni par la volonté de la chair, ni par la volonté de l'homme ; mais ils sont nés de Dieu.

14. Et le Verbe a été fait chair, et il a habité parmi nous, et nous avons contemplé sa gloire, telle que doit être celle du Fils unique du Père ; il était plein de grace et de vérité.

15. C'est de lui que Jean rendait témoignage, lorsqu'il criait : C'est ici celui duquel je disais : Celui qui vient après moi, m'a été préféré, parce qu'il était avant moi.

16. Aussi avons-nous tous reçu de sa plénitude, et grace pour grace.

17. Car la loi nous a été donnée par Moïse ; mais la grace et la vérité nous est venue par Jésus-Christ.

18. Personne n'a jamais vu Dieu : c'est le Fils unique qui est dans le sein du Père, qui nous l'a fait connaître.

19. Voici quel fut le témoignage de Jean, lorsque les Juifs envoyèrent de Jérusalem des prêtres et des lévites vers lui, pour lui faire cette demande : Qui êtes-vous ?

20. Il confessa, et ne le nia point ; il confessa donc *la vérité* en ces termes : Je ne suis point le Christ.

21. Quoi donc! lui dirent-ils, êtes-vous Elie ? Il répondit : Je ne le suis point. Etes-vous prophète ? Non, répondit-il encore.

22. Mais qui êtes-vous donc, continuèrent-ils, afin que nous reportions une réponse à ceux qui nous ont envoyés ? Que dites-vous de vous-même ?

23. Je suis, leur répondit-il, la voix qui crie dans le désert : Applanissez le chemin du Seigneur, comme a dit le prophète Isaïe.

24. Or, ceux qu'on avait envoyés étaient de la secte des Pharisiens.

25. Ils lui demandèrent donc encore : Pourquoi donc baptisez-vous, si vous n'êtes ni le Christ, ni Elie, ni un autre prophète ?

26. Jean leur répondit : Pour moi, je baptise d'eau ; mais il y a quelqu'un au milieu de vous que vous ne connaissez pas.

27. C'est celui là qui doit venir après moi, et qui m'est préféré, de qui je ne suis pas digne de délier les cordons de ses souliers.

et il crie en disant : C'est lui dont j'ai parlé, qui, étant venu après moi, a été fait avant moi, parce qu'il a été premier avant moi. Et nous avons tout reçu de sa plénitude et grace par grace, parce que la loi a été transmise par Moïse, et la grace et la vérité ont été données par Jésus-Christ. Personne n'a vu Dieu. Le Fils unique qui est dans le sein du Père, celui-là l'a fait connaître. Et voici le témoignage de Jean lorsque les Juifs envoyèrent de Jérusalem des Prêtres et des Lévites pour lui demander : Qui es-tu? Et il avoua et ne nia pas, et il avoua qu'il n'était pas le Christ. Et ils lui demandèrent : Qui es-tu donc? es-tu Élie? Et il dit : Je ne le suis pas. Es-tu le prophète? Et il répondit : Non. Ils lui dirent donc : Qui es-tu, afin que nous donnions une réponse à ceux qui nous ont envoyés. Que dis-tu de toi-même? Il dit : Je suis une voix qui crie dans le désert : Rendez droite la voie du Seigneur, selon ce qu'a dit le prophète Isaïe. Et ceux qui étaient envoyés étaient (du nombre) des Pharisiens, et ils l'interrogèrent et ils lui dirent : Pourquoi donc baptises-tu, si tu n'es ni le Christ, ni Élie, ni le Prophète? Jean leur répondit en leur disant : Je baptise en eau ; mais au milieu il s'est élevé (un) que vous ne connaissez pas. C'est lui qui, venu après moi, a été fait avant moi, dont je ne suis pas digne de délier les cordons des souliers. Cela arriva à Béthanie, au-delà du Jourdain, où Jean était baptisant. Le lendemain, Jean voit Jésus venant à lui, et il dit : Voici l'Agneau de Dieu, qui ôte les péchés du monde. C'est celui dont j'ai dit : Un homme vient après moi, qui a été fait avant moi, parce qu'il est premier avant moi. Et moi,

28. Ces choses se passèrent à Béthanie, au-delà du Jourdain, où Jean baptisait.

29. Le lendemain, Jean vit Jésus qui venait à lui, et il dit : Voilà l'Agneau de Dieu : voici celui qui ôte les péchés du monde.

30. C'est de lui que j'ai dit : Il vient après moi un homme qui m'est préféré, parce qu'il était avant moi.

31. Et je ne le connaissais pas; mais je suis venu baptiser d'eau, afin qu'il fût connu en Israël.

32. Jean lui rendait encore témoignage : J'ai vu l'Esprit qui descendait du Ciel en forme d'une colombe, et qui s'est arrêté sur lui.

33. Pour moi, je ne le connaissais pas; mais celui qui m'a envoyé baptiser d'eau, m'avait dit : Celui sur qui vous verrez l'Esprit descendre et s'arrêter, c'est lui qui baptise du Saint-Esprit.

34. C'est ce que j'ai vu, et de quoi j'ai rendu témoignage : Que celui-ci est le Fils de Dieu.

35. Le lendemain Jean était encore là avec deux de ses Disciples.

36. Et regardant Jésus qui marchait, il dit : Voilà l'Agneau de Dieu.

37. Ses deux Disciples l'ayant ouï parler ainsi, suivirent Jésus.

38. Mais Jésus s'étant retourné, et voyant qu'ils le suivaient, il leur dit : Que cherchez-vous ? Ils lui répondirent : Rabbi (c'est-à-dire, Maître), où demeurez-vous ?

39. Venez, leur dit-il, et voyez. Ils allèrent donc et virent où il demeurait, et ils couchèrent chez lui ce jour là : car il était alors environ la dixième heure du jour.

40. Or, André, frère de Simon-Pierre, était un de ces deux Disciples qui avaient ouï parler Jean, et qui avaient suivi Jésus.

41. Le premier que celui-ci rencontra fut son frère Simon, et il lui dit : Nous avons trouvé le Messie (c'est-à-dire, le Christ).

42. Et il le mena à Jésus. Jésus l'ayant envisagé, lui dit : Vous êtes Simon, le fils de Jona : eh bien ! vous vous appellerez Céphas, c'est-à-dire, Pierre.

43. Le lendemain Jésus voulut s'en aller en Galilée, et il rencontra Philippe, et lui dit : Suivez-moi.

je ne le connaissais pas ; mais, afin qu'il fût aperçu dans Israël, c'est pour cela que je venais baptisant dans l'eau. Et Jean témoigna en disant : J'ai vu l'Esprit descendant du Ciel en forme de colombe, et il s'est arrêté sur lui. Et moi, je ne le connaissais pas ; mais celui qui m'a envoyé baptiser en eau, celui-là m'a dit : Celui sur lequel tu verras l'Esprit descendre et s'arrêter, c'est celui qui baptise en l'Esprit-Saint. Et j'ai vu et je témoigne que celui-ci est le Fils de Dieu. Le lendemain, Jean se présenta de nouveau avec deux d'entre ses Disciples. Et ayant jeté les yeux sur Jésus qui s'avançait, il dit : Voici l'Agneau de Dieu. Et ses Disciples l'entendirent parler, et ils suivirent Jésus. Or, Jésus s'étant tourné et les ayant vus suivre, il leur dit : Que cherchez-vous ? Mais ils lui dirent : Rabbi, ce qui s'interprète *maître*, où demeures-tu ? il leur dit : Venez et voyez. Ils vinrent et virent où il demeurait. Et ils restèrent chez lui ce jour-là. Or, il était environ la dixième heure. André, frère de Simon-Pierre, était l'un des deux qui avaient entendu parler Jean et qui l'avaient suivi. Celui-ci trouva son propre frère Simon, et lui dit : Nous avons trouvé le Messie, ce qui signifie le Christ. Et ils l'amenèrent à Jésus. Or, Jésus ayant tourné ses regards sur lui, dit : Tu es Simon, le fils de Jonas. Tu seras appelé Pierre. Le lendemain, Jésus voulut se rendre en Galilée, et il trouva Philippe et lui dit : Suis-moi. Or, Philippe était de Bethsaïde, de la ville d'André et de Pierre. Philippe trouva Nathanaël et lui dit : Nous avons trouvé celui que Moïse a désigné dans la loi et que les Prophètes ont (désigné). C'est Jésus, le fils de Joseph de Nazareth. Et

44. Philippe était de Bethsaïde, ville d'André et de Pierre.

45. Philippe ayant rencontré Nathanaël, lui dit : Nous avons trouvé celui de qui Moïse a écrit dans la loi, et dont les prophètes ont parlé ; c'est Jésus de Nazareth, le fils de Joseph.

46. Mais Nathanaël lui répondit : De Nazareth ? peut-il sortir de là rien de bon ? Venez avec moi, lui dit Philippe, et le voyez.

47. Jésus voyant Nathanaël qui venait le trouver, dit de lui : Voilà un vrai Israélite, en qui il n'y a point de malice.

48. Nathanaël lui dit : D'où me connaissez-vous ? Avant que Philippe vous appelât, lui répondit Jésus, lorsque vous étiez sous le figuier, je vous ai vu.

49. Maître, lui répliqua Nathanaël, vous êtes le Fils de Dieu, vous êtes le Roi d'Israël.

50. Jésus lui répondit : Parce que je vous ai dit, je vous ai vu sous le figuier, vous croyez ; vous verrez des choses plus grandes.

51. Et il ajouta : En vérité, en vérité, je vous le dis, vous verrez le Ciel ouvert, et les Anges de Dieu monter et descendre sur le Fils de l'homme.

Nathanaël lui dit : Peut-il y avoir quelque chose de bon de Nazareth? Philippe lui dit : Viens et vois. Jésus vit Nathanaël venant vers lui, et il dit de lui : Voici vraiment un Israélite en qui il n'y a point de ruse. Nathanaël lui dit : D'où me connais-tu? Jésus lui répondit et lui dit : Avant que Philippe t'eût nommé, je t'avais vu sous le figuier. Nathanaël répondit et lui dit : Rabbi, tu es le Fils de Dieu, tu es le roi d'Israël. Jésus répondit et lui dit : Parce que je t'ai dit : Je t'ai vu au-dessous du figuier, tu crois. Tu verras de plus grandes choses que cela. Et il lui dit : En vérité, en vérité, je vous dis, de ce moment vous verrez le Ciel ouvert et les Anges de Dieu monter et descendre vers le Fils de l'homme.

CHAPITRE II.

1. Trois jours après il se fit des noces à Cana en Galilée, et la mère de Jésus y était.

2. Jésus fut aussi invité à ces noces avec ses disciples.

3. Le vin ayant manqué, la mère de Jésus lui dit : Ils n'ont plus de vin.

4. Jésus lui répondit : Femme, qu'y a-t-il entre vous et moi? mon heure n'est pas encore venue.

5. Cependant sa mère dit à ceux qui servaient : Faites tout ce qu'il vous dira.

6. Or, il y avait là six cruches de pierre destinées à mettre de l'eau pour les purifications des Juifs, qui tenaient chacune deux ou trois mesures.

7. Jésus leur dit : Emplissez d'eau ces cruches ; et ils les remplirent bord à bord.

8. Après cela, Jésus leur dit : Puisez maintenant, et portez au maître du festin ; et ils lui en portèrent.

9. Mais quand le maître d'hôtel eut goûté de cette eau qui avait été changée en vin (car il ne savait pas d'où venait ce vin ; mais les serviteurs qui avaient puisé l'eau le savaient bien), il appelle l'époux,

10. Et lui dit : Tout le monde donne d'abord le meilleur vin, et ensuite le moindre après qu'on a bien bu ; mais vous, vous avez réservé le meilleur jusqu'à cette heure.

11. Ce fut à Cana en Galilée que Jésus fit ce premier miracle, et qu'il manifesta sa gloire ; et ses disciples crurent en lui.

12. Après quoi il alla à Capharnaüm avec sa mère, ses frères et ses Disciples ; mais ils n'y demeurèrent que peu de jours.

ÉVANGILE DEUXIÈME.

Une noce se fit à Cana de Galilée, et la mère de Jésus y était. Or, Jésus y fut aussi invité et ses Disciples. Et le vin ayant manqué, la mère de Jésus lui dit : Ils n'ont point de vin. Or, il y avait six vases de pierre placés en cet endroit, contenant environ deux ou trois mesures. Jésus leur dit : Emplissez d'eau les vases et apportez-les près de moi. Et ils les emplirent jusqu'en haut ; et ayant touché l'eau, il leur dit : Puisez maintenant et portez au maître d'hôtel. Et ils en portèrent. Mais quand le maître d'hôtel eut goûté l'eau faite vin, il ne savait pas d'où elle venait. Mais les serviteurs le savaient, eux qui avaient puisé l'eau. Le maître d'hôtel appelle l'époux et lui dit : Tout homme sert d'abord le bon vin, et lorsqu'on est enivré, alors (on sert) le pire. Toi, tu as gardé le bon vin jusqu'à présent. Jésus fit cette première chose étonnante, et il manifesta sa science, et ses Disciples crurent en lui. Après cela, il descendit à Capharnaüm, lui, sa mère et ses Disciples, et ils y restèrent peu de jours. Et la Pâque des Juifs était proche, et Jésus monta à Jérusalem. Et il trouva dans le sanctuaire, des vendeurs de bœufs et de moutons et de colombes, et des changeurs assis. Et il leur reprocha leur impiété, et ils s'en allèrent. Et il commença à prêcher. Et

13. Car comme la Pâque des Juifs était proche, il alla à Jérusalem.

14. Et ayant trouvé dans le temple des gens qui vendaient des bœufs, des brebis et des colombes, aussi bien que des changeurs qui étaient là assis;

15. Il fit un fouet de petites cordes, et les chassa tous hors du temple, avec les brebis et les bœufs; il jeta aussi par terre l'argent des changeurs, et renversa leurs tables.

16. Puis s'adressant à ceux qui vendaient des colombes, il leur dit: Otez tout cela d'ici, et ne faites pas de la maison de mon Père une maison de trafic.

17. Alors ses disciples se ressouvinrent de ce qui est écrit: Le zèle de votre maison m'a dévoré.

18. Mais les Juifs prirent la parole, et lui dirent: Quel miracle nous faites-vous voir, vous qui faites de telles choses?

19. Abattez ce temple, leur répondit Jésus, dans trois jours je le relèverai.

20. Sur quoi les Juifs lui répliquèrent: On a été quarante-six ans à bâtir ce temple, et vous le relèveriez en trois jours?

21. Mais c'était du temple de son corps qu'il parlait.

22. Quand donc il fut ressuscité, ses disciples se ressouvinrent qu'il leur avait parlé ainsi, et ils crurent à l'Ecriture et à ce que leur avait dit Jésus.

23. Pendant qu'il fut à Jérusalem à la fête de Pâque, plusieurs crurent en lui, voyant les miracles qu'il faisait.

24. Mais pour lui, il ne se confiait pas à eux, parce qu'il les connaissait tous.

25. Car il n'avait pas besoin qu'on lui rendît témoignage d'aucun homme, parce qu'il savait de lui-même ce qui était dans l'homme.

quelques-uns, en entendant son instruction, crurent en son nom ; mais Jésus lui-même ne se fiait point à eux, parce qu'il les connaissait tous ; et parce qu'il possédait toutes les sciences et qu'il savait tout, il n'avait pas besoin qu'on lui rendît témoignage de l'homme : car lui-même il connaissait tout ce qui peut être connu au-dehors et au-dedans de l'homme.

CHAPITRE III.

1. Or, il y avait un Pharisien nommé Nicodème, et l'un des principaux d'entre les Juifs,

2. Qui vint la nuit trouver Jésus, et lui dit : Maître, nous savons que vous êtes un Docteur venu de la part de Dieu; car nul ne peut faire les miracles que vous faites, si Dieu n'est avec lui.

3. Jésus lui répondit : En vérité, en vérité, je vous le déclare, que quiconque ne renaît pas de nouveau, il ne peut voir le règne de Dieu.

4. Mais, lui dit Nicodème, comment un homme qui est déjà vieux peut-il naître de nouveau? Peut-il rentrer de rechef dans le ventre de sa mère et en naître une seconde fois?

5. Jésus répondit : En vérité, en vérité, je vous dis que si l'on n'est pas né de l'eau et du Saint-Esprit, on ne peut entrer dans le royaume de Dieu.

6. Ce qui est né de la chair, est chair ; ce qui est né de l'Esprit, est Esprit.

7. Ne soyez pas surpris de ce que je vous ai dit, qu'il faut que vous naissiez de nouveau.

8. Le vent souffle où il veut, et vous entendez le bruit ; mais vous ne savez d'où il vient, ni où il va : il en est de même de tout homme qui est né de l'Esprit.

9. Mais, répondit Nicodème, comment cela peut-il se faire?

10. Jésus lui dit : Vous êtes un docteur en Israël, et vous ignorez ces choses?

11. En vértié, en vérité, je vous le dis, nous parlons de ce que nous savons, et nous rendons témoignage de ce que nous avons vu : et cependant vous ne recevez pas notre témoignage.

12. Si quand je vous parle des choses de la terre, vous ne me croyez pas, comment croirez-vous, si je vous parle des choses du Ciel?

ÉVANGILE TROISIÈME.

IL y avait parmi les Pharisiens un homme appelé Nicodème, un des chefs des Juifs. Celui-ci vint de nuit vers Jésus et lui dit : Rabbi, nous savons que tu viens de Dieu comme maître ; car personne ne peut enseigner ces choses étonnantes, si Dieu n'est avec lui. Jésus répondit et lui dit : En vérité, en vérité, je te dis (ou je te certifie) que si quelqu'un ne naît d'en haut, il ne peut connaître le royaume de Dieu. Nicodème lui dit : Comment un homme peut-il naître, étant vieux ? Il ne peut rentrer dans le ventre de sa mère et naître ? Jésus répondit : En vérité, en vérité, je te dis, si quelqu'un ne naît d'eau et d'esprit, il ne peut entrer dans le royaume de Dieu. Ce qui est né de la chair est chair, et ce qui est né de l'esprit est esprit. Ne t'étonnes pas de ce que je t'ai dit : il faut être né d'en haut. L'esprit souffle où il veut, et tu entends sa voix ; mais tu ne sais ni d'où il vient, ni où il va. Ainsi est tout (homme) qui est né de l'esprit. Nicodème répondit et lui dit : Comment cela peut-il être ? Jésus répondit et lui dit : Tu es maître en Israël, et tu ne sais pas cela ? En vérité, en vérité, je te dis que nous disons ce que nous savons, et nous rendons témoignage de ce que nous avons vu, et vous ne recevez pas notre témoignage ; si je vous dis les choses terrestres, et (si) vous ne me croyez pas, comment me croirez-vous, quand je vous dirai les choses célestes ? Et personne n'est monté au Ciel, si ce n'est celui qui est des-

13. Nul ne monte au Ciel que celui qui est descendu du Ciel, savoir le Fils de l'homme, qui est dans le Ciel.

14. Mais comme Moïse éleva le serpent dans le désert, il faut tout de même que le Fils de l'homme soit élevé.

15. Afin que quiconque croit en lui, ne périsse point, mais qu'il ait la vie éternelle.

16. Car Dieu a tellement aimé le monde, qu'il a donné son Fils unique, afin que quiconque croit en lui, ne périsse point, mais qu'il ait la vie éternelle.

17. En effet, Dieu n'a pas envoyé son Fils au monde, pour condamner le monde, mais afin que le monde soit sauvé par lui.

18. Celui qui croit en lui n'est point condamné; mais quiconque ne croit pas, est déjà condamné, parce qu'il ne croit pas au Fils unique de Dieu.

19. Et le sujet de cette condamnation : c'est que la lumière est venue dans le monde, et que les hommes ont mieux aimé les ténèbres que la lumière, parce que leurs œuvres étaient mauvaises.

20. Car quiconque fait mal haït la lumière, il n'a garde d'approcher de la lumière, de peur que ses œuvres ne soient découvertes.

21. Au lieu que celui qui fait bien, recherche la lumière, afin que ses œuvres soient manifestées, parce qu'elles sont faites selon Dieu.

22. Après cela, Jésus alla avec ses Disciples en Judée, où il demeura quelque temps avec eux, et où il baptisait.

23. Jean baptisait de son côté à Ænnon près de Salim, parce qu'il y avait là beaucoup d'eau, de sorte qu'on venait s'y faire baptiser.

24. Car Jean n'avait pas encore été mis en prison.

25. Or, il s'émut une question entre les Disciples de Jean et les Juifs, touchant la purification.

26. Sur quoi ils allèrent trouver Jean, et lui dirent : Maître, celui qui était avec vous au-delà du Jourdain, et à qui vous avez rendu témoignage, le voilà qui baptise aussi, et tout le monde va à lui.

cendu du Ciel, le Fils de l'homme qui était dans le Ciel. Et comme Moïse a élevé le serpent dans le désert, ainsi il faut que le Fils de l'homme soit élevé, afin que tout ce qui croit en lui ne périsse pas, mais qu'il ait une vie éternelle. Ainsi, Dieu a aimé le monde, au point de lui donner son Fils unique, afin que quiconque croit en lui ne périsse pas, mais ait une vie éternelle ; car Dieu n'a pas envoyé son Fils dans le monde pour juger le monde, mais afin que le monde soit sauvé par lui. Quiconque croit en lui ne sera point jugé ; mais celui qui ne croit pas est déjà jugé, parce qu'il n'a pas cru en le nom du Fils unique de Dieu. C'est là le jugement, que la lumière est venue dans le monde, et que les hommes ont mieux aimé les ténèbres que la lumière, car leurs œuvres étaient mauvaises. Quiconque fait mal haït la lumière, et il ne va pas à la lumière, afin que ses actions ne soient point blâmées. Mais celui qui suit la vérité va à la lumière, afin que ses actions soient manifestées, parce qu'elles sont faites en Dieu. Après cela, Jésus vint, ainsi que ses Disciples, dans la terre de Judée, et il y demeurait avec eux et baptisait. Et, de plus, Jean était baptisant dans OEnon, près de Salem, et il venait beaucoup de personnes pour se faire baptiser. Il arriva qu'il lui fut fait une demande par des Disciples de Jean réunis à des Juifs, au sujet de la purification. Et ils vinrent vers Jean et lui dirent : Rabbi, celui qui était avec toi au-delà du Jourdain, et auquel tu as rendu témoignage, voilà qu'il baptise, et tous vont à lui. Jean répondit et dit : Un homme ne peut rien recevoir, s'il ne lui a été donné du Ciel. Vous-mêmes m'êtes té-

27. Mais Jean leur répondit : L'homme ne peut rien recevoir s'il ne lui est donné du Ciel.

28. Vous-mêmes vous m'êtes témoins que j'ai dit : Ce n'est pas moi qui suis le Christ ; j'ai été seulement envoyé devant lui.

29. L'époux est celui qui a l'épouse ; mais pour l'ami de l'époux qui est auprès de lui, et qui l'entend, il est ravi de joie à la voix de l'époux. Et c'est à cet égard que ma joie est parfaite.

30. Il faut qu'il croisse, et moi, il faut que je diminue.

31. Celui qui vient d'en haut, est au-dessus de tous. Celui qui tire son origine de la terre, est terrestre, et son langage est terrestre aussi ; mais celui qui vient du Ciel est au-dessus de tous.

32. Et il rend témoignage de ce qu'il a vu, et de ce qu'il a ouï ; mais personne ne reçoit son témoignage.

33. Quiconque a reçu son témoignage, a scellé que Dieu est véritable.

34. Car celui que Dieu a envoyé, annonce les paroles de Dieu, parce que Dieu ne lui donne point l'esprit par mesure.

35. Le Père aime le Fils, et lui a mis toutes choses entre les mains.

36. Celui qui croit au Fils a la vie éternelle ; mais celui qui ne croit point au Fils, ne jouira pas de la vie, mais la colère de Dieu demeure sur lui.

moins que je vous ai dit : Je ne suis pas le Christ, mais j'ai été envoyé au-devant de lui. Celui qui a l'épouse est époux ; mais l'ami de l'époux qui se tient debout et qui l'écoute, se réjouit de la voix de l'époux ; ainsi, cette joie qui est la mienne a été remplie. Il faut que celui-là augmente et que je diminue. Celui qui vient d'en haut est au-dessus de tout. Celui qui est de la terre est de la terre, et il parle de la terre ; celui qui vient du Ciel est au-dessus de tous. Et il témoigne ce qu'il a vu, ce qu'il a entendu et personne ne reçoit son témoignage. Celui qui a reçu son témoignage a constaté la vérité de Dieu ; car celui que Dieu a envoyé parle les paroles de Dieu, car ce n'est pas par mesure que Dieu donne l'esprit. Le Père aime le Fils, et lui a tout donné dans sa main. Celui qui croit au Fils a une vie éternelle ; mais celui qui ne croit pas au Fils ne verra point de vie, mais la colère de Dieu demeure sur lui.

8.

CHAPITRE IV.

1. Quand donc Jésus eut appris que les Pharisiens avaient ouï dire qu'il faisait plus de Disciples, et qu'il en baptisait plus que Jean :

2. Quoique Jésus ne baptisât pas lui-même, mais seulement ses Disciples ;

3. Il quitta la Judée, et s'en retourna en Galilée.

4. Or, il fallait qu'il passât par la Samarie.

5. Il vint donc en une ville de Samarie, nommée Sichar, près de l'héritage que Jacob donna à son fils Joseph.

6. Là était la fontaine de Jacob ; et Jésus, fatigué du chemin, s'était assis sur le bord de la fontaine ; il était environ la sixième heure du jour.

7. Il vint une femme de Samarie pour puiser de l'eau. Jésus lui dit : Donnez-moi à boire ;

8. Car ses Disciples étaient allés à la ville acheter des vivres.

9. Mais cette femme Samaritaine, lui dit : Comment, vous qui êtes Juif, me demandez-vous à boire ? Car il n'y a point de communication entre les Juifs et les Samaritains.

10. Jésus lui répondit : Si vous connaissiez le don de Dieu, et qui est celui qui vous dit : Donnez-moi à boire, vous lui en auriez sans doute demandé vous-même, et il vous aurait donné de l'eau vive.

11. Seigneur, lui dit cette femme, vous n'avez point avec quoi puiser, et le puits est profond : d'où auriez-vous donc cette eau vive ?

12. Etes-vous plus grand que Jacob notre père, qui nous a donné ce puits, et qui en a bu lui-même aussi bien que ses enfans et ses troupeaux ?

13. Jésus répondit : Quiconque boira de cette eau là, aura

ÉVANGILE QUATRIÈME.

Comme le Seigneur sut que les Pharisiens avaient entendu dire que Jésus avait plus de Disciples et baptisait (plus) que Jean, il quitta la Judée et s'en alla de nouveau dans la Galilée. Mais il lui fallait traverser la Samarie (pour arriver) à Sichar, près du village que Jacob donna à son fils Joseph. Or, là était une fontaine de Jacob. Jésus donc étant fatigué du voyage, s'assit auprès de la fontaine. Il était environ la sixième heure. Il vint une femme de la Samarie puiser de l'eau. Jésus lui dit : Donne-moi à boire. Car ses Disciples s'étaient en allés dans la ville, afin d'acheter des vivres. La femme Samaritaine lui dit donc : Comment, toi qui es Juif, demandes-tu à boire à moi qui suis une femme samaritaine ? Car les Juifs n'ont point de commerce avec les Samaritains. Jésus répondit et lui dit : Si tu savais le don de Dieu et quel est celui qui te dit : Donne-moi à boire, tu lui demanderais à lui-même, et il t'aurait donné de l'eau vivante. La femme lui dit : Seigneur, tu n'as pas de seau, et le puits est profond. D'où donc aurais-tu l'eau vive ? Est-ce que tu es plus grand que notre père Jacob qui nous a donné le puits, et lui-même en a bu, et ses fils et ses troupeaux ? Jésus répondit et lui dit : Quiconque boit de cette eau aura soif une autre fois ; mais quiconque aura bu de l'eau dont je lui ferai don, n'aura plus soif pour jamais ; mais l'eau

encore soif; mais quiconque boira de l'eau que je lui donnerai, n'aura jamais de soif.

14. Car l'eau que je lui donnerai, deviendra en lui une source d'eau qui coulera jusqu'à la vie éternelle.

15. Alors la femme lui dit : Seigneur, donnez-moi de cette eau, afin que je n'aie plus soif, et que je ne revienne plus puiser ici.

16. Allez, lui dit Jésus, appelez votre mari, et revenez ici.

17. Cette femme lui répondit : Je n'ai point de mari. Jésus lui répliqua : Vous avez raison de dire, je n'ai point de mari.

18. Car vous avez eu cinq maris, et l'homme avec qui vous vivez maintenant, n'est pas votre mari; en cela, vous dites vrai.

19. La femme lui dit : Seigneur, je le vois bien, vous êtes un Prophète.

20. Nos pères ont adoré sur cette montagne; et vous, vous dites que Jérusalem est le lieu où il faut adorer.

21. Jésus lui dit : Femme, croyez-moi, le temps va venir que ce ne sera plus ni sur cette montagne, ni à Jérusalem, que vous adorerez le Père.

22. Vous adorez ce que vous ne connaissez pas : pour nous, nous adorons ce que nous connaissons; car le salut vient des Juifs.

23. Mais le temps va venir, et il est même déjà venu, que les véritables adorateurs adoreront le Père en esprit et en vérité : car le Père cherche des adorateurs qui l'adorent de cette sorte.

24. Dieu est esprit, et il faut que ceux qui l'adorent, l'adorent en esprit et en vérité.

25. La femme lui dit : Je sais que le Messie, qui est appelé Christ, doit venir; quand il sera venu, il nous apprendra toutes ces choses.

26. Jésus lui répondit : Je le suis, moi, qui vous parle.

27. Là-dessus ses Disciples arrivèrent, et ils furent surpris de ce qu'il s'entretenait avec une femme : cependant aucun d'eux ne lui dit : Que lui demandez-vous ? De quoi vous entretenez-vous avec elle?

que je lui donnerai deviendra en lui une fontaine d'eau jaillissant la vie éternelle. La femme lui dit : Seigneur, donne-moi cette eau-là, afin que je n'aie plus soif et que je ne vienne plus puiser ici. Jésus lui dit : Va, appelle ton mari et viens ici. La femme répondit : Je n'ai point d'homme. Jésus lui dit : Tu as bien dit, je n'ai point d'homme. Tu as eu cinq hommes, et maintenant celui que tu as n'est point ton mari. Tu as dit là une vérité. La femme lui dit : Seigneur, je vois que tu es un Prophète. Nos pères ont adoré sur cette montagne, et vous dites que dans Jérusalem est le lieu où il faut adorer ! Jésus lui dit : Femme, crois-moi, l'heure est venue où vous n'adorerez le Père ni sur cette montagne-ci, ni à Jérusalem. *Vous adorez ce que vous ne connaissez pas ; nous adorons ce que nous connaissons, parce que le salut vient (de la doctrine) des Juifs.* Mais l'heure arrive, et c'est maintenant que les vrais adorateurs adoreront le Père en esprit et en vérité. En effet, le Père cherche de tels adorateurs. Il faut adorer en esprit et en vérité. La femme lui dit : Je sais que le Messie vient, lequel est appelé Christ. Lorsqu'il sera venu, il appellera tout à lui. Jésus lui dit : Je le suis, moi, qui te parle. Et là-dessus arrivèrent ses Disciples, et ils s'étonnèrent qu'il conversât avec une femme. Personne ne lui dit cependant : Que demandes-tu, ou pourquoi t'entretiens-tu avec cette femme ? La femme laissa donc son vase, s'en alla à la ville, et dit aux hommes : Venez voir un homme qui m'a dit tout ce que j'ai fait. N'est-ce pas le Messie ? Ils sortirent donc de la ville et vinrent vers lui. Et dans l'intervalle, les Disciples l'interrogèrent en disant : Maître, mange. Mais il

28. Alors la femme laissa là sa cruche, s'en alla à la ville, et dit aux habitans :

29. Venez voir un homme qui m'a dit tout ce que j'ai fait ; ne serait-ce point le Christ ?

30. Ils sortirent donc de la ville, et vinrent à lui.

31. Cependant ses Disciples le priaient de manger en lui disant : Maître, mangez.

32. Mais il leur répondit : J'ai à prendre une nourriture que vous ne connaissez pas.

33. Sur quoi les Disciples se disaient l'un à l'autre : Quelqu'un lui aurait-il apporté à manger ?

34. Jésus leur dit : Ma nourriture, c'est de faire la volonté de celui qui m'a envoyé, et d'accomplir son œuvre.

35. Ne dites-vous pas : Encore quatre mois, et la moisson viendra. Mais, moi, je vous dis : Levez les yeux, et voyez les campagnes qui sont déjà blanches et toutes près d'être moissonnées.

36. Et celui qui moissonne reçoit son salaire ; car il recueille des fruits pour la vie éternelle ; ainsi et celui qui sème et celui qui moissonne ont sujet de se réjouir.

37. En ceci se vérifie le proverbe, qui dit : L'un sème, et l'autre moissonne.

38. Je vous ai envoyés moissonner où vous n'avez pas travaillé ; d'autres ont travaillé, et vous êtes entrés dans leurs travaux.

39 Or, il y eut plusieurs Samaritains de cette ville qui crurent en lui sur le témoignage que la femme lui avait rendu : Il m'a dit tout ce que j'ai fait.

40. De sorte que ces Samaritains étant venus vers lui, le prièrent de séjourner chez eux ; et il y demeura deux jours.

41. Et un plus grand nombre de personnes crurent en lui, pour l'avoir ouï lui-même.

42. Aussi disaient-ils à cette femme : Ce n'est plus pour ce que vous nous avez dit que nous croyons, car nous l'avons ouï nous-mêmes, et nous savons que c'est lui qui est véritablement le sauveur du monde.

leur dit : J'ai à manger une nourriture que vous ne connaissez pas. Les Disciples se dirent donc les uns aux autres : Quelqu'un lui a-t-il apporté à manger ? Jésus leur dit : Ma nourriture est que je fasse la volonté de celui qui m'a envoyé, et que j'accomplisse son ouvrage. Ne dites-vous pas vous que dans quatre mois la moisson vient. Voilà, je vous dis, levez les yeux, et vous verrez que les champs sont déjà blancs pour la moisson. Et celui qui moissonne reçoit une récompense, et rassemble du fruit pour une vie éternelle, afin que celui qui sème se réjouisse ainsi que celui qui moissonne. Car en cela est la parole véritable, c'est-à-dire : Autre est celui qui sème, autre est celui qui moissonne ; moi, je vous ai envoyés moissonner ce que vous n'avez pas travaillé. D'autres ont travaillé, et vous vous êtes mêlés avec eux pour leur travail : et beaucoup de Samaritains de la ville crurent en lui, à cause de la parole de la femme qui avait rendu témoignage (en disant) : Il m'a dit tout ce que j'ai fait. Ainsi, quand les Samaritains vinrent près de lui, ils le priaient de rester chez eux, et il y demeura deux jours, et un plus grand nombre crurent en sa parole. Et ils disaient à la femme : Ce n'est plus d'après tes paroles que nous croyons, car nous-mêmes l'avons entendu, et nous savons que celui-ci est véritablement le sauveur du monde. Or, après ces deux jours, il sortit de là et s'en alla en Galilée. Car Jésus lui-même rendit témoignage qu'un Prophète ne reçoit point d'honneurs dans sa propre patrie. Lors donc qu'il vint dans la Galilée, les Galiléens, qui avaient vu ce qu'il avait fait, le reçurent. Jésus donc alla de nouveau à Cana

43. Quand les deux jours furent passés, il partit de là, et s'en alla en Galilée.

44. Car quoique Jésus eût témoigné lui-même qu'un Prophète n'est point honoré dans son pays;

45. Lorsqu'il fut arrivé en Galilée, il fut bien reçu des Galiléens, qui avaient vu tout ce qu'il avait fait à Jérusalem au jour de la fête, où ils étaient aussi allés.

46. Il retourna donc pour la seconde fois à Cana en Galilée, où il avait changé l'eau en vin. Or, il se trouva là un seigneur de la cour, dont le fils était malade à Capharnaüm.

47. Ce seigneur ayant appris que Jésus était venu de Judée en Galilée, l'alla trouver pour le prier de venir guérir son fils qui s'en allait mourir.

48. Mais Jésus lui dit : Si vous ne voyez des signes et des miracles vous ne croyez pas.

49. L'officier lui répondit : Seigneur, venez avant que mon fils meure.

50. Allez, lui dit Jésus, votre fils se porte bien. Cet homme crut ce que lui dit Jésus, et s'en alla.

51. Comme il était en chemin, ses serviteurs vinrent au-devant de lui, et lui dirent que son fils se portait bien.

52. Et comme il leur demanda à quelle heure il s'était trouvé mieux, ils lui répondirent : Hier à sept heures la fièvre le laissa.

52. Le père reconnut que c'était à cette heure même que Jésus lui avait dit : Votre fils se porte bien ; et il crut, lui et toute sa maison.

54. Jésus fit ce second miracle, quand il revint de Judée en Galilée.

de Galilée, où il avait fait l'eau vin. Et il y avait un chef militaire dont le fils était malade à Capharnaüm. Celui-ci ayant entendu dire que Jésus venait de la Judée en Galilée, s'en alla vers lui, et lui demandait de descendre et de guérir son fils, car il était près de mourir. Jésus lui dit donc : Si vous ne voyez des prodiges, vous ne croyez pas. Le chef militaire lui dit : Seigneur, descends avant que mon fils ne meure. Jésus lui dit : Je vais, afin que ton fils vive. C'est là le second signe que fit Jésus.

CHAPITRE V.

1. Après cela, il arriva une fête des Juifs, et Jésus alla à Jérusalem.

2. Or, il y avait à Jérusalem auprès de la porte des brebis, une piscine appelée en hébreu Betsaïda, qui avait cinq galeries,

3. Où se tenaient quantité de malades, d'aveugles, de boîteux et de paralytiques qui attendaient le mouvement de l'eau.

4. Car en un certain temps l'Ange du Seigneur descendait droit dans la piscine et agitait l'eau, et le premier qui entrait après le mouvement de l'eau, était guéri, quelque maladie qu'il eût.

5. Or, il y avait là un homme qui était malade depuis trente-huit ans.

6. Jésus qui le vit là couché, et qui savait qu'il était malade, lui dit : Voulez-vous être guéri.

7. Le malade lui dit : Seigneur, je n'ai personne pour me mettre dans la piscine, dès que l'eau en sera agitée : et pendant que j'y vais, un autre y descend avant moi.

8. Levez-vous, lui dit Jésus; prenez votre lit, et allez-vous-en.

9. Au même instant cet homme fut guéri, et il emportait son lit, et s'en allait. Or, ce jour-là était le jour du Sabbat.

10. C'est pourquoi les Juifs disaient à l'homme qui avait été guéri : C'est aujourd'hui le Sabbat, il ne vous est pas permis d'emporter votre lit.

11. Mais il leur répondit : Celui qui m'a guéri, m'a dit : Prenez votre lit, et allez-vous-en ?

12. Là-dessus ils lui demandèrent : Qui est cet homme qui vous a dit : Prenez votre lit, et allez-vous-en ?

13. Or, celui qui avait été guéri, ne savait pas qui c'était, car Jésus s'était dérobé à la faveur du peuple qui était là.

14. Quelque temps après, Jésus l'ayant rencontré dans le

ÉVANGILE CINQUIÈME.

C'était une fête des Juifs, et Jésus monta à Jérusalem. Or, il y a à Jérusalem, près de la Probatique, une piscine surnommée, en hébreu, Bêthesda, ayant cinq galeries. Dans ces galeries étaient étendus beaucoup d'infirmes, aveugles, boîteux, desséchés; il y avait là un homme ayant une infirmité depuis plusieurs jours. Jésus le voyant étendu, et sachant qu'il était infirme, lui dit: Veux-tu être guéri? L'infirme lui répondit: Seigneur, je n'ai pas d'homme pour me jeter dans la piscine. Jésus lui dit, s'étant approché (touché) de lui: Lève-toi, prends ton lit, et marche. Et aussitôt l'homme devint sain, et il prit son lit et marcha: Ce jour là même était un Sabbat; les Juifs dirent donc au guéri: C'est le Sabbat, il ne t'est pas permis d'emporter ton lit; il leur répondit: Celui qui m'a rendu sain, celui-là m'a dit: Prends ton lit, et marche. Ils lui demandèrent quel est l'homme qui t'a dit: Prends ton lit, et marche? Mais le guéri ne savait pas qui il était, car Jésus s'était esquivé, une grande foule étant dans ce lieu. Après cela, Jésus le trouva dans le temple, et lui dit: Voilà, tu es devenu sain, ne pèche plus, afin qu'il ne t'arrive pis. L'homme s'en alla et annonça aux Juifs que c'était Jésus qui l'avait rendu sain. Et pour cela, les Juifs poursuivaient Jésus et cherchaient à le tuer, parce qu'il avait fait cela un (jour de) Sabbat. Or, Jésus leur répondit: C'est

temple, lui dit : Vous le voyez, vous avez été guéri ; ne péchez plus désormais, de peur qu'il ne vous arrive quelque chose de pis.

15. Alors cet homme s'en alla apprendre aux Juifs que c'était Jésus qui l'avait guéri.

16. C'est pour cela que les Juifs persécutaient Jésus, parce qu'il faisait de telles choses un jour de Sabbat.

17. Mais il leur répondit : Mon père agit continuellement ; et moi je fais comme lui.

18. Voilà ce qui fit que les Juifs cherchaient avec le plus d'ardeur à le faire mourir, parce que non-seulement il violait le Sabbat, mais aussi parce qu'il disait que Dieu était son propre Père, se faisant égal à Dieu. Sur quoi Jésus prenant la parole, leur dit :

19. En vérité, en vérité, je vous le déclare, le Fils ne peut rien faire de lui-même ; il ne fait que ce qu'il voit faire à son Père, car tout ce que le Père fait, le Fils le fait pareillement.

20. Car le Père aime le Fils, et lui montre tout ce qu'il fait ; et lui montrera même des œuvres encore plus grandes que celles-ci, en sorte que vous en serez dans l'admiration.

21. Car comme le Père ressuscite les morts, et les vivifie, ainsi le Fils vivifie ceux qui lui plaît.

22. Aussi le Père ne juge personne ; mais il a donné tout pouvoir de juger au Fils :

23. Afin que tous honorent le Fils, comme ils honorent le Père. Qui n'honore point le Fils, n'honore point le Père qui l'a envoyé.

24. En vérité, en vérité, je vous le dis, quiconque écoute ma parole, et croit en celui qui m'a envoyé a la vie éternelle, et il n'est point sujet à la condamnation ; mais il est déjà passé de la mort à la vie.

25. En vérité, en vérité, je vous le dis, le temps vient, et il est même déjà venu, où les morts entendront la voix du Fils de Dieu, et ils ne l'auront pas plutôt entendue, qu'ils vivront.

26. Car comme le Père a la vie en lui-même, il a aussi donné au Fils d'avoir la vie en lui-même.

27. Et il lui a donné le pouvoir de juger, parce qu'il est le Fils de l'homme.

mon Père qui jusqu'à présent agit, et moi aussi j'opère. A cause de cela, les Juifs cherchaient encore davantage à le faire mourir, parce que non-seulement, il détruisait le Sabbat, mais parce qu'il disait Dieu son propre Père, se faisant lui-même égal à Dieu. Jésus répondit donc et leur dit : En vérité, en vérité, je vous dis, le Fils ne peut rien faire de lui-même, à moins qu'il ne voie son Père faire quelque chose : car, ce que celui-ci peut faire, le Fils le fera également. En effet, le Père aime son Fils, et lui montre ce qu'il fait lui-même, et il lui montrera des choses plus grandes que celles-ci, en sorte que vous serez étonnés. Car, comme le Père ressuscite les morts et les fait vivre, ainsi le Fils fait vivre ceux qu'il veut. Car le Père ne juge personne, mais il a donné tous les jugemens au Fils, afin que tous honorent le Fils, comme ils honorent le Père ; celui qui n'honore pas le Fils, n'honore pas le Père qui l'a envoyé. En vérité, en vérité, je vous dis que celui qui écoute ma parole et croit à celui qui m'a envoyé, a la vie éternelle, et il ne vient pas en jugement, mais il a passé de la mort à la vie. En vérité, en vérité, je vous dis que l'heure est venue, et c'est maintenant que les morts entendront la voix de Dieu, et ceux qui l'ont entendu, vivront. Comme le Père a vie en lui, ainsi il a donné aussi à son Fils d'avoir la vie en lui-même. Car il lui a donné le pouvoir de rendre justice, parce qu'il est Fils du Père, et que le Père et le Fils jugent en esprit : que ceci ne vous étonne pas, parce que l'heure est venue, et que ceux qui sont dans les tombeaux entendront sa voix. Et ceux qui auront fait de bonnes œuvres ressusciteront pour la vie ; mais ceux qui auront fait de

28. Que ceci ne vous surprenne point : car le temps vient que tous ceux qui sont dans les sépulcres, entendront la voix du Fils de Dieu.

29. Alors ceux qui auront fait de bonnes œuvres sortiront de leurs tombeaux, et ressusciteront à la vie ; au lieu que ceux qui en auront fait de mauvaises ressusciteront pour leur condamnation.

30. Je ne puis rien faire de moi-même : je juge selon que j'entends, et mon jugement est juste, parce que je ne cherche point ma volonté, mais la volonté de celui qui m'a envoyé.

31. Si je me rendais témoignage à moi-même, mon témoignage ne serait pas digne de foi.

32. Il y en a un autre qui me rend témoignage ; et je sais que le témoignage qu'il me rend est véritable.

33. Vous avez vous-mêmes envoyé à Jean, et il a rendu témoignage à la vérité.

34. Ce n'est pas que pour moi j'aie besoin du témoignage des hommes ; mais je dis ceci, afin que vous soyez sauvés.

35. Jean était une lampe ardente et claire, et vous avez voulu vous réjouir pour un peu de temps à sa clarté.

36. Mais j'ai un témoignage plus grand que celui de Jean. Car les œuvres que mon Père m'a ordonné de faire, ces œuvres, dis-je, que je fais, rendent témoignage pour moi, que c'est le Père qui m'a envoyé.

37. Et le Père qui m'a envoyé a lui même rendu témoignage de moi : vous n'avez jamais entendu sa voix, ni vu sa face.

38. Et même vous n'avez fait aucune attention à sa parole, puisque vous ne croyez pas à celui qu'il a envoyé.

39. Examinez bien les Ecritures, puisque c'est par elles que vous croyez avoir la vie éternelle. Ce sont elles, en effet, qui rendent témoignage de moi.

40. Cependant vous ne voulez pas venir à moi, pour avoir la vie.

41. Je ne cherche aucune gloire de la part des hommes.

42. Mais pour vous, je vois bien qu'il n'y a en vous aucun amour de Dieu.

mauvaises œuvres ressusciteront pour la condamnation. Je ne peux rien faire de moi-même. Comme j'entends, je juge, et mon jugement est juste, parce que je ne cherche pas ma volonté, mais la volonté du Père qui m'a envoyé. Si je témoigne pour moi-même, mon témoignage peut ne pas être (vrai); mais il est (quelqu'un) qui témoigne de moi, et je sais que le témoignage qu'il rend de moi, est vrai. Vous avez envoyé près de Jean, et il a rendu témoignage à la vérité. Pour moi, je ne prends pas le témoignage d'un homme; mais je dis cela pour que vous soyez sauvé. Celui-là était la lampe qui brûle et qui luit. Vous avez voulu vous réjouir dans sa lumière avant l'heure. Mais j'ai un témoignage plus grand que celui de Jean; car les œuvres que le Père m'a données à accomplir, les mêmes œuvres que je fais, rendent témoignage que le Père m'a envoyé. Et le Père qui m'a envoyé rend lui-même témoignage de moi. Jamais vous n'avez entendu sa voix, ni vous n'avez vu son visage. Vous n'avez pas sa parole qui demeure en moi, parce que vous ne croyez pas en celui-là qu'il a envoyé. Examinez les Écritures, parce que vous croyez trouver en elles la vie éternelle, et ce sont elles qui rendent témoignage de moi. Et vous ne voulez pas venir à moi, afin d'avoir la vie. Je ne reçois point de gloire des hommes, mais je sais que vous n'avez pas en vous-même l'amour de Dieu. Je suis venu au nom de mon Père, et vous ne me recevez pas; si un autre venait en son propre nom, vous le recevriez. Comment pouvez-vous croire, en recevant de la gloire les uns des autres, et comment ne recherchez-vous pas cette gloire qui vient de Dieu seul. Ne croyez pas que je vous accuse

43. Je suis venu au nom de mon Père, et vous ne me recevez pas : si un autre vient en son propre nom, vous le recevrez.

44. Comment pouvez-vous croire, vous qui n'aimez qu'à recevoir de la gloire les uns des autres, et qui ne recherchez point la gloire qui vient de Dieu seul ?

45. Ne croyez pas que ce soit moi qui vous accuse devant mon Père ; Moïse lui-même, en qui vous vous confiez, sera votre accusateur.

46. Car si vous croyiez en Moïse, vous croiriez aussi en moi, puisqu'il a parlé de moi dans ses écrits.

47. Mais si vous ne croyez pas ce qu'il a écrit, comment croiriez-vous ce que je dis.

auprès de mon Père. Il est un accusateur contre vous, Moïse, dans lequel vous avez mis votre espérance : car si vous croyiez à Moïse, vous croiriez à moi, parce que, en effet, il a écrit de moi; et puisque vous ne croyez pas dans ce qu'il a écrit, comment croiriez-vous en mes paroles?

CHAPITRE VI.

1. Jésus passa ensuite au-delà de la mer de Galilée qui s'appelle la mer de Tibériade.

2. Il y fut suivi par une grande foule de peuple, parce qu'ils voyaient les miracles qu'il faisait sur ceux qui étaient malades.

3. Il monta donc sur une montagne, où il s'assit avec ses Disciples.

4. Or, la Pâque, qui est la principale fête des Juifs, était proche.

5. Jésus ayant donc levé les yeux, et voyant qu'une grande multitude de monde était venue à lui, il dit à Philippe: Où achèterons nous du pain pour donner à manger à ce peuple?

6. Or, il disait cela afin de l'éprouver; car pour lui, il savait bien ce qu'il avait à faire.

7. Philippe lui répondit: Quand on aurait pour deux cents deniers de pains, cela ne suffirait pas pour en donner un peu à chacun.

8. Un des Disciples, savoir André, frère de Simon-Pierre, lui dit:

9. Il y a ici un petit garçon qui a cinq pains d'orge et deux petits poissons, mais qu'est-ce que cela pour tant de gens?

10. Faites-les asseoir, leur dit alors Jésus. Et comme il y avait là beaucoup d'herbes, ils s'y assirent au nombre d'environ cinq mille hommes.

11. Puis Jésus prit les pains, et ayant rendu grace à Dieu, il les donna à ses Disciples; et ses Disciples, à ceux qui étaient assis: il fit la même chose des deux poissons, et leur en donna ce qu'ils en voulurent.

12. Quand ils furent rassasiés, il dit à ses Disciples: Ramassez les morceaux qui restent, afin que rien ne se perde.

ÉVANGILE SIXIÈME.

Jésus s'en alla au-delà de la mer de Galilée (Tibériade), et la multitude le suivit, en voyant les guérisons nombreuses qu'il faisait sur les malades. Jésus monta sur la montagne, et il s'y assit avec ses Disciples; et la Pâque était proche: c'était la fête des Juifs. Jésus voyant que la multitude le suivait, dit à Philippe: D'où acheterons-nous des pains pour que ceux-ci mangent? Un de ses Disciples, André, frère de Simon-Pierre, lui dit: Il y a un homme qui a des pains d'orge et des poissons. Or, Jésus prit les pains, et ayant rendu graces, il les donna à ses Disciples, et ses Disciples les donnèrent à ceux qui étaient assis. (On fit) de même des poissons autant qu'ils voulurent. Or, quand ils furent remplis, il dit à ses Disciples: Ramassez les morceaux qui restent, afin qu'il n'y ait rien de perdu; ils les ramassèrent, afin de les distribuer aux pauvres, et ils admiraient l'amour de Jésus pour eux, et se disaient les uns aux autres, s'il était notre maître, nous mangerions toujours. Jésus, donc, connaissant qu'ils devaient venir l'enlever pour le faire roi, se retira de nouveau sur la montagne seul. Mais le soir arriva: ses Disciples descendirent vers la mer, et étant montés dans la barque, ils allèrent au-delà de la mer, à Capharnaüm, et les ténèbres déjà étaient arrivées et Jésus n'était point venu vers eux. Un grand vent soufflant, la mer se gon-

13. Ils les ramassèrent donc, et l'on remplit douze corbeilles des morceaux des cinq pains d'orge qui étaient restés, après que tous en avaient mangé.

14. De sorte que ces gens là ayant vu le miracle que Jésus venait de faire, disaient : C'est-là sans doute le Prophète qui doit venir dans le monde.

15. Mais Jésus ayant connu qu'ils avaient dessein de venir l'enlever pour le faire roi, se retira encore sur la montagne.

16. Le soir, ses Disciples s'approchèrent de la mer ;

17. Et étant montés sur la barque, ils traversaient la mer, tirant vers Capharnaüm ; les ténèbres étaient déjà répandues sur la terre, et Jésus n'était pas encore venu les joindre.

18. Cependant la mer était fort enflée du grand vent qui soufflait.

19. Quand ils eurent donc vogué vingt-cinq ou trente stades, ils virent Jésus qui marchait sur la mer, et qui s'approchait de la barque, et ils en eurent peur.

10. Mais il leur dit : C'est moi, ne craignez point.

21. Ils voulurent donc le prendre dans leur barque, et aussitôt la barque prit terre où ils allaient.

22. Le lendemain, la multitude du peuple qui était demeurée de l'autre côté de la mer, avait bien vu qu'il n'y avait point eu là d'autre barque, et que Jésus n'y était pas entré avec ses Disciples, mais qu'il s'en était allé seul.

23. Comme il était arrivé d'autres barques de Tibériade, près du lieu où l'on avait mangé les pains après que le Seigneur eut rendu grace,

24. La multitude ayant vu que Jésus ni ses Disciples n'étaient point là, se mit dans ces barques, et vint à Capharnaüm chercher Jésus.

25. Et l'ayant trouvé de l'autre côté de la mer, ils lui dirent : Maître, depuis quand êtes-vous venu ici ?

26. Jésus prit la parole, et leur dit : En vérité, en vérité, je vous le dis, vous me cherchez non pas à cause que vous m'avez vu faire des miracles, mais parce que vous avez eu du pain à manger, et que vous avez été rassasiés.

flait ; s'étant donc avancés d'environ vingt-cinq ou trente stades, ils voient Jésus venant sur la mer, et une tempête s'étant élevée, ils le virent arriver près de la barque, et ils furent effrayés. Mais il leur dit : Ne vous effrayez pas, et ils voulurent donc venir et le secourir, et la barque arriva à terre. Le lendemain, ceux que Jésus avait nourris, et qui se trouvaient au-delà de la mer, montèrent dans les barques et vinrent trouver Jésus à Capharnaüm ; il leur dit : En vérité, en vérité, je vous dis, vous me cherchez, non pour la vérité et l'instruction, mais parce que vous mangiez des pains, et que vous avez été rassasiés. Attachez-vous non à la nourriture qui se détruit, mais à la nourriture qui demeure à la vie éternelle, laquelle le Fils de l'homme vous donnera. Car le Père, Dieu, a mis son sceau sur lui ; ils lui dirent donc : Que ferons-nous, afin de faire les œuvres de Dieu ? Jésus répondit et leur dit : C'est là l'œuvre de Dieu, que vous croyez en celui qu'il a envoyé ; ils lui dirent donc : Quel prodige fais-tu donc pour que nous voyions et que nous croyions en toi ? Qu'opères-tu ? Nos pères ont mangé la manne dans le désert, selon qu'il est écrit : Il leur a été donné du Ciel, du pain à manger. Jésus leur dit donc : En vérité, en vérité, je vous dis, Moïse ne vous a pas donné le pain (du haut) du Ciel ; mais le vrai pain du Ciel est donné par mon Père, car le pain de Dieu est celui qui descend du Ciel, et qui donne la vie au monde. Ils lui dirent donc : Seigneur, donne-nous toujours ce pain là. Or, Jésus leur dit : Je suis le pain de la vie, celui qui vient à moi, n'aura point faim, et celui qui croit en moi n'aura plus soif ; mais je vous disais que vous m'avez vu et

27. Travaillez à acquérir, non une nourriture périssable, mais celle qui dure jusqu'à la vie éternelle, et que le Fils de l'homme vous donnera; car c'est lui que Dieu a marqué de son sceau.

28. Ils lui dirent : Que ferons-nous pour faire des œuvres agréables à Dieu?

29. Jésus leur répondit : L'œuvre que Dieu demande de vous est que vous croyez en celui qu'il a envoyé.

30. Mais lui dirent-ils : Quels miracles faites-vous donc, afin que nous le voyons, et que nous croyons en vous? Quelle œuvre faites-vous?

31. Nos pères ont mangé la manne au désert, selon qu'il est écrit : Il leur a donné à manger le pain du Ciel.

32. Jésus leur répondit : En vérité, je vous le dis, Moïse ne vous a pas donné le pain venu du Ciel ; mais mon Père vous donne aujourd'hui le vrai pain du Ciel.

33. Car le pain de Dieu, c'est celui qui est descendu du Ciel et qui donne la vie au monde.

34. Alors ils lui dirent : Seigneur, donnez-nous toujours de ce pain-là.

35. Jésus leur répondit : Je suis le pain de vie : celui qui vient à moi n'aura plus faim ; et qui croit en moi n'aura jamais soif.

36. Mais je vous l'ai déjà dit, vous m'avez vu, et cependant vous ne me croyez pas.

37. Tous ceux que mon Père me donne viendront à moi : et tous ceux qui viendront à moi, je ne les mettrai point dehors.

38. Car je suis descendu du Ciel, non pour faire ma volonté, mais pour faire la volonté de celui qui m'a envoyé.

39. Or, la volonté de mon Père, qui m'a envoyé, est que je ne perde aucun de ceux qu'il m'a donnés ; mais que je les ressuscite au dernier jour.

40. C'est ici la volonté de mon Père, qui m'a envoyé, que quiconque voit le Fils, et croit en lui, ait la vie éternelle, et que je le ressuscite au dernier jour.

41. Alors les Juifs murmurèrent contre lui de ce qu'il avait dit : Je suis le pain vivant descendu du Ciel.

que vous n'avez pas cru. Tout ce que mon Père me donne, viendra à moi, et je ne rejetterai point en dehors celui qui vient à moi, parce que je suis descendu du Ciel, non pour que je fasse ma volonté, mais la volonté de celui qui m'a envoyé. Or, ceci est la volonté du Père qui m'a envoyé, que tout ce qu'il m'a donné, je ne perde rien de cela, mais que je le ressuscite en la vie éternelle. Ceci est la volonté de celui qui m'a envoyé, que tout (homme) qui voit le Fils et qui croit en lui ait la vie éternelle et que je le ressuscite en la vie éternelle. Les Juifs murmuraient donc à son sujet, parce qu'il avait dit: Je suis le pain descendu du Ciel; et ils disaient: Celui-ci n'est-il pas Jésus, le fils de Joseph, dont nous connaissons le père et la mère? comment peut-il dire : Je suis descendu du Ciel ? Est-ce parce qu'il a habité avec les Grecs, qu'il vient ainsi converser avec nous ? Qu'a de commun ce qu'il a appris des Égyptiens, et ce que nos pères nous ont appris? Jésus répondit et leur dit: Ne murmurez pas entre vous; personne ne peut venir à moi, si le Père qui m'a envoyé ne le tire à lui; et moi, je le ressusciterai dans la vie éternelle. Il est écrit dans les Prophètes : *Et ils seront tous enseignés de Dieu.* Ainsi, quiconque a entendu le Père et qui sait, vient à moi. Il n'est personne qui ait vu le Père; mais celui qui est venu de Dieu a vu le Père. En vérité, en vérité, je vous dis, celui qui croit en moi a la vie éternelle. Je suis le pain de la vie. Nos pères ont mangé la manne dans le désert, et sont morts; voici le pain et le vin qui sont descendus du Ciel, afin qu'on en mange et boive, et qu'on ne meure pas. Je suis le pain vivant qui est descendu du Ciel;

42. N'est-ce pas là, disaient-ils, le Fils de Joseph ? nous connaissons son père et sa mère. Comment donc dit-il : Je suis descendu du Ciel.

43. Mais Jésus prit la parole, et leur dit : Ne murmurez point entre vous.

44. Personne ne peut venir à moi, si le Père qui m'a envoyé, ne l'attire ; et celui-là, je le ressusciterai au dernier jour.

45. Il est écrit dans les Prophètes : Ils seront tous enseignés de Dieu : ainsi quiconque a écouté le Père, et a été instruit par lui, vient à moi.

46. Ce n'est pas que personne ait vu le Père, excepté celui qui est venu de la part de Dieu, celui-là a vu le Père.

47. En vérité, en vérité, je vous le dis, qui croit en moi a la vie éternelle.

48. Je suis le pain de vie.

49. Vos pères ont mangé la manne dans le désert, et ils sont morts ;

50. Mais c'est ici le pain qui est descendu du Ciel, afin que celui qui en mange ne meure point.

51. Je suis le pain vivifiant qui est descendu du Ciel :

52. Quiconque mangera de ce pain, vivra éternellement. Et le pain que je donnerai pour la vie du monde, c'est ma chair que je donnerai.

53. Sur cela, les Juifs disputaient entre eux, et disaient : Comment celui-ci peut-il nous donner sa chair à manger ?

54. Mais Jésus leur répondit : En vérité, en vérité, je vous le dis, si vous ne mangez la chair du Fils de l'homme, et si vous ne buvez son sang, vous n'aurez point la vie en vous.

55. Qui mange ma chair et boit mon sang a la vie éternelle, et je le ressusciterai au dernier jour.

56. Car ma chair est vraiment viande : et mon sang est vraiment breuvage.

57. Qui mange ma chair et boit mon sang demeure en moi, et moi en lui.

58. Comme mon Père, qui est vivant, m'a envoyé, et que je vis par mon Père, ainsi celui qui me mange vivra par moi.

si quelqu'un en mange et en boit, il vivra éternellement, et le pain et le vin que je donnerai, c'est ma chair et mon sang, que je donnerai pour la vie du monde. Les Juifs combattaient donc entre eux, disant : Comment peu-til nous donner sa chair à manger ? Jésus leur dit donc : En vérité, en vérité, je vous dis, si vous ne mangez la chair du Fils de l'homme, si vous ne buvez son sang, vous n'aurez point la vie en vous. Celui qui mange ma chair et qui boit mon sang a la vie éternelle : car ma chair est vraiment une nourriture, et mon sang est vraiment une boisson. Celui qui mange ma chair et qui boit mon sang demeure en moi et je demeure en lui. Comme le Père vivant m'a envoyé, et que je vis par mon Père, ainsi celui qui me mange, celui-là vivra par moi. Ceci est le vrai pain qui est descendu du Ciel ; ce n'est pas comme vos pères qui ont mangé la manne, et sont morts : celui qui mange ce pain vivra éternellement. Il disait cela dans la synagogue, enseignant à Capharnaüm. Beaucoup donc de ses Disciples l'ayant entendu, dirent : Cette parole est dure, qui peut l'entendre ? Jésus sachant en lui-même que ses Disciples murmuraient de cela, leur dit : Ceci vous scandalise-t-il ? C'est l'esprit qui vivifie, la chair ne sert de rien ; mes paroles seules sont l'esprit et la vie. Mais il en est quelques-uns parmi vous qui ne croiront pas. Et il dit : C'est pour cela que je vous ai dit que nul ne peut venir à moi, s'il ne lui a été donné par mon Père. De ce (moment) là, plusieurs de ses Disciples s'en retournèrent, et ne marchèrent plus avec lui. Jésus dit donc aux douze : Voulez-vous aussi vous en aller ? Simon-Pierre lui dit : Seigneur, vers qui irions-nous ? Vous avez

59. C'est ici le pain qui est descendu du Ciel : il n'en sera pas comme de vos pères, qui ont mangé de la manne, et qui sont morts. Qui mange de ce pain vivra éternellement.

60. Jésus dit ces choses dans la synagogue, lorsqu'il enseignait à Capharnaüm.

61. Or, plusieurs de ses Disciples qui l'avaient ouï dire : Ce discours est dur ; et encore, qui peut l'écouter ?

62. Mais Jésus connaissant par lui-même que ses Disciples murmuraient de cela, leur dit : Cela vous scandalise-t-il ?

63. Que sera-ce donc quand vous verrez le Fils de l'homme monter où il était auparavant.

64. C'est l'esprit qui vivifie, la chair n'est d'aucun usage : les paroles que je vous dis sont esprit et vie ;

65. Mais il y en a parmi vous qui ne croient pas. Car Jésus savait dès le commencement qui étaient ceux qui ne croyaient point, et qui était celui qui devait le trahir.

66. C'est pour cela que je vous ai dit, ajouta-t-il, que personne ne peut venir à moi, s'il ne lui est donné par mon Père.

67. Depuis ce moment là plusieurs de ses Disciples se retirèrent d'avec lui, et ne le suivirent plus.

68. Sur quoi Jésus dit aux douze : Et vous, ne voulez-vous pas aussi vous en aller ?

69. Mais Simon-Pierre lui répondit : Seigneur, à qui irons-nous ? vous avez les paroles de la vie éternelle.

70. Et nous l'avons cru, et nous l'avons reconnu. Vous êtes le Christ, le Fils de Dieu vivant.

71. Jésus leur répondit : Ne vous ai-je pas choisis tous douze ? et il y en a un entre vous qui est un diable.

72. Or, il parlait de Judas Iscariot : car celui-ci devait le livrer quoiqu'il fût du nombre des douze.

des paroles de vie éternelle, et nous avons cru et reconnu que vous êtes le Christ, le Fils du Dieu vivant. Jésus leur répondit : Ne vous ai-je pas choisi douze, ainsi qu'il m'a été prescrit, lorsque j'ai reçu le pouvoir d'en haut, pour que j'enseigne en le Père et en le Saint-Esprit, et que je vous donne avec l'esprit, le pouvoir que j'ai reçu du Père et de l'Esprit, dans le temple où se conserve le pain de la vie éternelle.

CHAPITRE VII.

1. Depuis cela, Jésus parcourait la Galilée : car il ne voulait point aller en Judée, parce que les Juifs cherchaient à le faire mourir.

2. Mais comme la fête des Tabernacles, qui est une des fêtes des Juifs, approchait,

3. Ses frères lui dirent : Quittez ce pays, et allez en Judée, afin que vos Disciples y voient aussi les miracles que vous faites.

4. Car on n'agit point en cachette quand on veut être connu dans le public ; puisque vous faites ces choses, manifestez-vous au monde.

5. Car ses frères même ne croyaient pas en lui.

6. Mais Jésus leur dit : Mon temps n'est pas encore venu ; mais pour le vôtre, il l'est toujours.

7. Le monde ne saurait vous haïr ; mais il me haït, moi, parce que je fais voir ouvertement de lui que ses œuvres sont mauvaises.

8. Allez, vous autres, à cette fête : pour moi, je n'y vais pas encore ; parce que mon temps n'est pas encore venu.

9. Ayant parlé ainsi, il demeura en Galilée.

10. Mais après que ses frères furent partis, il partit aussi lui-même pour la fête, non pas publiquement, mais comme en secret.

11. Les Juifs donc le cherchaient durant la fête, et disaient : Où est-il ?

12. Et on parlait fort de lui parmi le peuple ; car les uns disaient : C'est un homme de bien ; et les autres : Nullement, puisqu'il séduit le peuple.

13. Toutefois, personne n'osait parler ouvertement en sa faveur parce qu'on craignait les Juifs.

ÉVANGILE SEPTIÈME.

Et Jésus après cela, vivait en la Galilée; car il ne voulait pas vivre dans la Judée, parce que les Juifs cherchaient à le faire mourir. Or, la fête des Juifs (appelée) la fête des Tabernacles était proche. Ses frères lui dirent donc: Quitte ce lieu et viens en Judée, afin que tes Disciples voient les œuvres que tu fais. Car nul ne doit agir en secret, mais il doit chercher à agir publiquement; si tu fais ces choses, montre-toi au monde. Car ses frères mêmes ne croyaient pas en lui. Jésus leur dit donc: Mon temps n'est pas encore venu, mais votre temps à vous est toujours prêt. Le monde ne peut pas vous haïr, mais il me hait, parce que je rends témoignagne que ses œuvres sont mauvaises. Vous, rendez-vous à cette fête; moi, je ne m'y rends pas encore, parce que mon temps n'est pas encore accompli. Et en leur disant cela, il demeurait en la Galilée. Mais quand ses frères furent montés, alors il monta aussi à la fête, non publiquement, mais comme en cachette. Les Juifs donc le cherchaient dans la fête et disaient, où est-il? et un grand murmure était dans la foule à cause de lui. Les uns disaient: Il est homme de bien; d'autres disaient: Point du tout, car il égare la multitude. Nul, assurément, ne parlait franchement de lui, à cause de la crainte des Juifs. Et la fête étant déjà dans son milieu, Jésus monta au Temple, et il

14. Mais lorsque la fête fut à demi passée, Jésus alla au temple, et se mit à enseigner.

15. Et les Juifs en étaient surpris, et disaient : Comment sait-il les Écritures, ne les ayant point étudiées ?

16. Mais Jésus leur dit là-dessus : La doctrine que j'enseigne ne vient point de moi ; mais c'est la doctrine de celui qui m'a envoyé.

17. Si quelqu'un veut faire la volonté de Dieu, il connaîtra si cette doctrine vient de Dieu, ou si je parle de mon chef.

18. Quand on parle de son chef, on cherche sa propre gloire ; mais quiconque cherche la gloire de celui qui l'a envoyé, est digne de foi, et il n'y a point en lui d'imposture.

19. N'est-ce pas Moïse qui vous a donné la loi ? néanmoins, personne de vous n'observe la loi.

20. Pourquoi cherchez-vous à me faire mourir ? Là-dessus, le peuple lui dit : Vous êtes possédé du démon ; qui est-ce qui songe à vous faire mourir ?

21. Jésus leur répondit : J'ai fait un miracle, et vous en êtes tous émerveillés.

22. Parce que c'est Moïse qui vous a donné la circoncision (quoiqu'elle ne vienne pas de Moïse, mais des Patriarches), vous circoncisez vos enfans, même au jour du Sabbat.

23. Si l'homme reçoit la circoncision au jour du Sabbat, sans que pour cela la loi de Moïse soit violée, pourquoi êtes-vous si animés contre moi de ce qu'en un jour de Sabbat j'ai guéri un homme qui était incommodé dans tout son corps ?

24. Ne jugez pas sur l'apparence ; mais jugez selon l'équité.

25. Alors quelques-uns de Jérusalem dirent : N'est-ce pas là celui qu'on cherche à faire mourir ?

26. Et le voilà néanmoins qui parle publiquement, sans qu'on lui dise rien. Ne serait-ce point que les sénateurs ont reconnu qu'il est véritablement le Christ ?

27. Cependant nous savons d'où est cet homme-ci : au lieu que quand le Christ viendra, l'on ne saura d'où il est.

28. Jésus continuant à les enseigner, prononça ces paroles à haute voix dans le temple : Il est vrai, vous me connaissez ; vous

enseignait. Et les Juifs étaient dans l'étonnement, disant: Comment celui-ci connaît-il les lettres, ne (les) ayant point apprises, excepté les lettres grecques? Jésus leur répondit: Ma science n'est point de moi, mais de celui qui m'a envoyé. Si quelqu'un veut faire sa volonté, il connaîtra d'après la science si elle est de Dieu, ou si je parle d'après moi-même. Celui qui parle d'après lui-même, cherche sa propre gloire; car celui qui cherche la gloire de celui qui l'a envoyé, celui là est vrai, et il n'a pas tort. Moïse ne vous a-t-il pas donné la loi? et aucun de vous ne l'exécute. Je viens donc afin de vous convertir à la loi. Pourquoi cherchez-vous à me faire mourir? La foule répondit, et dit: Tu as un démon; qui cherche à te faire mourir? Jésus répondit, et leur dit: J'ai fait une seule œuvre, et tous vous êtes dans l'admiration. Moïse vous a donné la circoncision, non parce qu'elle est de Moïse, mais de nos pères, et vous circoncisez un homme dans un (jour de) Sabbat. Si un homme reçoit la circoncision le Sabbat, de manière à ne pas enfreindre la loi de Moïse, pourquoi vous irritez-vous contre moi, de ce qu'un (jour de) Sabbat j'ai guéri un homme? Ne jugez point sur l'apparence, mais soyez juste. Quelques-uns des habitans de Jérusalem disaient donc: N'est-ce pas là celui qu'on cherche à faire mourir? et voyez, il parle publiquement, et ils ne lui disent rien. Est-ce que vraiment les magistrats ont reconnu qu'il est le Christ? Mais nous savons bien d'où il est. Quant au Christ, lorsqu'il viendra, personne ne saura d'où il est. Jésus donc éleva la voix en enseignant dans le Temple, en disant: Et vous me connaissez et vous savez d'où je suis. Et

me connaissez ; vous savez d'où je suis : mais celui qui m'a envoyé est bien digne de foi, et vous ne le connaissez pas.

29. Mais moi, je le connais, parce que je suis venu de sa part, et que c'est lui qui m'a envoyé.

30. Ils cherchaient donc à le prendre ; mais personne ne mit la main sur lui, parce que son heure n'était pas encore venue.

31. Néanmoins, plusieurs du peuple crurent en lui : Car, disaient-ils, quand le Christ viendra, fera-t-il plus de miracles que n'en fait celui-ci ?

32. D'ailleurs, les Pharisiens qui entendirent ce que le peuple disait de lui, et les principaux d'entre les prêtres envoyèrent des archers pour le prendre.

33. Alors Jésus leur dit : Je ne suis plus que pour un peu de temps avec vous, et après cela, je m'en vais à celui qui m'a envoyé.

34. Vous me chercherez, mais vous ne me trouverez pas : et où je serai, vous n'y pouvez venir.

35. Alors les Juifs dirent entre eux : Où ira-t-il, que nous ne pourrons le trouver ? ira-t-il à la dispersion des Gentils, et enseignera-t-il les Gentils ?

36. Que signifie ce discours qu'il vient de nous tenir ? Vous me chercherez, mais vous ne me trouverez pas : et où je serai, vous ne pouvez y venir.

37. Or, le dernier jour de la fête, qui était le plus solennel, Jésus se tenait debout, et disait à haute voix : Si quelqu'un a soif, qu'il vienne à moi, et qu'il boive.

38. Qui croit en moi, il sortira de lui, comme dit l'Écriture, des fleuves d'eau vive.

39. Or, il entendait cela de l'Esprit que devaient recevoir ceux qui croiraient en lui : car le Saint-Esprit n'était pas encore donné, parce que Jésus n'était pas encore glorifié.

40. Cependant plusieurs de la troupe qui entendaient ces paroles, disaient : Cet homme est certainement le Prophète.

41. Les autres disaient : C'est le Christ. Mais disaient quelques autres, le Christ viendra-t-il de Galilée ?

42. L'Écriture ne dit-elle pas que le Christ doit sortir de la

je ne suis point venu de moi-même, mais il est un (être) véritable qui m'a envoyé, que vous ne connaissez pas. Pour moi, je le connais, parce que je viens de lui, et qu'il m'a envoyé. Ils cherchaient donc à l'arrêter, et nul ne mit la main sur lui, parce que son heure n'était pas encore venue. Cependant plusieurs parmi la foule crurent en lui, et ils disaient : Lorsque le Christ viendra, en fera-t-il plus que celui-ci n'a fait? Les Pharisiens entendirent la foule qui murmurait des paroles à son sujet, et les Pharisiens et les chefs envoyèrent des serviteurs pour se saisir de lui : Jésus dit donc : Encore un peu de temps, je reste avec vous, et je m'en vais vers celui qui m'a envoyé : vous me chercherez et vous ne me trouverez point, et vous ne pouvez venir où je vais. Les Juifs se dirent donc entre eux : Où doit-il se rendre, que nous ne le trouverons pas? Est-ce qu'il doit aller chez les Grecs? Quelle est cette parole qu'il nous dit : Vous me chercherez et vous ne me trouverez point, et vous ne pouvez venir où je vais? Or, dans le dernier jour, le grand (jour) de la fête, Jésus se tint debout, et s'écria en disant : Si quelqu'un a soif, qu'il vienne près de moi et qu'il boive. Celui qui croit en moi, ainsi que l'a dit l'Ecriture, des fleuves d'eau vive couleront de son ventre. Or, il disait cela de l'Esprit que ceux qui croyaient en lui devaient recevoir. Car l'Esprit-Saint n'était pas encore arrivé, et l'heure de la glorification de Jésus n'était pas encore venue. Beaucoup (de personnes) de la foule ayant entendu sa parole, disaient : Celui-ci est vraiment le Prophète! d'autres disaient : C'est le Christ. D'autres disaient : Est-ce que le Christ vient de la Galilée? L'Ecriture n'a-t-elle pas dit qu'il

famille de David, et du bourg de Bethléem, d'où était David?

43. De sorte que le peuple était partagé sur son sujet.

44. Il y en avait même quelques-uns qui eussent bien voulu l'arrêter; mais personne ne mit la main sur lui.

45. Les archers donc retournèrent vers les Pontifes et les Pharisiens, qui leur dirent : Pourquoi ne l'avez vous pas amené?

46. Jamais, répondirent-ils, homme ne parla comme cet homme.

47. Sur quoi les Pharisiens leur dirent : Quoi! vous autres, vous seriez-vous aussi laissés séduire ?

48. Y a-t-il quelqu'un des sénateurs ou des Pharisiens qui ait cru en lui.

49. Il n'y a que cette populace : mais elle n'entend point la loi; aussi est-elle maudite.

50. Nicodème, celui qui était venu trouver Jésus la nuit, et qui était de leur corps, leur dit :

51. Notre loi juge-t-elle quelqu'un, qu'auparavant elle ne l'ait ouï, et connu ce qu'il a fait.

52. Ils lui répondirent : Etes-vous aussi Galiléen? Sondez les Ecritures, et sachez que jamais Prophète n'est sorti de Galilée.

53. Et chacun s'en retourna chez soi.

viendra de l'esprit (de la race) de David et de Bethléem, village où est né David. Il y avait donc un schisme dans la multitude à cause de lui : et quelques-uns d'entre eux voulaient l'arrêter ; nul ne mit les mains sur lui. Les serviteurs allèrent vers les princes des prêtres et les Pharisiens, qui leur dirent : Pourquoi ne l'avez-vous pas amené? Les serviteurs répondirent : Jamais homme n'a parlé comme cet homme-ci. Les Pharisiens leur répondirent : Seriez vous donc séduits comme (les) autres? Est-ce que quelqu'un des chefs ou des Pharisiens a cru en lui? Car cette foule qui ne connaît pas la loi, est maudite. Nicodème, l'un d'eux, celui qui était venu de nuit vers lui, leur dit : Est-ce que notre loi juge l'homme, à moins qu'on l'ait entendu auparavant et qu'on ait su ce qu'il fait? Ils répondirent et lui dirent : N'es-tu pas aussi de la Galilée? Examine et vois qu'un Prophète ne s'est jamais élevé de la Galilée ; et chacun s'en alla dans sa maison. Mais Jésus s'en alla sur le mont des Oliviers.

CHAPITRE VIII.

1. Cependant Jésus s'en alla sur la montagne des Oliviers.

2. Mais de grand matin, il retourna au Temple, où tout le peuple accourut à lui, et s'étant assis, il se mit à les enseigner.

3. Alors les Scribes et les Pharisiens lui amenèrent une femme surprise en adultère, et l'ayant produite en pleine assemblée,

4. Ils dirent à Jésus : Maître, cette femme vient d'être prise en adultère.

5. Or, Moïse nous a ordonné dans la loi, de lapider telles personnes. Mais qu'en dites-vous ?

6. Ils parlaient ainsi pour lui tendre un piège, afin d'avoir quelque sujet de l'accuser. Mais Jésus se baissant, se mit à écrire sur la terre avec le doigt.

7. Et comme ils le pressaient de répondre, il se releva, et leur dit : Que celui de vous qui est sans péché, jette la première pierre contre elle.

8. Puis se baissant de nouveau, il écrivait sur la terre.

9. Mais quand ils l'eurent ouï parler ainsi, ils s'en allèrent tous les uns après les autres : les plus âgés commencèrent les premiers, et Jésus demeura, seul, avec la femme qui n'avait point quitté sa place.

10. Alors Jésus se relevant lui dit : Femme, où sont vos accusateurs ? personne ne vous a-t-il condamnée ?

11. Personne, Seigneur, lui répondit-elle. Et moi, lui dit Jésus, je ne vous condamnerai pas non plus ; allez, et ne péchez plus.

12. Jésus donc ayant repris son discours, parla au peuple, disant : Je suis la lumière du monde. Celui qui me suit ne marche point dans les ténèbres, mais il aura la lumière de la vie.

13. Sur quoi les Pharisiens lui dirent : Vous vous rendez té-

EVANGILE HUITIÈME.

Au point du jour, Jésus vint de nouveau au Temple, et tout le peuple venait près de lui. Et, s'étant assis, il enseignait. Or, les Scribes et les Pharisiens lui amenèrent une femme qui avait été surprise en adultère, et l'ayant placée au milieu, ils dirent à lui : Maître, nous avons surpris cette femme en adultère. Or, dans notre loi, Moïse a ordonné de lapider de telles femmes. Toi donc, que dis-tu? Or, ils disaient cela pour le sonder, afin d'avoir de quoi l'accuser. Mais Jésus, s'étant baissé, feignit d'écrire avec le doigt sur la terre ; mais comme ils continuaient de l'interroger, il se releva et leur dit : Que celui de vous qui est sans péché, commence à lui jeter la pierre ; et s'étant baissé de nouveau, il écrivait sur la terre. Mais eux l'ayant entendu, et convaincus par leur propre conscience, s'en allèrent les uns après les autres, ayant commencé par les plus vieux, jusqu'aux derniers. Et il ne resta que Jésus seul et la femme. Jésus s'étant relevé, et ne voyant plus personne que la femme, lui dit : Femme, où sont ceux-là qui t'accusent? Nul ne t'a-t-il condamnée? Mais elle dit : Personne, Seigneur! Jésus lui dit donc : Moi, je ne te condamnerai pas non plus. Va, et de ce moment, ne pèche plus. Or, étant allé à

moignage à vous-même ; votre témoignage n'est pas digne de foi.

14. Jésus leur répondit : Quoique je me rende témoignage à moi-même, mon témoignage ne laisse pas d'être véritable, parce que je sais d'où je suis venu, et où je vais ; mais vous, vous ne savez ni d'où je viens, ni où je vais.

15. Vous jugez selon la chair ; pour moi, je ne juge personne.

16. Et quand je jugerais, mon jugement serait juste, parce que je ne suis pas seul ; mais nous sommes deux, moi, et mon Père, qui m'a envoyé.

17. Or, il est écrit dans votre loi, que le témoignage de deux hommes est digne de foi.

18. Je me rends bien témoignage à moi-même ; mais mon Père, qui m'a envoyé, me le rend aussi.

19. Ils lui dirent sur cela : Où est votre Père ? Jésus répondit : Vous ne connaissez ni moi, ni mon Père ; si vous me connaissiez, vous connaîtriez aussi mon Père.

20. Jésus prononça ces paroles dans la trésorerie, lorsqu'il enseignait dans le Temple ; et personne ne mit la main sur lui, parce que son heure n'était pas encore venue.

21. Jésus leur dit donc de rechef : Je m'en vais, et vous me chercherez ; mais vous mourrez dans vos péchés. Là où je vais, vous ne pouvez y venir.

22. Les Juifs disaient là-dessus : Est-ce qu'il se tuerait lui-même, qu'il dit : Vous ne pouvez venir où je vais.

23. Alors il leur dit : Pour vous, vous êtes d'ici-bas ; mais moi, je suis d'en haut. Vous êtes de ce monde ; mais moi, je ne suis point de ce monde.

24. Aussi vous ai-je dit que vous mourrez dans vos péchés ; car si vous ne me croyez ce que je suis, vous mourrez dans votre péché.

25. Ils lui dirent là-dessus : Mais qui êtes-vous donc ? Jésus leur dit : Je suis le principe qui parle à vous.

26. J'ai bien des choses à dire de vous, et à condamner en vous ; mais celui qui m'a envoyé est véritable, et ce que j'ai appris de lui, je le publie dans le monde.

eux, Jésus leur parla de nouveau en disant : Je suis la lumière du monde : celui qui me suit, ne marche pas dans les ténèbres ; mais il aura la lumière de la vie. Les Pharisiens lui dirent : Tu rends témoignage pour toi-même : ton témoignage n'est pas vrai. Jésus répondit, et leur dit : Si je rends témoignage pour moi-même, mon témoignage est vrai, parce que je sais d'où je viens et où je vais. Vous, vous jugez selon la chair, moi, je ne juge personne. Et si je juge, mon jugement est véritable, parce que je ne suis pas seul ; mais je suis, moi, avec le Père qui m'a envoyé ; je suis celui qui porte le témoignage de moi-même, et le Père qui m'a envoyé, témoigne aussi de moi. Ils lui dirent donc : Où est ton père ? Jésus répondit : Vous ne connaissez ni moi, ni mon Père. Si vous me connaissiez, vous connaîtriez aussi mon Père. Jésus dit ces paroles dans le local du trésor du Temple, en enseignant, et nul ne l'arrêta, parce que son heure n'était pas encore venue. Jésus leur dit donc de nouveau : Je m'en vais, et vous me chercherez, et vous mourrez dans votre péché. Car vous ne pouvez venir où je vais. Les Juifs dirent donc : Est-ce qu'il se tuera lui-même qu'il dit : Vous ne pouvez venir où je vais ? Et puis il leur dit : Vous, vous êtes d'en bas, et moi, je suis d'en haut. Vous êtes de ce monde : moi, je ne suis pas de ce monde-ci. Je vous ai donc dit que vous mourrez dans vos péchés ; car si vous ne croyez pas ce que je suis, vous mourrez dans vos péchés, et il

27. Mais ils ne comprirent pas qu'il appelait Dieu son Père.

28. Jésus leur dit donc : Quand vous aurez élevé le Fils de l'homme, alors vous connaîtrez que je le suis, et que je ne fais rien de moi-même, mais que je dis ce que mon Père m'a enseigné.

29. Et celui qui m'a envoyé est avec moi, et il ne m'a pas laissé seul, parce que je fais toujours ce qui lui est agréable.

30. Comme il tenait ce discours, il y en eut plusieurs qui crurent en lui.

31. Jésus dit donc à ceux d'entre les Juifs qui avaient cru en lui : Si vous persévérez dans ma doctrine, vous serez véritablement mes disciples.

32. Et vous connaîtrez la vérité, et la vérité vous affranchira.

33. Ils lui répondirent : Nous sommes la postérité d'Abraham : et nous n'avons jamais été esclaves de personne ; comment dites-vous donc : Vous serez libres ?

34. Jésus leur répondit : En vérité, en vérité, je vous le dis, quiconque commet le péché, est esclave du péché.

35. Or, l'esclave ne demeurera pas toujours dans la maison de son maître ; mais le Fils y demeure toujours.

36. Si donc le Fils vous affranchit, vous serez véritablement libres.

37. Je sais que vous êtes enfans d'Abraham ; mais vous cherchez à me faire mourir, parce que ma parole ne trouve point d'entrée dans vos cœurs.

38. Pour moi, je dis ce que j'ai vu chez mon Père ; et vous aussi, vous faites ce que vous avez vu chez votre père.

39. Ils répondirent : Notre père, c'est Abraham. Si vous êtes enfans d'Abraham, leur dit Jésus, faites donc les œuvres d'Abraham.

40. Mais maintenant vous cherchez à me faire mourir, moi, qui vous ai dit la vérité telle que je l'ai apprise de Dieu. Abraham n'a pas fait cela.

41. Vous faites, dis-je, les œuvres de votre père. Là-dessus ils lui dirent : Nous ne sommes pas nés de fornication : nous n'avons qu'un Père, qui est Dieu.

lui dirent: Qui es-tu? Jésus leur dit : Le principe (selon) ce que je vous dis. J'ai beaucoup à dire et à juger de vous. Mais celui qui m'a envoyé est vrai, et ce que j'ai appris de lui, je le dis au monde. Ils ne savaient pas qu'il leur parlait du Père. Jésus leur dit donc: Dans peu, vous connaîtrez ce que je suis et (que) je ne fais rien de moi-même. Mais comme mon Père m'a enseigné, j'enseigne. Et celui qui m'a envoyé, est avec moi. Le Père ne m'a pas laissé seul, parce que je fais toujours ce qui lui plaît. En entendant ces paroles, beaucoup crurent en lui. Jésus dit alors aux Juifs qui croyaient : Si vous demeurez dans ma parole, vous êtes vraiment mes disciples. Et vous connaîtrez la vérité; et la vérité vous affranchira. Ils lui répondirent : Nous sommes de la race d'Abraham, et jamais nous n'avons été asservis à personne. Comment dis-tu : Vous deviendrez libres? Jésus leur répondit: En vérité, en vérité, je vous le dis, que quiconque fait le péché, est esclave du péché. Or, l'esclave ne demeure pas dans la maison pour toujours. Si donc le Fils vous affranchit, vous serez réellement libres. Je sais que vous êtes de la race d'Abraham ; mais vous cherchez à me faire mourir, parce que ma parole ne fait point de progrès en vous. Ce que j'ai vu chez mon Père, je le dis. Vous donc, faites aussi ce que vous avez vu chez votre père; ils lui répondirent et lui dirent: Notre père est Abraham. Jésus leur dit: Si vous étiez enfans d'Abraham, vous feriez les œuvres d'Abraham. Mais

42. Mais Jésus leur dit : Si Dieu était votre père, vous m'aimeriez, puisque je suis issu de Dieu, et que je suis venu de sa part; car je ne suis pas venu de moi-même, mais c'est lui qui m'a envoyé.

43. Pourquoi n'entendez-vous pas mon langage? si ce n'est parce que vous ne sauriez entendre ma parole?

44. Vous avez le Diable pour votre père; aussi voulez-vous accomplir les désirs de votre père. Il fut homicide dès le commencement, et il n'est pas demeuré dans la vérité. Comme la vérité n'est pas en lui, quand il dit un mensonge, il parle de son propre fond; car il est menteur, et le père du mensonge.

45. Mais pour moi, parce que je vous dis la vérité, vous ne me croyez pas.

46. Qui de vous me convaincra de péché? Si donc je vous dis la vérité, pourquoi ne me croyez-vous pas?

47. Celui qui est de Dieu écoute les paroles de Dieu; mais vous ne les écoutez pas, parce que vous n'êtes pas de Dieu.

48. Alors les Juifs prirent la parole, et lui dirent : N'avons-nous pas raison de dire que vous êtes un Samaritain, un homme possédé du Démon?

49. Je ne suis point possédé du Démon, répliqua Jésus, mais j'honore mon Père, et vous me déshonorez.

50. Je ne cherche point ma propre gloire; il y en a un autre qui en prend soin, et qui jugera.

51. En vérité, en vérité, je vous le dis, si quelqu'un garde ma parole, il ne mourra jamais.

52. Les Juifs lui dirent : Maintenant, nous connaissons que vous êtes possédé du Démon. Abraham est mort, et les Prophètes aussi; et vous dites : Si quelqu'un garde ma parole, il ne mourra jamais.

53. Etes-vous plus grand que notre père Abraham, qui est mort? les Prophètes aussi sont morts. Qui prétendez-vous donc être?

54. Jésus répondit : Si je me glorifie moi-même, ma gloire n'est rien. C'est mon Père qui me glorifie, lui que vous dites être votre Dieu.

maintenant vous cherchez à me faire mourir (moi), homme qui vous ai dit la vérité (telle) que je l'ai apprise de mon Père : ce qu'Abraham n'a pas fait. Vous, vous faites les actions de votre père ; ils lui dirent donc : Nous ne sommes pas nés de fornication ; nous avons un père, c'est Dieu. Jésus leur dit alors : Si Dieu était votre père, vous m'aimeriez ; car je suis sorti de Dieu, et j'y vais. Je ne suis pas venu de moi-même, mais celui-là m'a envoyé. Pourquoi ne reconnaissez-vous pas mon langage ? Parce que vous ne pouvez entendre mes paroles. Mais parce que je vous dis la vérité, vous ne me croyez pas ! qui de vous me convaincra de péché ? Si je dis vrai, pourquoi ne me croyez-vous pas ? Celui qui est de Dieu, entend les paroles de Dieu. Parce que vous n'êtes pas de Dieu, vous ne les entendez pas ! Les Juifs répondirent donc et lui dirent : Ne disons-nous pas avec raison que le Démon est en toi ? Jésus répondit : Je n'ai pas de démon en moi ; mais j'honore mon Père, et vous ne l'honorez pas. Or, je ne cherche pas ma gloire ; il est (quelqu'un) qui cherche et qui juge. En vérité, en vérité, je vous dis, si quelqu'un observe ma parole, il n'aura pas de mort pour l'éternité. Les Juifs lui dirent donc : Maintenant, nous voyons que tu es possédé du Démon. Abraham est mort et les Prophètes, et tu dis : Si quelqu'un observe ma parole, il n'éprouvera point de mort pour l'éternité ? Est-ce que tu es plus grand que notre père Abraham, qui est mort, et que les Prophètes qui sont morts éga-

55. Mais vous ne l'avez pas connu; pour moi, je le connais; et si je disais que je ne le connais pas, je serais un menteur comme vous. Mais je garde sa parole.

56. Abraham, votre père, a désiré avec ardeur de voir mon jour; il l'a vu, et en a été ravi de joie.

57. Les Juifs lui dirent : Vous n'avez pas encore cinquante ans, et vous avez vu Abraham?

58. Jésus leur dit : En vérité, en vérité, je vous le dis, avant qu'Abraham fût, je suis.

59. Alors ils prirent des pierres pour les jeter contre lui ; mais Jésus se cacha, et sortit du Temple.

lement ? Que crois-tu être toi-même ? Jésus répondit : Si je me glorifie moi-même, ma gloire n'est rien. Mon Père, celui que vous dites être votre Dieu, est celui qui me glorifie ; et si je dis que je ne le connais pas, je serai semblable à vous, un menteur ; mais je le connais, et j'observe sa parole. Abraham, votre père, se réjouissait de voir mon jour, et il a vu, et il a été transporté de joie. Les Juifs lui dirent donc : Tu n'as pas encore cinquante ans, et tu as vu Abraham. Jésus leur dit : En vérité, en vérité, je vous dis que j'étais avant Abraham. Ils prirent donc des pierres pour (les) lui jeter. Mais Jésus se cacha, et sortit du Temple en passant au milieu d'eux, et s'en alla ainsi.

CHAPITRE IX.

1. Jésus vit en passant un homme aveugle de naissance.

2. Et ses Disciples lui firent cette question? Maître, qui a péché? Est-ce celui-ci, ou ses parens, pour faire qu'il soit né aveugle?

3. Jésus leur répondit : Ce n'est point parce qu'il a péché, ni ses parens ; mais c'est afin que les œuvres de Dieu soient manifestées en lui.

4. Il faut que je fasse les œuvres de celui qui m'a envoyé, tandis qu'il est jour ; la nuit vient, et alors on ne peut rien faire.

5. Tandis que je suis au monde, je suis la lumière du monde.

6. Quand il eut dit cela, il cracha à terre, fit de la boue avec sa salive, il en frotta les yeux de l'aveugle ;

7. Puis il lui dit : Allez vous laver dans la piscine de Siloë (ce mot signifie envoyé). Il y alla, s'y lava, et en revint voyant clair.

8. De sorte que ses voisins, et ceux qui l'avaient auparavant vu demander l'aumône, disaient : N'est-ce pas là celui qui était assis, qui mendiait? C'est lui-même, disaient les uns.

9. Non, disaient les autres, ce n'est pas lui, mais c'est quelqu'un qui lui ressemble. Et lui, il disait : C'est moi-même.

10. Mais, lui disaient-ils, comment est-ce que vos yeux se sont ouverts?

11. Il répondit : Cet homme que l'on appelle Jésus a fait de la boue, m'en a frotté les yeux, et m'a dit : Allez à la fontaine de Siloë, et vous y lavez. J'y ai été, je m'y suis lavé, et je vois.

12. Sur quoi ils lui dirent : Où est cet homme là? Je ne sais, leur répondit-il.

13. Ensuite ils amenèrent aux Pharisiens ce même homme qui avait été aveugle.

ÉVANGILE NEUVIÈME.

Jésus vit un homme aveugle de naissance, et ses Disciples l'interrogèrent en disant : Maître, qui a péché, celui-ci ou ses père et mère, pour qu'il soit né aveugle? Jésus répondit : Ce n'est pas lui qui a péché, ni ses parens; mais afin que les œuvres de Dieu soient accomplies en lui, il faut que je fasse les œuvres de celui qui m'a envoyé, tant qu'il est jour; il viendra une nuit que personne ne pourra travailler. Tant que je serai dans le monde, je suis la lumière du monde. En disant cela, il cracha à terre, et de son crachat il fit de la boue, et il frotta la boue sur les yeux de l'aveugle, et il dit : Va, lave-toi dans la piscine de Siloam. Il s'en alla donc et se lava, et il allait, voyant; les voisins donc et ceux qui savaient qu'auparavant il était aveugle, disaient : N'est-ce pas celui qui étant assis demandait l'aumône? D'autres disaient : C'est lui; et d'autres : C'est quelqu'un qui lui ressemble ; et lui, disait : C'est moi-même. Ils disaient donc : Comment tes yeux se sont-ils ouverts? Il répondit et dit : Un homme, appelé Jésus, a fait de la boue, et il a frotté mes yeux, et il m'a dit : Va à la piscine de Siloam, et lave-toi. Or, m'en étant allé, et m'étant lavé, j'ai vu. Il lui dirent donc : Quel est-il? Il dit : Je ne sais pas. Ils le menèrent devant les Pharisiens, lui, autrefois aveugle. Or, (le jour) que Jésus fit de la boue et lui ouvrit les yeux, était un Sabbat, et les Pharisiens, de nouveau, lui demandèrent comment il avait vu;

14. Or, c'était le jour du Sabbat que Jésus fit de la boue, et lui ouvrit les yeux.

15. Les Pharisiens demandèrent aussi, à leur tour, comment il avait recouvré la vue. Et il leur dit : Il m'a mis de la boue sur les yeux, je me suis lavé, et je vois.

16. Là-dessus quelques-uns de ces Pharisiens dirent : Cet homme ne vient point de la part de Dieu, puisqu'il n'observe pas le Sabbat. Mais, disaient les autres, comment un homme pécheur peut-il faire des miracles? Et il y avait sur cela de la division entre eux.

17. Ils dirent donc encore à l'aveugle : Mais vous, que dites-vous de celui qui vous a ouvert les yeux? Il répondit : C'est un Prophète.

18. Mais les Juifs ne purent croire qu'il eût été aveugle, et qu'il eût recouvré la vue, jusqu'à ce qu'ils eussent fait venir son père et sa mère.

19. Ils les interrogèrent donc, disant : Est-ce là votre fils, que vous dites être né aveugle? comment est-ce qu'il voit maintenant?

20. Son père et sa mère leur répondirent : Nous savons que c'est ici notre fils, et qu'il est né aveugle.

21. Mais comment voit-il à présent? c'est ce que nous ne savons pas. Et qui lui a ouvert les yeux? nous l'ignorons. Interrogez-le, il a de l'âge; qu'il réponde pour lui-même.

22. Son père et sa mère parlaient ainsi, parce qu'ils craignaient les Juifs : car les Juifs avaient déjà arrêté entre eux que quiconque le reconnaîtrait pour le Christ serait chassé de la Synagogue.

23. C'est pour cela que son père et sa mère dirent : Il a de l'âge, interrogez-le.

24. Ils appelèrent donc encore une fois celui qui avait été aveugle, et lui dirent : Rendez gloire à Dieu; nous savons que cet homme est un pécheur.

25. Mais lui, il leur répondit : Si c'est un pécheur, je n'en sais rien; mais une chose que je sais bien, c'est que j'étais aveugle, et qu'à présent je vois.

26. Mais encore que vous a-t-il fait, lui dirent-ils, comment vous a-t-il ouvert les yeux?

il leur dit : Il m'a mis de la boue sur les yeux, et je me suis lavé, et j'ai vu. Quelques-uns des Pharisiens disaient donc : Cet homme n'est pas de Dieu, parce qu'il n'observe pas le Sabbat. D'autres disaient : Comment un homme pécheur peut-il faire de tels prodiges ? Et il y avait chisme parmi eux. Ils dirent donc de nouveau à l'aveugle : Que dis-tu de lui, de ce qu'il t'a ouvert les yeux ? Mais il dit : C'est un Prophète. Mais les Juifs ne crurent pas de lui qu'il était aveugle et qu'il voyait, jusqu'à ce qu'ils eussent appelé les père et mère de celui qui avait vu, et qu'ils les eussent interrogés, en disant : Celui-ci est-il votre fils que vous dites être né aveugle ? Comment donc voit-il maintenant ? Ses père et mère répondirent et leur dirent : Nous savons que celui-ci est notre fils, et qu'il est né aveugle ; mais nous ne savons pas comment il voit maintenant, ou qui lui a ouvert les yeux, c'est ce que nous ne savons pas. Il est en âge, interrogez-le, et il répondra lui-même sur lui. Voilà ce que dirent ses père et mère, parce qu'ils craignaient les Juifs. Car déjà les Juifs étaient tombés d'accord ensemble que quiconque le reconnaîtrait pour le Christ, il serait exclus de la Synagogue. C'est pour cela que les parens dirent : Il est en âge, interrogez-le. Ils appelèrent donc pour une seconde fois l'homme qui avait été aveugle, et lui dirent : Rends gloire à Dieu, nous savons que cet homme est un pécheur. Il répondit donc, et dit : Je ne sais si c'est un pécheur ; je ne sais qu'une chose, c'est que j'étais aveugle, et que je vois maintenant. Ils lui dirent de nouveau : Que t'a-t-il fait ? Comment t'a-t-il ouvert les yeux ? Il leur répondit : Je vous ai déjà dit, et vous n'avez pas entendu ; pourquoi voulez-

27. Il leur répondit : Je vous l'ai déjà dit ; ne l'avez-vous pas entendu ? Pourquoi voulez-vous l'entendre encore une fois ; n'est-ce point que vous voudriez aussi être ses disciples ?

28. Là-dessus, ils le chargèrent d'injures, et lui dirent : Soyez vous-même son disciple ; pour nous, nous sommes disciples de Moïse.

29. Nous savons que Dieu a parlé à Moïse ; mais pour cet homme-ci, nous ne savons de la part de qui il vient.

30. C'est une chose bien étrange, leur répondit l'aveugle, que vous ne sachiez pas de quelle part vient celui qui m'a ouvert les yeux.

31. Cependant, nous savons que Dieu n'exauce point les pécheurs ; mais si quelqu'un sert Dieu et fait sa volonté, il l'exauce.

32. Jamais on n'a ouï dire que personne ait ouvert les yeux à un aveugle-né.

33. Si cet homme n'était pas de Dieu, il ne pourrait rien faire.

34. Ils lui répondirent : Vous êtes né tout chargé de péchés, et vous nous faites des leçons. Après quoi ils le chassèrent.

35. Jésus apprit qu'ils l'avaient chassé, et l'ayant rencontré, il lui dit : Croyez-vous au Fils de Dieu ?

36. Il répondit : Qui est-il ? Seigneur, afin que je croie en lui.

37. Jésus lui dit : Et vous l'avez vu, et c'est lui-même qui parle à vous.

38. Alors il dit : Je crois, Seigneur. Et se prosternant, il l'adora.

39. Sur quoi Jésus dit : Je suis venu en ce monde pour exercer un jugement, afin que ceux qui ne voient pas, voient ; et que ceux qui voient, deviennent aveugles.

40. Quelques Pharisiens qui étaient avec lui, ayant entendu cela, lui dirent : Et nous, ne sommes-nous point aussi des aveugles ?

41. Jésus leur répondit : Si vous étiez aveugles, vous ne seriez point coupables, mais puisque vous dites : Nous voyons. Vous êtes coupables.

vous l'entendre encore ? Est-ce que vous voulez devenir ses disciples ? Ils l'accablèrent donc d'injures, et dirent: C'est toi qui es son disciple; mais nous, nous sommes disciples de Moïse. Nous savons que Dieu a parlé à Moïse: quant à celui-ci, nous ne savons d'où il est. L'homme répondit et leur dit : En effet, il est en cela une chose étonnante, c'est que vous ne savez d'où il est, et il m'a ouvert les yeux. Nous savons que Dieu n'exauce pas des pécheurs ; mais si quelqu'un est pieux, et s'il fait la volonté de Dieu, il l'exauce ; et jamais on n'a entendu (dire) que quelqu'un ait ouvert les yeux à un aveugle-né. Si lui n'était de Dieu, il n'aurait rien pu faire. Ils lui répondirent et lui dirent : Tu es né tout-à-fait au milieu des péchés, et tu veux nous instruire, et ils le chassèrent dehors. Jésus entendit dire qu'ils l'avaient chassé dehors, et l'ayant trouvé, il lui dit : Crois-tu en le Fils de Dieu ? Il répondit et dit : Qui est-il ? Seigneur, afin que je croie en lui. Or, Jésus lui dit : Et tu l'as vu, et c'est celui qui te parle. Mais il dit : Je crois, Seigneur. Et il se prosterna devant lui. Et Jésus dit : Je suis venu en ce monde en jugeant, afin que ceux qui ne voient pas, voient ; et que ceux qui voient deviennent aveugles. Et ceux des Pharisiens qui étaient avec lui entendirent cela, et lui dirent : Et nous, sommes-nous aussi aveugles ? Jésus leur dit : Si vous étiez aveugles, vous n'auriez point de péchés ; maintenant, vous dites : Nous voyons. Votre péché subsiste donc.

CHAPITRE X.

1. En vérité, en vérité, je vous le dis, celui qui n'entre pas par la porte dans la bergerie, mais qui y entre par ailleurs, est un voleur et un brigand.

2. Mais celui qui y entre par la porte, est le pasteur des brebis.

3. Le portier lui ouvre, et les brebis entendent sa voix; il appelle ses propres brebis par leur nom, et les mène dehors.

4. Et lorsqu'il a fait sortir ses propres brebis, il va devant elles, et les brebis le suivent, parce qu'elles connaissent sa voix.

5. Mais elles ne suivent pas un étranger : au contraire, elles le fuient, parce qu'elles ne connaissent point la voix des étrangers.

6. Jésus leur proposa cette parabole; mais ils ne comprirent pas ce qu'il voulait leur dire par là.

7. Jésus ajouta : En vérité, en verité, je vous le déclare, je suis la porte par où entrent les brebis.

8. Tous ceux qui sont venu avant moi étaient des voleurs et des brigands; aussi, les brebis ne les ont-elles point écoutés.

9. Je suis la porte. Quiconque entrera par moi, sera sauvé; il entrera, il sortira, et trouvera des pâturages.

10. Le voleur ne vient que pour dérober, pour tuer, et pour détruire; mais pour moi, je suis venu, afin que mes brebis aient la vie, et qu'elles l'aient avec abondance.

11. Je suis le bon pasteur. Le bon pasteur donne sa vie pour ses brebis.

12. Mais le mercenaire qui n'est pas le pasteur, et à qui les brebis n'appartiennent pas en propre, voit venir le loup, abandonne les brebis, et s'enfuit; et le loup les enlève et disperse le troupeau.

13. Le mercenaire s'enfuit donc, parce qu'il est mercenaire, et qu'il ne se soucie point des brebis.

ÉVANGILE DIXIÈME.

Jésus ayant de nouveau rencontré des Pharisiens, ceux-ci dirent : Comment es-tu venu de Dieu ? Jésus leur répondit : En vérité, en vérité, je vous dis, celui qui n'est pas entré par la porte dans l'étable des moutons, mais qui monte d'un autre côté, celui-là est un voleur et un brigand ; mais celui qui entre par la porte est un pasteur pour les moutons, le portier lui ouvre, et les brebis entendent sa voix, et il appelle ses moutons par leur nom, et il les fait sortir ; et lorsqu'il fait sortir ses moutons, il marche devant eux, et ses moutons le suivent, parce qu'ils connaissent sa voix ; mais ils ne suivront pas un étranger, au contraire, ils le fuiront, parce qu'ils ne connaissent point la voix des étrangers. Jésus dit cette parabole, mais ceux-ci ne comprirent pas ce qu'il leur disait. Jésus leur dit de nouveau : En vérité, en vérité, je vous dis que je suis la porte des moutons ; tous ceux qui sont venus, sont des voleurs et des brigands, et leurs moutons ne les ont point écoutés. Je suis la porte, si quelqu'un entre par moi, il sera sauvé ; et il entrera et il sortira, et il trouvera de la pâture. Le voleur ne vient que pour voler, tuer et détruire ; moi, je suis venu afin qu'on ait vie, et qu'on (en) ait en abondance. Je suis le bon pasteur ; le bon pasteur expose sa vie pour ses moutons ; mais le mercenaire, et qui n'est pas berger et qui n'a pas les moutons en

14. Je suis le bon pasteur, et je connais mes brebis, et mes brebis me connaissent.

15. (Tout de même que mon Père me connaît, et que je connais mon Père); et je donne ma vie pour mes brebis.

16. J'ai encore d'autres brebis qui ne sont pas de cette bergerie ; il faut que je les amène ; elles entendront ma voix ; et il n'y aura plus qu'un troupeau et qu'un pasteur.

17. Mon Père m'aime à cause que je donne ma vie, mais je la donne de telle sorte que c'est pour la reprendre.

10. Personne ne me l'ôte ; c'est moi qui la donne de moi-même ; car j'ai pouvoir de la donner, et j'ai pouvoir de la reprendre. C'est là l'ordre que j'ai reçu de mon Père.

19. Il y eut encore de la dissension entre les Juifs, à cause de ces discours.

20. Car plusieurs d'entre eux disaient : Il est possédé du Démon, et il a perdu le sens ; pourquoi l'écoutez-vous?

21. Les autres disaient : Ce n'est pas là le langage d'un possédé ; le Démon peut-il ouvrir les yeux des aveugles?

22. Or, on célébrait à Jérusalem la fête de la Dédicace du Temple, et c'était l'hiver.

23. Et Jésus se promenait au Temple dans le portique de Salomon.

24. Les Juifs donc s'assemblèrent autour de lui, et lui dirent : Jusques à quand nous tiendrez-vous en suspens? si vous êtes le Christ, dites-le-nous clairement.

25. Jésus leur répondit : Je vous le dis, et vous ne me croyez pas. Les œuvres que je fais au nom de mon Père, rendent témoignage de moi.

26. Mais vous ne croyez pas, parce que vous n'êtes pas de mes brebis.

27. Mes brebis entendent ma voix, et je les connais, et elles me suivent.

28. C'est moi qui leur donne la vie éternelle ; aussi ne périront-elles jamais, et personne ne les ravira de ma main.

29. Ce que mon Père m'a donné est plus grand que toutes choses ; et personne ne les peut ravir de la main de mon Père.

propriété, voit le loup venir, et il laisse les moutons et s'enfuit, et le loup les enlève et il disperse les moutons. Le mercenaire fuit, parce qu'il est mercenaire et qu'il ne s'inquiète pas des moutons. Je suis le bon pasteur, et je les connais comme je suis connu d'eux. Comme mon Père me connaît, ainsi je connais mon Père, et j'expose ma vie pour mes moutons; et j'ai d'autres moutons qui ne sont pas de cette bergerie, il faut aussi que je les emmène, et ils entendront ma voix, et il n'y aura qu'une bergerie, un seul berger. C'est pour cela que le Père m'aime, et je donne ma vie pour la reprendre de nouveau. Personne ne me la ravit; mais je la donne de moi-même; j'ai le pouvoir de la donner, et j'ai le pouvoir de la reprendre. Ce commandement là, je l'ai reçu de mon Père. Il y avait donc division parmi les Juifs à cause de ces discours; alors beaucoup d'entre eux disaient : Il est possédé du Démon et il est fou, pourquoi l'écoutez-vous? D'autres disaient : Ces paroles là ne sont pas d'un homme en proie à un démon; un démoniaque peut-il ouvrir les yeux à des aveugles? Or, la fête de la Dédicace arriva à Jérusalem, et c'était l'hiver; et Jésus se promenait dans les galeries de Salomon, et les Juifs l'entourèrent donc et lui dirent : Jusqu'à quand tiendras-tu notre ame (en suspens)? si tu es le Christ, dis-le-nous publiquement. Jésus leur répondit : Je vous ai dit, et vous ne croyez pas. Les actions que je fais au nom de mon Père, ces actions rendent témoignage de moi. Mais vous ne croyez pas, car vous n'êtes pas de mes moutons, selon que je vous ai dit : Mes moutons entendent ma voix, et je les connais et ils me suivent, et je leur donne une vie éternelle;

30. Moi et mon Père nous ne sommes qu'un.

31. Sur cela, les Juifs prirent encore des pierres pour le lapider.

32. Mais Jésus leur dit : J'ai fait à vos yeux beaucoup de bonnes œuvres au nom de mon Père ; pour laquelle de ces œuvres me voulez-vous lapider ?

33. Les Juifs lui répondirent : Ce n'est pas pour aucune bonne œuvre que nous voulons vous lapider, mais pour vos blasphêmes, et parce qu'étant homme, vous vous faites Dieu.

34. Jésus leur répartit : N'est-il pas écrit dans votre loi : J'ai dit que vous êtes des dieux ?

35. Si donc elle appelle dieux ceux à qui la parole de Dieu était adressée, et que l'Ecriture ne puisse être détruite,

36. Pourquoi dites-vous que je blasphême, moi, que mon Père a sanctifié et envoyé dans le monde, parce que j'ai dit que je suis Fils de Dieu ?

37. Si je ne fais pas les œuvres de mon Père, ne me croyez pas.

38. Mais si je les fais, quand vous ne voudriez pas me croire, croyez à mes œuvres ; afin que vous connaissiez, et que vous croyiez que mon Père est en moi, et moi dans mon Père.

39. Les Juifs alors tâchèrent de le prendre ; mais il s'échappa de leurs mains,

40. Et s'en alla de nouveau au-delà du Jourdain, au même lieu où Jean avait d'abord baptisé ; et il demeura là.

41. Plusieurs vinrent l'y trouver, et ils disaient : Jean n'a fait aucun miracle : mais tout ce que Jean a dit de celui-ci était vrai.

42. Et il y en eut beaucoup qui crurent en lui.

et ils ne périront jamais, et on ne les arrachera pas de ma main. Mon Père qui me (les) a donnés est plus grand que tout, et nul ne peut (les) enlever de la main de mon Père ; moi et mon Père, nous ne sommes qu'une seule chose. Les Juifs alors prirent de nouveau des pierres pour le lapider. Jésus leur répondit : Je vous ai montré beaucoup de belles actions (venues) de mon Père : pour laquelle de ces œuvres me lapidez-vous ? Les Juifs lui répondirent en lui disant : Nous te lapidons, non pour une belle action, mais pour un blasphème, et parce qu'étant homme, tu te fais Dieu toi-même. Jésus leur répondit : N'est-il pas écrit dans votre loi : Je vous ai dit, vous êtes des dieux ; si elle a appelé dieux ceux-là auxquels la parole de Dieu n'est point venue, et que l'Écriture ne puisse être détruite, celui que le Père a sanctifié et qu'il a envoyé dans le monde, vous, vous dites qu'il blasphème parce qu'il dit : je suis le Fils de Dieu ? Si je ne fais pas les œuvres de mon Père, ne me croyez pas ; mais si je (les) fais, et si pourtant vous ne me croyez pas, au moins croyez à mes actions, afin que vous connaissiez et que vous croyiez que le Père est en moi, et moi en lui. Ils cherchèrent donc de nouveau à le saisir, et il s'échappa de leurs mains. Et il s'en alla de nouveau au-delà du Jourdain, au lieu où d'abord Jean était baptisant, et il y restait, et beaucoup vinrent vers lui, et dirent : Jean n'a fait aucun signe, mais tout ce que Jean a dit de celui-ci était vrai, et dans ce lieu beaucoup crurent en lui.

CHAPITRE XI.

1. Il y avait un homme malade, nommé Lazare, qui était du bourg de Béthanie, où demeuraient Marie et Marthe sa sœur.

2. Cette Marie était celle qui répandit sur le Seigneur une huile de parfum, et qui lui essuya les pieds avec ses cheveux : et Lazare, qui était alors malade, était son frère.

3. Ses sœurs envoyèrent donc dire à Jésus : Seigneur, celui que vous aimez est malade.

4. Ce que Jésus ayant entendu, il dit : Cette maladie ne va point à la mort, mais elle n'est que pour la gloire de Dieu, afin que le Fils de Dieu en soit glorifié.

5. Or, Jésus aimait Marthe, et Marie sa sœur, et Lazare.

6. Ayant donc entendu dire qu'il était malade, il demeura encore deux jours au lieu où il était ;

7. Et il dit ensuite à ses Disciples : Retournons en Judée.

8. Ses Disciples lui dirent : Maître, il n'y a qu'un moment que les Juifs voulaient vous lapider, et vous parlez déjà de retourner parmi eux ?

9. Jésus leur répondit : N'y a-t-il pas douze heures au jour ? Celui qui marche durant le jour, ne se heurte point, parce qu'il voit la lumière de ce monde ;

10. Mais celui qui marche la nuit, se heurte, parce qu'il n'a point de lumière.

11. Il leur parla de la sorte, et ensuite il leur dit : Notre ami Lazare dort ; mais je m'en vais le réveiller.

12. Ses Disciples lui répondirent : Seigneur, s'il dort, il sera guéri.

13. Mais Jésus entendait parler de sa mort, au lieu qu'ils crurent qu'il leur parlait du sommeil ordinaire.

14. Jésus leur dit donc alors clairement : Lazare est mort :

ÉVANGILE ONZIÈME.

CEPENDANT il y avait un (homme) de Béthanie, Lazare, qui était malade, du village de Marie et de sa sœur Marthe. C'était Marie qui avait frotté de myrrhe le Seigneur et qui avait essuyé ses pieds avec ses cheveux. Son frère Lazare était malade. Les sœurs envoyèrent donc vers lui, disant : Seigneur, vois, celui que tu aimes est malade. Or, Jésus ayant entendu, dit : Cette maladie n'est point à mort, mais pour la gloire de Dieu, afin que le Fils de Dieu soit glorifié par elle. Or, Jésus aimait Marthe et sa sœur et Lazare. Quand donc il apprit qu'il était malade, alors il resta deux jours dans le lieu où il était. Ensuite, il dit à ses Disciples : Allons de nouveau dans la Judée. Les Disciples lui dirent : Maître, tantôt les Juifs cherchaient à te lapider, et tu te rends là de nouveau? Jésus répondit : N'y a-t-il pas douze heures du jour? Si quelqu'un marche dans le jour, il ne fait point de faux pas, parce qu'il voit la lumière de ce monde; mais si quelqu'un marche dans la nuit il fait de faux pas, parce que la lumière n'est pas à lui. Voilà ce qu'il dit. Et, après cela, il leur dit : Lazare, notre ami, dort; mais je vais afin de le réveiller. Ses Disciples dirent donc : Seigneur, s'il dort, il sera sauvé. Jésus étant donc allé, le trouva déjà dans le tombeau depuis quatre jours. Or, Béthanie était proche de Jérusalem d'environ quinze stades. Et beaucoup d'entre les Juifs étaient venus près de Marthe

15. Et je me réjouis pour vous de ce que je n'étais pas là, afin que vous croyiez. Mais allons à lui.

16. Sur quoi Thomas, appelé Didyme, dit aux autres Disciples : Allons aussi, nous autres, afin de mourir avec lui.

17. Jésus étant arrivé, trouva qu'il y avait déjà quatre jours que Lazare était dans le tombeau.

18. Et comme Béthanie n'était éloigné de Jérusalem que d'environ quinze stades,

19. Il y avait quantité de Juifs qui étaient venus voir Marthe et Marie, pour les consoler de la mort de leur frère.

20. Marthe ayant donc appris que Jésus venait, alla au-devant de lui, et Marie demeura dans la maison.

21. Alors Marthe dit à Jésus : Seigneur, si vous eussiez été ici, mon frère ne serait pas mort ;

22. Mais je sais que présentement même Dieu vous accordera tout ce que vous lui demanderez.

23. Jésus lui répondit : Votre frère ressuscitera.

24. Marthe lui dit : Je sais qu'il ressuscitera en la résurrection qui se fera au dernier jour.

25. Jésus lui repartit : Je suis la résurrection et la vie : celui qui croit en moi, quand il sera mort, vivra.

26. Et quiconque vit et croit en moi, ne mourra point à jamais. Croyez-vous cela ?

27. Elle lui répondit : Oui, Seigneur, je crois que vous êtes le Christ, le Fils du Dieu vivant, qui êtes venu dans ce monde.

28. Lorsqu'elle eut ainsi parlé, elle s'en alla, et appela secrètement Marie sa sœur, en lui disant : Le Maître est venu, et il vous demande.

29. Ce qu'elle n'eut pas plus tôt entendu, qu'elle se leva, et vint le trouver.

30. Car Jésus n'était pas encore entré dans le bourg ; mais il était au même lieu où Marthe l'avait rencontré.

31. Cependant les Juifs qui étaient avec Marie dans la maison, et qui la consolaient, ayant vu qu'elle s'était levée si promptement, et qu'elle était sortie, la suivirent, en disant : Elle s'en va au sépulcre pour y pleurer.

et de Marie, afin de les consoler au sujet de leur frère. Lors donc que Marthe eut appris que Jésus était arrivé, elle vint à sa rencontre : quant à Marie, elle restait assise dans la maison. Marthe dit donc à Jésus : Seigneur, si tu avais été ici, mon frère ne serait pas mort. Mais je sais à présent que tout ce que tu demanderas à Dieu, Dieu te le donnera. Jésus lui dit : Ton frère dort. Tous dirent : Non, il est mort. Jésus répondit : Si toutefois il est mort, il ressuscitera. Marthe lui dit : Je sais qu'il ressuscitera en la résurrection que tu nous as annoncée. Jésus lui dit : Je suis la résurrection et la vie. Celui qui croit, serait-il mort, vivra; et quiconque vit et croit en moi ne mourra jamais. Crois-tu cela ? Elle dit : Oui, Seigneur, je crois que tu es le Christ, le Fils de Dieu qui est venu en ce monde. Et, en disant cela, elle s'en alla et appela Marie sa sœur en secret, en disant : Le Maître est là et il t'appelle. Lorsqu'elle eut entendu, elle se lève promptement et vint vers lui. Or, Jésus n'était point arrivé dans le village; mais il était dans le lieu où Marthe était allée à sa rencontre. Les Juifs donc qui étaient avec elle dans la maison et qui la consolaient, voyant que Marie s'était levée promptement et était sortie, la suivirent en disant : Elle va au tombeau, afin d'y pleurer. Marie donc, lorsqu'elle fut arrivée où était Jésus, le voyant, tomba à ses pieds, en lui disant : Seigneur, si tu avais été ici, mon frère ne serait pas mort. Lors donc que Jésus la vit pleurant ainsi que les Juifs venus avec elle, il frémit dans son esprit et se troubla lui-même, et il dit : Où l'avez-vous placé ? Ils lui dirent : Seigneur, viens et vois. Jésus pleura. Les Juifs dirent

32. Lorsque Marie fut venue au lieu où était Jésus, l'ayant vu, elle se jeta à ses pieds, et lui dit: Seigneur, si vous eussiez été ici, mon frère ne serait pas mort.

33. Jésus de son côté voyant qu'elle pleurait, aussi bien que les Juifs qui étaient venus avec elle, frémit en esprit, et se troubla lui-même.

34. Et il dit: Où l'avez-vous mis? Seigneur, lui dirent-elles, venez et voyez.

35. Alors Jésus pleura.

36. Sur quoi les Juifs dirent: Voyez combien il l'aimait.

37. Mais il y en eut quelques-uns qui dirent: Cet homme qui a ouvert les yeux à un aveugle-né, ne pouvait-il pas faire que celui-ci ne mourût point?

38. Jésus donc frémissant de rechef en lui-même, alla au sépulcre. C'était une grotte, et l'on avait mis une pierre par-dessus.

39. Jésus dit: Otez la pierre. Seigneur, lui dit Marthe, sœur du mort, il sent déjà, car il y a déjà quatre jours qu'il est là.

40. Jésus leur répondit: Ne vous ai-je pas dit que si vous croyez, vous verrez la gloire de Dieu?

41. On ôta donc la pierre; et Jésus ayant levé les yeux au Ciel, dit: Mon Père, je vous rends grace de ce que vous m'avez exaucé.

42. Je savais bien que vous m'exaucez toujours; mais je dis ceci pour le peuple qui m'environne, afin qu'il croie que c'est vous qui m'avez envoyé.

43. Ayant dit cela, il cria d'une voix forte: Lazare, sortez dehors.

44. Et à l'instant le mort sortit, ayant les pieds et les mains liés de bandes, et la tête enveloppée d'un suaire. Jésus leur dit: Déliez-le, et le laissez aller.

45. De sorte que plusieurs d'entre les Juifs qui étaient venus consoler Marthe et Marie, et qui avaient vu ce que Jésus avait fait, crurent en lui.

46. Mais quelques-uns d'entre eux allèrent trouver les Pharisiens, et leur dirent ce que Jésus avait fait.

donc : Voyez comme il l'aimait! Quelques-uns d'entre eux disaient : Celui qui a ouvert les yeux de l'aveugle ne pouvait-il pas faire que celui-ci ne mourût point? Jésus ayant de nouveau frémi en lui-même, vient au monument. Or, il y avait une grotte, et une pierre était placée devant elle. Jésus dit : Otez la pierre, Marthe. La sœur du mort lui dit : Seigneur, il sent déjà, car il est (là depuis) quatre jours. Jésus lui dit : Ne t'ai-je pas dit que si tu croyais, tu verrais la gloire de Dieu? Ils enlevèrent donc la pierre du (lieu) où le mort était étendu. Mais Jésus leva les yeux en haut et dit : Père, je te rends rends grace de ce que tu m'as exaucé. Je savais déjà que tu m'exauces toujours ; mais j'ai parlé à cause de la foule qui m'environne, afin qu'ils croient que tu m'as envoyé. En disant cela, il crie d'une voix forte : Lazare, sors! Aussitôt le mort remua, ayant les pieds et les mains attachées avec des bandes ; et ses yeux étaient couverts d'un suaire. Jésus leur dit : Déliez-le, et laissez-le aller. Ainsi, un grand nombre des Juifs qui étaient venus près de Marie et de Marthe, et qui avaient vu ce que Jésus avait fait, crurent en lui ; mais quelques-uns d'entre eux s'en allèrent vers les Pharisiens et leur dirent ce que Jésus avait fait. Les chefs des Prêtres et des Pharisiens assemblèrent donc un conseil et disaient : Que faisons-nous, parce que cet homme-ci fait beaucoup de prodiges? Si nous le laissons aller ainsi, tous croiront en lui, et les Romains viendront et ruineront notre lieu et notre nation. Mais Caïaphas, l'un d'eux, étant Pontife de l'année, leur dit : Vous n'y entendez rien : vous ne calculez pas qu'il nous importe qu'un homme meure pour le

47. Là-dessus les Pontifes et les Pharisiens ayant assemblé le conseil, dirent : Que faisons-nous ? Cet homme fait beaucoup de miracles.

48. Si nous le laissons continuer, tout le monde croira en lui ; et les Romains viendront, et détruiront notre pays et notre nation.

49. Mais un d'eux, nommé Caïphe, c'était le souverain Pontife de cette année-là, leur dit : Vous n'y entendez rien.

50. Et vous ne considérez pas qu'il est de notre intérêt qu'un homme meure pour le peuple, afin que toute la nation ne périsse pas.

51. Or, il ne disait pas cela de son propre mouvement ; mais comme il était Pontife de cette année-là, il prophétisa que Jésus devait mourir pour la nation.

52. Et non-seulement pour la nation, mais afin de rassembler en un corps les enfans de Dieu, qui étaient dispersés dans tout le monde.

53. Depuis ce jour-là donc, ils consultèrent sur les moyens de le faire mourir.

54. C'est pourquoi Jésus ne marchait plus publiquement parmi les Juifs : il se retira dans une contrée proche du désert en une ville nommé Ephrem, et il y demeurait avec ses Disciples.

55. Cependant la fête des Juifs était proche, et plusieurs allèrent, de tous les endroits de la Judée, à Jérusalem avant la Pâque, afin de se purifier.

56. Ils cherchaient donc Jésus, et ils se disaient dans le Temple : Que pensez-vous : ne viendra-t-il point à la fête ?

57. Or, les Pontifes et les Pharisiens avaient donné ordre que quiconque saurait où il était, eût à en donner avis, afin que l'on se saisît de lui.

peuple, et que toute la nation ne périsse pas. Or, il ne disait pas cela de lui-même ; mais étant Pontife cette année-là, il prophétisait que Jésus devait mourir pour la nation, et non-seulement pour la nation, mais encore afin que les enfans de Dieu dispersés fussent rassemblés en un. Ainsi, depuis ce jour-là, ils délibéraient afin de le faire mourir. Jésus donc ne marchait plus publiquement au milieu des Juifs ; mais il s'en alla de ce pays dans le pays proche du désert, vers une ville dite Ephraïm, et il y séjourna avec ses Disciples. Or, la Pâque des Juifs était proche, et beaucoup montèrent de cette ville à Jérusalem, avant Pâque, pour se purifier. Ils cherchaient donc Jésus, et se disaient les uns aux autres : Que vous semble-t-il qu'il ne soit pas venu à la fête? Or, et les chefs des Prêtres et les Pharisiens avaient donné un ordre que si quelqu'un savait où il était, il le fît connaître, afin qu'ils s'emparassent de lui.

CHAPITRE XII.

1. Six jours avant Pâque, Jésus vint à Béthanie, où était mort Lazare, qu'il avait ressuscité.

2. Et là on lui fit un souper, et Lazare était un de ceux qui étaient à table avec lui.

3. Marie donc prit une livre d'huile de parfum de vrai nard, qui était de grand prix, le répandit sur les pieds de Jésus, et les essuya de ses cheveux; de sorte que la maison fut remplie de l'odeur de ce parfum.

4. Ce qui fit dire à l'un de ses Disciples, savoir à Judas Iscariot, qui devait le trahir:

5. Pourquoi n'avoir pas vendu ce parfum trois cents deniers, et donné cet argent aux pauvres.

6. Ce qu'il en disait, ce n'était pas qu'il se souciât des pauvres, mais parce qu'il était larron, et qu'il avait la bourse, et portait ce que l'on y mettait.

7. Jésus lui dit donc: Laissez-la faire: il faut qu'elle réserve ce parfum pour le jour de ma sépulture.

8. Car pour des pauvres, vous en aurez toujours avec vous; mais pour moi, vous ne m'aurez pas toujours.

9. Une grande multitude de Juifs ayant su qu'il était là, y allèrent, non-seulement à cause de Jésus, mais aussi pour voir Lazarre, qu'il avait ressuscité.

10. Or, les princes des Prêtres avaient aussi résolu de faire tuer Lazare.

11. Parce qu'à son occasion plusieurs Juifs les abandonnaient, et croyaient en Jésus.

12. Le lendemain, une grande multitude de peuple qui était venu pour la fête, ayant appris que Jésus venait à Jérusalem,

13. Prit des branches de palmiers; et ils allèrent au-devant

ÉVANGILE DOUZIÈME.

Six jours avant la Pâque, Jésus vint à Béthanie, où il fit sortir Lazare du tombeau. Ils lui firent donc à dîner dans ce lieu, et Marthe servait. Lazare était un des convives. Marie donc, prenant une livre d'huile vrai nard parfumé, de grand prix, oignit les pieds de Jésus et les essuya avec ses cheveux. Or, la maison était remplie de l'odeur du parfum. Un de ses Disciples, Judas Iscariote, (fils) de Simon, celui qui allait le trahir, dit donc : Pourquoi n'a-t-on pas vendu ce parfum trois cents deniers et n'a-t-on pas donné (le prix) aux pauvres? Or, il disait cela, non pas qu'il s'inquiétât des pauvres, mais parce qu'il était voleur, et qu'il avait la bourse et qu'il portait ce qu'on y mettait. Jésus dit donc : Laisse-la; elle l'a gardé pour le jour de ma sépulture. Car vous avez toujours les pauvres avec vous, mais vous ne m'avez pas toujours. Une foule considérable de Juifs connut donc qu'il était là, et ils vinrent pour voir non-seulement Jésus, mais encore Lazare. Or, les chefs des Prêtres délibérèrent afin de faire aussi mourir Lazare. Et beaucoup quittaient les Juifs à cause de lui, et croyaient en Jésus. Le lendemain, une foule nombreuse venant à la fête, ayant appris que Jésus venait à Jérusalem prirent les branches des palmiers et s'en allèrent au-devant de lui et ils criaient : Hozanna! béni (soit) celui qui vient au nom du Seigneur, le roi

de lui, et criaient : Hosanna ! béni soit celui qui vient au nom du Seigneur, le Roi d'Israël.

14. Et Jésus ayant trouvé un ânon, s'assit dessus, accomplissant ainsi ce qui est écrit :

15. Ne crains point, fille de Sion, voici ton Roi qui vient assis sur le poulain d'une ânesse.

16. Ses Disciples ne comprirent pas cela d'abord ; mais quand Jésus fut glorifié, ils se ressouvinrent que c'était de lui qu'étaient écrites ces paroles, et que ce qu'ils en avaient fait à son égard, *en était l'accomplissement.*

17. La troupe donc qui était avec lui, quand il dit à Lazare de sortir du tombeau, et qu'il le ressuscita, en rendait témoignage.

18. Et c'est sur le bruit de ce miracle qu'on allait en foule au-devant de lui.

19. Les Pharisiens donc disaient entre eux : Vous le voyez, nous n'avançons rien ; voilà tout le monde qui court après lui.

20. Cependant quelques Gentils du nombre de ceux qui étaient venus à Jérusalem, pour adorer pendant la fête,

21. S'étant adressés à Philippe, qui était de Bêthsaïde, ville de Galilée, ils le priaient, en lui disant : Seigneur, nous voudrions voir Jésus.

22. Philippe alla le dire à André, et André et Philippe en parlèrent à Jésus.

23. Mais Jésus leur dit : L'heure est venue que le Fils de l'homme sera glorifié.

24. En vérité, en vérité, je vous le dis, si le grain de froment ne meurt après qu'on l'a jeté en terre,

25. Il demeure seul ; mais s'il meurt, il porte beaucoup de fruit. Celui qui aime sa vie la perdra ; mais celui qui haït sa vie en ce monde, la conservera pour l'éternité.

26. Quiconque est mon serviteur, qu'il me suive : et où je serai, là sera aussi mon serviteur. Quiconque me sert, mon Père l'honorera.

27. Maintenant mon ame est troublée ; et que dirai-je ? Mon Père, délivrez-moi de cette heure ? mais c'est pour cela même que je suis arrivé à cette heure.

d'Israël. Ceux qui étaient avec lui rendaient donc témoignage qu'il avait fait sortir Lazare du tombeau. Et la foule alla au-devant de lui, parce qu'elle avait entendu dire qu'il avait fait ce prodige. Les Pharisiens se dirent donc les uns aux autres : Vous voyez que vous ne gagnez rien ! Voilà, le monde le suit. Or, il y avait quelques Grecs, de ceux qui étaient montés pour adorer au jour de la fête. Ceux-ci donc vinrent à Philippe de Bêthsaïde de Galilée, et l'interrogeaient en disant : Seigneur, nous voulons voir Jésus. Philippe vient et parle à André, et ensuite André et Philippe parlent à Jésus. Mais Jésus leur répondit en disant : L'heure est venue que le Fils de l'homme sera glorifié. En vérité, en vérité, je vous le dis, si le grain de blé tombant sur la terre ne change pas, il demeure seul, mais s'il change, il porte beaucoup de fruit. Celui qui aime sa vie, la perdra ; mais celui qui haït sa vie dans ce monde, la conservera pour une vie éternelle. Si quelqu'un me sert, qu'il me suive ; et où je suis, là aussi sera mon serviteur. Et si quelqu'un me sert, le Père l'honorera. Maintenant mon ame est troublée et que dirai-je ? Père, sauve-moi de cette heure-ci, mais c'est pour cela même, pour cette heure-ci que je suis venu. Père, glorifie ton nom. Une voix vint donc du Ciel (disant) : Et j'ai glorifié et je glorifierai encore. La multitude donc qui se tenait là, et qui entendit, disait qu'il y avait eu du tonnerre, d'autres disaient : Un Ange lui a parlé. Jésus répondit, et dit : Ce n'est pas pour moi que la voix a eu lieu ; mais pour vous. Maintenant il y a jugement de ce monde ; maintenant le Prince de ce monde va être expulsé dehors. Et moi, si je suis

28. Mon Père, glorifiez votre nom. Alors on entendit une voix du Ciel, qui disait : Je l'ai déjà glorifié, et je le glorifierai encore.

29. Le peuple qui était là, et qui avait ouï le bruit de cette voix, disait que c'était un coup de tonnerre ; et d'autres disaient : Un Ange lui a parlé.

30. Jésus prit la parole, et dit : Ce n'est pas pour moi que cette voix s'est fait entendre, mais pour vous.

31. C'est maintenant que se va faire le jugement du monde ; c'est à cette heure que le Prince de ce monde va être chassé.

32. Pour moi, quand je serai élevé de la terre, je tirerai tout à moi.

33. Or, il disait cela pour désigner de quelle mort il devait mourir.

34. Sur quoi le peuple lui dit : Nous avons appris dans la loi que le Christ doit vivre éternellement ; comment donc dites-vous : Il faut que le Fils de l'homme soit élevé ? Quel est ce Fils de l'homme ?

35. Jésus leur répondit : La lumière est encore avec vous pour peu de temps ; marchez tandis que vous avez la lumière, de peur que les ténèbres ne vous surprennent ; car celui qui marche dans les ténèbres ne sait où il va.

36. Tandis que vous avez la lumière, croyez en la lumière, afin que vous soyez enfans de lumière. Après avoir dit ces choses, Jésus se retira, et se cacha d'eux.

37. Mais quoiqu'il eût fait de grands miracles en leur présence, ils ne croyaient point en lui ;

38. Afin que cette parole d'Isaïe s'accomplît : Seigneur, qui est-ce qui a cru à notre parole, et à qui est-ce que le bras du Seigneur a été révélé?

39. Aussi ne pouvaient-ils croire, selon ce que dit encore Isaïe :

40. Il leur a aveuglé les yeux, et endurci le cœur afin que ne voyant point de leurs yeux, ne comprenant point de leur cœur, et ne se convertissant point, je ne les guérisse pas non plus.

élevé hors de terre, j'attirerai tous (les hommes) à moi. La foule lui répondit : Nous avons appris de la loi que le Christ demeure pour l'éternité, et comment dis-tu : Il faut que le Fils de l'homme soit élevé? Quel est-il, ce Fils de l'homme? Jésus leur dit donc : Encore un peu de temps, la lumière est avec vous ; marchez tant que vous avez la lumière, afin que les ténèbres ne vous surprennent pas : et celui qui marche dans les ténèbres ne sait où il va. Tant que vous avez la lumière, croyez en la lumière, afin que vous deveniez fils de lumière. Jésus dit cela, et, s'en allant, il se cacha d'eux. Quoiqu'il eût fait devant eux autant de prodiges, ils ne croyaient pas en lui, afin que la parole d'Isaïe le Prophète fût accomplie, celle qu'il a dite : Seigneur, qui a cru à ce qu'il a entendu de nous, et le bras du Seigneur à qui a-t-il été révélé? C'est pour cela qu'ils n'ont pu croire, parce qu'Isaïe a dit encore : Il a aveuglé leurs yeux et a endurci leur cœur, afin qu'ils ne voient pas avec les yeux, qu'ils ne comprennent pas avec le cœur et qu'ils ne se convertissent, et que je les guérisse. Voilà ce qu'a dit Isaïe, parce qu'il a vu sa gloire, et qu'il a parlé de lui. Néanmoins, plusieurs des chefs crurent en lui ; mais à cause des Pharisiens, ils n'avouaient pas, de peur d'être exclus de la Synagogue. Car ils aimèrent la gloire des hommes, plus que la gloire de Dieu. Or, Jésus s'écria, et dit : Celui qui croit en moi, ne croit pas en moi, mais en celui qui m'a envoyé. Je suis venu éclairer ce monde, afin que quiconque croit en moi, ne reste pas dans les ténèbres. Et si quelqu'un entend mes paroles et ne me croit pas, je ne le jugerai pas, car je suis venu non pour juger le monde, mais

41. Isaïe dit ces choses lorsqu'il vit sa gloire, et qu'il parla de lui.

42. Cependant il y en eut plusieurs même d'entre les sénateurs qui crurent en lui; mais ils ne le disaient pas ouvertement, à cause des Pharisens, de peur d'être chassés de la Synagogue.

43. Car ils aimaient plus la gloire des hommes que celle de Dieu.

44. Or, Jésus éleva sa voix, et dit: Celui qui croit en moi, ce n'est pas en moi qu'il croit, mais c'est en celui qui m'a envoyé.

45. Et qui me voit, voit celui qui m'a envoyé.

46. Je suis venu au monde pour en être la lumière, afin que quiconque croit en moi ne demeure point dans les ténèbres.

47. Mais si quelqu'un écoute mes paroles, et ne les garde pas, ce n'est pas moi qui le juge; car je ne suis pas venu pour juger le monde, mais pour le sauver.

48. Qui me méprise, et ne reçoit pas mes paroles, a un juge qui les condamnera. La parole que j'ai annoncée, sera son juge au dernier jour.

49. Car je n'ai point parlé de moi-même; mais mon Père, qui m'a envoyé, est celui qui m'a prescrit ce que j'ai à dire, et comment je le dois dire.

50. Et je sais que ce qu'il commande est la vie éternelle. Les choses donc que je dis, je les dis comme mon Père me les a dites.

pour le sauver. Celui qui me rejette et qui ne reçoit pas mes paroles, aura (quelqu'un) qui le jugera; (c'est) la parole que j'ai dite. Elle le jugera dans le dernier jour. Parce que je n'ai point parlé de moi-même, mais le Père qui m'a envoyé, celui-là m'a donné commandement de ce que je dois dire et de ce que je dois parler. Ce que j'ai dit donc, je le dis ainsi que le Père me l'a dit.

CHAPITRE XIII.

1. Avant la fête de Pâques, Jésus sachant que son heure était venue de passer de ce monde à son Père; comme il avait aimé les siens qui étaient sur la terre, il les aima jusqu'à la fin.

2. Ainsi, pendant le souper (comme le Diable avait déjà inspiré à Judas Iscariot, fils de Simon, le dessein de le trahir),

3. Jésus sachant que le Père lui avait mis toutes choses entre les mains, qu'il était venu de la part de Dieu, et qu'il s'en retournait à Dieu,

4. Il se leva de table, quitta sa robe, et ayant pris un linge, il le mit autour de lui.

5. Puis il versa de l'eau dans un bassin, et commença à laver les pieds de ses Disciples, et à les essuyer avec le linge qu'il avait autour de lui.

6. Il vint donc à Simon-Pierre; et Pierre lui dit : Vous, Seigneur, vous me laveriez les pieds!

7. Jésus lui répondit : Vous ne comprenez pas encore ce que je fais; mais vous le comprendrez dans la suite.

8. Pierre lui dit : Non, vous ne me laverez jamais les pieds. Si je ne vous lave, répliqua Jésus, vous n'aurez point de part avec moi.

9. Seigneur, lui dit Simon-Pierre, non-seulement les pieds, mais aussi les mains et la tête.

10. Celui qui sort du bain, lui dit Jésus, n'a plus besoin que de se laver les pieds, parce qu'il est pur : pour vous, vous êtes nets, mais non pas tous.

11. Car il savait qui était celui qui devait le trahir : et c'est pour cela qu'il avait dit : Vous n'êtes pas tous nets.

12. Après donc qu'il eût lavé les pieds, il reprit sa robe, et

ÉVANGILE TREIZIÈME.

Or, avant la fête de la Pâque, Jésus voyant que son heure est venue qu'il s'en aille de ce monde vers le Père, après avoir aimé les siens dans le monde, il les aime jusqu'à la fin. Et après le dîner, le Diable étant déjà entré dans le cœur de Judas Iscariote, (fils) de Simon, afin qu'il le trahit, Jésus sachant que Dieu lui avait tout donné dans les mains, et qu'il était sorti de Dieu et qu'il allait vers Dieu, il se lève du dîner et dépose ses habits; et ayant pris un linge, il s'en ceignit. Ensuite, il versa de l'eau dans un bassin et commença à laver les pieds des Disciples et les essuya avec le linge dont il était ceint. Lors donc qu'il eut lavé leurs pieds et qu'il eut repris ses habits, il leur dit: Savez-vous ce que je vous ai fait? Vous m'appellez le Maître et le Seigneur, et vous dites bien; car je (le) suis. Si donc je vous ai lavé les pieds

s'étant remis à table, il leur dit : Comprenez-vous ce que je viens de vous faire ?

13. Vous m'appelez Maître et Seigneur, et vous avez raison, car je le suis.

14. Si donc je vous ai lavé les pieds, tout Seigneur et tout Maître que je suis, vous aussi, vous devez vous laver les pieds l'un à l'autre.

15. Car je vous ai donné l'exemple, afin que vous vous fassiez les uns aux autres, comme je vous ai fait.

16. En vérité, en vérité, je vous le dis, le serviteur n'est point plus que son maître, ni celui qui est envoyé plus que celui qui l'a envoyé.

17. Si vous comprenez ces choses, vous serez heureux, pourvu que vous les pratiquiez.

18. Je ne parle pas de vous tous, car je sais qui sont ceux que j'ai choisis ; mais il faut que cette parole de l'Écriture s'accomplisse : Celui qui mange mon pain à ma table, levera le pied contre moi.

19. Je vous le dis dès maintenant, avant que la chose arrive, afin que quand elle sera arrivée, vous me reconnaissiez pour ce que je suis.

20. En vérité, en vérité, je vous le dis, qui recevra celui que j'aurai envoyé, me reçoit ; et qui me reçoit, reçoit celui qui m'a envoyé.

21. Jésus ayant dit ces paroles, fut troublé en lui-même ; puis il dit tout ouvertement : En vérité, en vérité, je vous le dis, un de vous me trahira.

22. Les Disciples se regardaient l'un l'autre, ne sachant de qui il parlait.

23. Or, il y avait un des Disciples couché sur le sein de Jésus : c'était celui que Jésus aimait.

24. Simon-Pierre lui fit signe de demander à Jésus de qui il parlait.

25. Ce Disciple s'étant donc penché sur le sein de Jésus, lui dit : Qui est-ce ?

26. Jésus répondit : C'est celui à qui je donnerai un morceau

(étant) le Seigneur et le Maître, et vous aussi, vous devez vous laver les pieds les uns des autres, car je vous ai donné un exemple afin que comme je vous ai fait, vous fassiez aussi. En vérité, en vérité, je vous dis, il n'est point d'esclave plus grand que son maître, ni d'envoyé plus grand que celui qui l'a envoyé. Si vous savez cela, vous êtes bien heureux, tant que vous le faites. De ce moment, je vous le dis avant qu'il n'arrive, afin que lorsqu'il arrivera, vous croyez que c'est moi; en vérité, en vérité, je vous dis qu'un de vous me trahira. Ils se regardèrent donc les uns les autres, incertains de qui il parlait. Or, un de ses Disciples, celui que Jésus aimait, était appuyé contre le sein de Jésus. Simon-Pierre fait signe à celui-ci de s'informer quel pouvait être celui dont il parlait. Or, étant appuyé contre la poitrine de Jésus, il lui dit : Seigneur, quel est-il ? Jésus répond : C'est celui à qui je donnerai le morceau après l'avoir trempé. Et ayant trempé le morceau, il le donne à Judas Iscariote (fils) de Simon. Et Judas prenait le morceau. Jésus lui dit : Ce que tu fais, fais (le) au plus vite. Or, nul de ceux qui étaient à table ne sut pourquoi il lui avait dit cela. Car quelques-uns croyaient que comme Judas avait

de pain trempé. Et ayant trempé du pain, il le donna à Judas Iscariot, fils de Simon.

27. Dès qu'il eut mangé ce morceau, Satan s'empara de lui. Et Jésus lui dit : Faites vîte ce que vous avez à faire.

28. Or, nul de ceux qui étaient à table ne sut ce qu'il lui voulut dire par ces paroles.

29. Car comme Judas avait la bourse, quelques-uns croyaient que Jésus lui avait dit : Achetez ce qui nous est nécessaire pour la fête ; ou, donnez quelque chose aux pauvres.

30. Judas donc n'eut pas plutôt pris le morceau, qu'il sortit : or, il était nuit.

31. Quand il fut sorti, Jésus dit : C'est maintenant que le Fils de l'homme est glorifié, et que Dieu est glorifié en lui.

32. Si Dieu est glorifié en lui, Dieu le glorifiera aussi en lui-même ; et ce sera bientôt qu'il le glorifiera.

33. Mes chers enfans, je ne suis plus avec vous que pour fort peu de temps. Vous me chercherez ; mais, comme j'ai dit aux Juifs, vous ne pourrez venir où je vais.

34. Je vous donne un commandement nouveau, c'est de vous aimer les uns les autres ; afin que comme je vous ai aimés, vous vous aimiez aussi mutuellement.

35. C'est à cette marque que tout le monde reconnaîtra que vous êtes mes Disciples, si vous avez de l'amour les uns pour les autres.

36. Simon-Pierre lui dit : Seigneur, où allez-vous ? Jésus lui répondit : Vous ne sauriez maintenant me suivre où je vais ; mais vous me suivrez dans la suite.

37. Pourquoi, lui dit Pierre, ne puis-je pas vous suivre dès à présent ? je donnerais ma vie pour vous.

38. Vous donneriez votre vie pour moi ! lui répondit Jésus. En vérité, en vérité, je vous le dis, le coq ne chantera point, que vous ne me renonciez trois fois.

la bourse, Jésus lui disait d'acheter ce dont nous avons besoin pour la fête, ou, qu'il donnât quelque chose aux pauvres. Ayant donc pris le morceau, il sortit promptement; et il était nuit.

CHAPITRE XIV.

1. Que votre cœur ne se trouble point. Vous croyez en Dieu ; croyez aussi en moi.

2. En la maison de mon Père, il y a aussi plusieurs demeures, si cela n'était ainsi, je vous l'aurais dit. Je vais vous préparer une place.

3. Et quand je m'en serai allé, et que je vous aurai préparé une place, je reviendrai, et je vous prendrai avec moi : afin que vous soyez aussi où je serai.

4. Vous savez où je vais ; et vous en savez le chemin.

5. Seigneur, lui dit Thomas, nous ignorons où vous allez : comment pourrions-nous en savoir le chemin ?

6. Jésus lui répondit : Je suis la voie, la vérité et la vie. Personne ne va au Père que par moi.

7. Si vous me connaissiez, vous connaîtriez aussi mon Père ; et vous le connaîtrez désormais, et même vous l'avez vu.

8. Philippe lui dit : Seigneur, montrez-nous le Père, et cela nous suffit.

9. Il y a si long-temps, lui répondit Jésus, que je suis parmi vous, et vous ne me connaissez pas encore ? Philippe, qui me voit, voit mon Père ; comment donc dites-vous : Montrez-nous le Père ?

10. Ne croyez-vous pas que je suis dans mon Père ? et que mon Père est en moi ? Les paroles que je vous dis, je ne vous les dis pas de moi-même ; et les œuvres que je fais, c'est mon Père qui habite en moi, qui les fait lui-même.

11. Ne croyez-vous pas que je suis dans mon Père ? et que mon Père est en moi ?

12. Simon, croyez-moi à cause de mes œuvres. En vérité, en vérité, je vous le dis, qui croit en moi, fera les œuvres que

ÉVANGILE QUATORZIÈME.

Lorsque Judas fut sorti, Jésus dit : Maintenant le Fils de l'homme a été glorifié, et Dieu a été glorifié en lui. Si Dieu a été glorifié en lui, Dieu aussi le glorifiera en lui-même, et bientôt il le glorifiera. Petits enfans, je suis encore un petit (moment) avec vous. Vous me chercherez, et comme je disais aux Juifs, vous ne pouvez venir où je vais, je vous dis aussi à présent. Je vous ai donné un commandement nouveau, (c'est) de vous aimer les uns les autres ; comme je vous ai aimés, (faites) que vous vous aimiez aussi les uns les autres. En cela, tous reconnaîtront que vous êtes mes Disciples, si vous avez de la charité les uns pour les autres. Judas s'en retourna où était Jésus ; mais Jésus continuant, dit : Que votre cœur ne soit pas troublé ; vous croyez en Dieu, et vous croyez en moi. Dans la maison de mon Père il y a plusieurs demeures ; sinon vous aurais-je dit : Je vais vous préparer une place ? Et si je vais, et que je vous prépare une place, je reviens de nouveau, et je vous attirerai vers moi, afin qu'où je suis, vous soyez aussi vous-mêmes. Et vous savez où je vais, et vous connaissez le chemin. Thomas lui dit : Seigneur, nous ne savons où tu vas, et comment pouvons-nous connaître le chemin. Jésus lui dit : Je suis la voie, la vérité et la vie ; personne ne va au Père que par moi. Si vous m'aviez

je fais ; il en fera même de plus grandes, parce que je vais à mon Père.

13. Tout ce que vous demanderez à mon Père en mon nom, je le ferai ; afin que le Père soit glorifié dans le Fils.

14. Quand vous me demanderez à moi-même quelque chose en mon nom, je le ferai.

15. Si vous m'aimez, gardez mes commandemens.

16. De mon côté, je prierai le Père, qui vous donnera un autre consolateur, pour demeurer avec vous éternellement.

17. Savoir, l'Esprit de vérité, que le monde ne peut recevoir, parce qu'il ne le voit, et qu'il ne le connaît pas ; mais vous, vous le connaîtrez, parce qu'il demeurera avec vous, et sera au-dedans de vous.

18. Je ne vous laisserai point orphelins ; mais je viendrai à vous.

19. Encore un peu de temps, et le monde ne me verra plus ; mais pour vous, vous me verrez, parce que je vivrai, et que vous vivrez aussi.

20. Alors vous connaîtrez que je suis en mon Père, que vous êtes en moi, et que je suis en vous.

21. Celui qui a reçu mes commandemens, et qui les garde, c'est celui-là qui m'aime. Or, celui qui m'aime, sera aimé de mon Père, et je l'aimerai, et je me ferai voir à lui.

22. Judas, non pas l'Iscariot, lui dit : Seigneur, pourquoi vous ferez-vous voir à nous, et non pas au monde?

23. Jésus lui répondit : Celui qui m'aime, gardera ma parole, et mon Père l'aimera, et nous viendrons chez lui, et nous y établirons notre demeure.

24. Celui qui ne m'aime point, ne garde point ma parole ; or, la parole que vous avez entendue, n'est pas la mienne, mais celle de mon Père, qui m'a envoyé.

25. Je vous dis ces choses, tandis que je suis encore avec vous.

26. Mais le consolateur, qui est l'Esprit-Saint que le Père vous enverra en mon nom, ce sera lui qui vous enseignera toutes choses, et vous fera ressouvenir de tout ce que je vous aurai dit.

27. Je vous laisse la paix, je vous donne ma paix. Je ne vous

connu, vous auriez connu mon Père, et de tout-à-l'heure vous le connaissez et vous l'avez vu. Philippe lui dit : Seigneur, montrez-nous le Père, et il nous suffit. Jésus lui dit : (Depuis) aussi long-temps que je suis avec vous, et tu ne m'as pas connu, Philippe ? celui qui m'a vu a vu le Père. Et pourquoi me dis-tu : Montre-nous le Père ? ne crois-tu pas que je suis dans le Père, et que le Père est en moi. Les paroles que j'ai dites, je ne les ai point dites d'après moi ; mais le Père qui demeure en moi fait lui-même les actions. Croyez-moi, que (je suis) dans le Père, et que le Père est en moi ; sinon, croyez à moi à cause des actions elles-mêmes. En vérité, en vérité, je vous dis, celui qui croit en moi, celui-là fera les actions que je fais, et il en fera de plus grandes encore, parce que je vais vers mon Père. Tout ce que vous demanderez à mon Père, en mon nom, je le ferai, afin que le Père soit glorifié dans le Fils. Tout ce que vous demanderez en mon nom, je le ferai ; si vous m'aimez, vous garderez mes commandemens. Et moi, je demanderai au Père, et il vous donnera un consolateur, afin qu'il demeure avec vous pour l'éternité. (C'est) l'esprit de la vérité que le monde ne peut recevoir, parce qu'il ne le voit pas, et qu'il ne le connaît pas. Pour vous, vous le connaissez, parce qu'il demeure près de vous, et que dans peu il sera en vous. Je ne vous laisserai pas orphelins ; je viens, et le monde ne me voit plus ; pour vous, vous me voyez, parce que je vis et que vous vivrez ; en ce jour-là, vous connaîtrez que je (suis) en mon Père, et vous en moi, et moi en vous. Celui qui a mes commandemens, et qui les observe,

la donne pas comme le monde la donne. Que votre cœur ne se trouble point, et qu'il ne craigne rien.

28. Vous avez ouï que je vous ai dit : Je m'en vais, et je reviens à vous : si vous m'aimiez, vous vous réjouiriez sans doute de ce que je m'en retourne à mon Père, parce que mon Père est plus grand que moi.

29. Et maintenant, je vous le dis avant que la chose arrive, afin que quand elle sera arrivée, vous la croyiez.

30. Je ne m'entretiendrai plus guère avec vous ; car le Prince de ce monde vient : il n'a aucun pouvoir sur moi.

31. Mais c'est afin que le monde connaisse que j'aime mon Père, et que je fais ce qu'il m'a ordonné. Levez-vous, et sortons d'ici.

celui-là m'aime, et celui qui m'aime sera aimé de mon Père, et je l'aimerai, et je me manifesterai moi-même à lui. Judas (ce n'était pas Iscariote) lui dit : Seigneur, comment se fait-il que tu doives te découvrir à nous et non au monde ? Jésus répondit, et lui dit : Si quelqu'un m'aime, il gardera ma parole, et mon Père l'aimera, et nous viendrons à lui, et nous ferons en lui une demeure. Celui qui ne m'aime pas ne garde pas mes paroles, et la parole que vous entendez n'est pas la mienne, mais (celle) du Père, qui m'a envoyé. Je vous ai dit cela en demeurant au milieu de vous. Quant au consolateur, l'Esprit-Saint, que mon Père enverra à cause de moi, celui-là vous enseignera tout, et vous rappellera tout ce que je vous ai dit. Je vous envoie (la) paix, et je vous donne ma paix ; je vous la donne, non comme le monde la donne. Que votre cœur ne soit point troublé, qu'il ne craigne pas. Vous avez entendu ce que je vous ai dit : je m'en vais et je viens vers vous ; si vous m'aimiez, vous vous réjouiriez de ce j'ai dit : Je vais vers le Père, parce que mon Père est plus grand que moi. Et maintenant, je vous l'ai dit avant que cela n'arrive, afin que lorsque cela arrivera vous croyiez. Je ne dirai plus beaucoup de choses avec vous, car le Prince du monde vient, et il n'a rien en moi ; afin que le monde connaisse que j'aime le Père, et selon que le Père m'a ordonné, ainsi je fais. Levez-vous, allons-nous-en d'ici ; et ils s'en allèrent.

CHAPITRE XV.

1. JE suis la vraie vigne, et mon Père le vigneron.

2. Toute branche qui est en moi sans porter de fruit, il la retranchera, et il émondera celle qui porte du fruit, afin qu'elle en porte encore davantage.

3. Pour vous, vous êtes déjà nets, à cause de la parole que je vous ai annoncée.

4. Demeurez en moi, et je demeurerai en vous. Comme une branche ne peut porter du fruit d'elle-même, si elle ne demeure attachée au cep, vous n'en pouvez non plus porter, si vous ne demeurez attachés en moi.

5. Je suis la vigne, et vous en êtes les branches. Celui qui demeure en moi, et en qui je demeure, porte beaucoup de fruit; car sans moi, vous ne pouvez rien faire.

6. Celui qui ne demeure pas en moi, sera jeté dehors comme un sarment inutile : il séchera, on le ramassera, et on le jetera au feu pour brûler.

7. Si vous demeurez en moi, et que mes paroles demeurent en vous, vous demanderez tout ce que vous voudrez, et vous l'obtiendrez.

8. La gloire de mon Père est que vous rapportiez beaucoup de fruit, et que vous soyez mes Disciples.

9. Comme mon Père m'a aimé, je vous ai aimés aussi : maintenez-vous dans mon amour.

10. Si vous gardez mes commandemens, vous demeurerez dans mon amour, comme j'ai moi-même gardé les commandemens de mon Père, et que je demeure dans son amour.

ÉVANGILE QUINZIÈME.

Ils continuaient donc de marcher. Jésus s'étant tourné vers ses Disciples, leur dit : Vous avez entendu ce que je vous ai dit : je suis la véritable vigne, et mon Père est le vigneron. Tout sarment en moi qui ne porte pas de fruit, il l'ôte, et tout sarment qui porte fruit, il l'émonde, afin qu'il porte plus de fruit. Déjà vous êtes purifiés par la parole que je vous ai dite : Demeurez en moi, et moi en vous. Comme le sarment ne peut porter de fruits de lui-même, à moins qu'il ne reste dans la vigne, il en est de même de vous, à moins que vous ne restiez en moi ; je suis la vigne, vous êtes les branches. Celui qui demeure en moi, et moi aussi (je demeure) en lui : celui-là porte beaucoup de fruit. Si quelqu'un ne demeure en moi, il a été jeté dehors comme le sarment, et il s'est desséché, et les (branches) sont rassemblées et jetées au feu, et elles brûlent. Si vous demeurez en moi, et (si) mes paroles demeurent en vous, ce que vous voudrez demander, il vous arrivera. En cela, mon Père a été glorifié, afin que vous portiez beaucoup de fruits, et que vous deveniez mes Disciples. Selon que le Père m'a aimé, moi aussi je vous ai aimés ; demeurez dans mon amour. Si vous observez mes commandemens, vous demeurerez en l'amour de moi ; selon que j'ai observé les commandemens de mon Père, aussi je

11. Je vous ai dit ces choses, afin que ma joie demeure en vous et que votre joie soit parfaite.

12. C'est là mon commandement, que vous vous aimiez les uns les autres, comme je vous ai aimés.

13. Personne ne peut donner un plus grand témoignage d'amour, que de donner sa vie pour ses amis.

14. Vous êtes mes amis, si vous faites les choses que je vous ai ordonnées.

15. Je ne vous nommerai plus serviteurs, parce que le serviteur n'a point connaissance de ce que fait son maître : mais je vous ai appelés mes amis, parce que je vous ai fait connaître tout ce que j'ai appris de mon Père.

16. Ce n'est pas vous qui m'avez choisi : c'est moi qui vous ai choisis : et je vous ai établis, afin que vous alliez, que vous fassiez du fruit, et que votre fruit soit de durée ; afin aussi que tout ce que vous demanderez à mon Père en mon nom, il vous l'accorde.

17. Ce que je vous recommande, c'est que vous vous aimiez les uns les autres.

18. Si le monde vous haït, sachez qu'il m'a haï avant vous.

19. Si vous étiez du monde, le monde aimerait ce qui serait à lui ; mais parce que vous n'êtes pas du monde, et que je vous ai séparés, c'est pour cela que le monde vous haït.

20. Souvenez-vous de ce que je vous ai dit : Le serviteur n'est pas plus que son maître. Comme on m'a persécuté, on vous persécutera aussi : comme on a épié mes paroles, on épiera aussi les vôtres.

21. Mais ils vous feront toutes ces choses en haîne de mon nom, parce qu'ils ne connaissent pas celui qui m'a envoyé.

22. Si je n'étais pas venu, et que je ne leur eusse point parlé, ils n'auraient point de péché ; mais maintenant leur faute est sans excuse.

23. Celui qui me haït, haït aussi mon Père.

24. Si je n'eusse point fait, pendant que j'ai été parmi eux, des œuvres qu'aucun autre n'a faites, ils seraient innocens ; mais

demeure en l'amour de lui. Je vous ai dit cela, afin que ma joie demeure en vous, et que votre joie soit comblée. Voici le commandement (qui est) le mien, que vous vous aimiez les uns les autres, comme je vous ai aimés. Nul n'a un amour plus grand, que de donner sa propre vie pour ses amis. Vous êtes mes amis, si vous faites ce que je vous ordonne. Je ne vous appelle plus esclaves, parce que l'esclave ne sait pas ce que fait le maître. Je vous appelle amis, parce que tout ce que j'ai appris de mon Père, je vous l'ai fait connaître, et je vous donnerai l'Esprit-Saint, qui est mon Esprit, comme il est l'Esprit de mon Père. Vous ne m'avez pas choisi, mais, moi, je vous ai choisis, et je vous ai constitués afin que vous marchiez, et que vous rapportiez du fruit, et que votre fruit demeure, et que tout ce que vous demanderez au Père, en mon nom, il vous le donne. Ce que je vous ordonne, c'est de vous aimer les uns les autres. Si le monde vous haït, sachez qu'il m'a haï avant vous. Si vous étiez du monde, le monde aimerait sa propriété ; parce que vous n'êtes pas du monde, mais que je vous ai choisis (hors) du monde, c'est pour cela que le monde vous haït. Souvenez-vous de la parole que je vous ai dite : Qu'un esclave n'est pas plus grand que son maître. S'ils m'ont poursuivi, ils vous poursuivent aussi ; s'ils ont gardé ma parole, ils garderont aussi la vôtre ; mais tout ce qu'ils vous feront, à cause de mon nom, (c'est) parce qu'ils ne connaissent pas celui qui m'a envoyé. Si je n'étais pas venu, et que je ne leur eusse pas parlé, ils n'auraient point eu de péché ; mais à présent, ils n'ont point d'excuse pour leur

maintenant, ils ne le sont point, puisque les ayant vues, ils ne laissent point de haïr et moi et mon Père.

25. Ainsi s'est trouvée accomplie la parole qui est écrite en leur loi : Ils m'ont haï sans sujet.

26. Mais quand le consolateur que je vous enverrai de la part de mon Père, l'Esprit de vérité qui procède de mon Père, sera venu, il rendra témoignage de moi.

27. Et vous aussi, vous en rendrez témoignage, parce que vous avez été dès le commencement avec moi.

péché : quiconque me haît, haît aussi mon Père. Si je n'avais pas fait au milieu d'eux ce que nul autre n'a fait, ils n'auraient point de péché ; mais à présent ils ont vu, et ils haïssent et moi et mon Père. Mais c'est pour accomplir la parole qui est écrite dans leur loi : Ils m'ont haï sans raison. Mais lorsque le Paraclet, l'Esprit de la vérité, qui procède du Père et du Fils, et que je vous donnerai de la part de mon Père, sera venu en vous, celui-là rendra témoignage de moi. Or, vous, vous rendrez aussi témoignage, parce que vous êtes avec moi dès le commencement. Alors Jésus tomba dans une grande tristesse.

CHAPITRE XVI.

1. JE vous ai dit ces choses, afin que vous ne perdiez point courage.

2. On vous chassera des Synagogues : bien plus, le temps vient que quiconque vous fera mourir, croira rendre un service agréable à Dieu.

2. Ils vous traiteront de la sorte, parce qu'ils n'ont connu ni mon Père, ni moi.

4. Or, je vous ai dit ces choses, afin que quand ce temps viendra, vous vous souveniez que je vous les ai prédites.

5. Si je ne vous ai point parlé dès le commencement, c'est parce que j'étais encore avec vous pour quelque temps. Mais maintenant que je m'en vais à celui qui m'a envoyé, personne de vous ne me demande : Où allez-vous ?

6. Mais parce que je vous ai dit ces choses, la tristesse a rempli votre cœur.

7. Je vous dis pourtant la vérité; il vous est avantageux que je m'en aille : car si je ne m'en vais point, le consolateur ne viendra point à vous ; mais si je m'en vais, je vous l'enverrai.

8. Et quand il sera venu, il convaincra le monde de péché, de justice et de jugement.

9. De péché, parce qu'ils n'ont point cru en moi.

10. De justice, parce que je m'en vais à mon Père et que bientôt vous ne me verrez plus.

11. Et de jugement, parce que le Prince de ce monde est condamné.

12. J'ai encore beaucoup d'autres choses à vous dire, mais vous n'êtes pas présentement capables de les comprendre.

13. Mais quand il sera venu, l'Esprit de vérité, il vous enseignera toutes les vérités ; car il ne parlera pas de lui-même, mais

ÉVANGILE SEIZIÈME.

Mais Jésus étant revenu à lui, dit : Je vous ai dit cela, afin que vous ne soyez pas scandalisés ; ils vous chasseront de la Synagogue, mais l'heure viendra où celui qui vous aura fait mourir croira offrir un sacrifice à Dieu. Et ils vous feront cela, parce qu'ils n'ont connu ni le Père, ni moi. Mais je vous ai dit cela, afin que lorsque l'heure sera venue, vous vous souveniez de ce que je vous ai dit. Or, je ne vous l'ai pas dit dès le commencement, parce que j'étais avec vous ; mais maintenant je vois celui qui m'a envoyé, et nul de vous ne me demande : Ou vas-tu ? Mais parce que je vous ai dit cela, la douleur a rempli votre cœur ; mais je vous dis la vérité. Il vous importe que je m'en aille, car si je ne m'en vais pas, le Paraclet ne viendra nullement vers vous ; mais lorsque je serai parti, il viendra en vous ; il convaincra le monde au sujet de péché, de justice et de jugement. Au sujet de péché, parce qu'ils ne croient pas en moi ; au sujet de justice, parce que je m'en vais vers mon Père, et que vous ne me verrez plus ; au sujet de jugement, parce que le Prince de ce monde est jugé. J'ai encore beaucoup de choses à vous dire, mais vous ne pouvez les soutenir à présent ; mais lorsque sera venu l'Esprit de la vérité, il vous conduira vers toute la vérité, car il ne parlera pas d'après lui-même, mais tout ce tout ce qu'il aura appris, il le dira, et il vous annoncera les choses à venir.

14. C'est lui qui me glorifiera, parce qu'il recevra de ce qui est à moi, et qu'il vous l'annoncera.

15. Tout ce qu'a mon Père est à moi ; c'est pourquoi je vous ai dit : Il recevra de ce qui est à moi, et vous l'annoncera.

16. Dans peu de temps, vous ne me verrez plus, puis encore un peu de temps, et vous me verrez ; après quoi je m'en vais à mon Père.

17. Là-dessus quelques-uns de ses Disciples se dirent les uns aux autres : Que signifie ce qu'il nous dit là : Dans peu de temps vous ne me verrez plus, puis dans peu de temps après vous me verrez, après quoi je m'en vais à mon Père.

18. Que signifie, disaient-ils, ce peu de temps dont il nous parle ? nous n'entendons point ce qu'il dit.

19. Mais Jésus, connaissant qu'ils voulaient l'interroger là-dessus, leur dit : Vous vous demandez les uns aux autres ce que je vous ai voulu dire par ces paroles : Dans peu de temps, vous ne me verrez plus, et peu de temps après vous me verrez.

20. En vérité, en vérité, je vous le dis, vous pleurerez et vous vous lamenterez, et le monde se réjouira : vous serez dans la tristesse ; mais votre tristesse se changera en joie.

21. Quand une femme accouche, elle souffre, parce que son terme est venu ; mais quand elle a enfanté un fils, elle ne se souvient plus de ses tranchées, dans la joie d'avoir mis au monde un homme.

22. Vous de même, vous êtes maintenant dans la tristesse ; mais je vous verrai encore, et alors votre cœur se réjouira, et personne ne pourra vous ravir votre joie ; et alors vous ne m'interrogerez plus sur rien.

23. En vérité, en vérité, je vous le dis, si vous demandez quelque chose à mon Père en mon nom, il vous l'accordera.

24. Jusqu'ici vous n'avez rien demandé en mon nom : demandez, et vous recevrez, afin que votre joie soit parfaite.

25. Je vous ai dit ces choses en termes figurés ; mais le temps

qu'il aura entendu, il le dira, et il vous annoncera ce qui arrivera. Celui-là me glorifiera, parce qu'il recevra de ce qui est mien, et il vous (l') annoncera. Tout ce que mon Père a, est à moi, et tout ce que j'ai est à l'Esprit. Encore un moment, et vous ne me verrez pas, et encore un moment, et vous me verrez, parce que je vais vers mon Père. (Quelques-uns) de ses Disciples se disaient donc les uns aux autres : Qu'est-ce qu'il nous dit là : Un moment, et vous ne me verrez pas, et encore un moment, et vous me verrez, et je m'en vais vers mon Père ? ils disaient donc : Qu'entend-il par le moment ? nous ne savons ce qu'il dit. Jésus s'aperçut donc de ce qu'ils voulaient lui demander, et il leur dit : Vous cherchez à savoir les uns des autres de ce que j'ai dit : Un moment, et vous ne me verrez pas, et encore un moment, et vous me verrez. En vérité, en vérité, je vous dis, vous, vous pleurerez et vous vous lamenterez, mais le monde se réjouira ; vous serez dans l'affliction, mais votre affliction se tournera en joie. Lorsque la femme enfante, elle a de l'affliction, parce que son heure est venue ; mais lorsque l'enfant est né, elle ne se souvient plus de son affliction, à cause de la joie de ce qu'un homme est venu au monde. Et vous, maintenant, vous avez, à la vérité, de la douleur, mais je vous verrai de nouveau, et votre cœur se réjouira ; et personne ne vous enlevera votre joie. Et en ce jour-là, vous ne me demanderez rien. En vérité, en vérité, je vous dis, tout ce que vous demanderez au Père, en mon nom, vous l'aurez, et vous le recevrez, afin que votre joie soit comblée. Je vous ai dit cela en paraboles, mais il viendra un vient où je ne vous parlerai plus en énigmes ; mais je vous parlerai ouvertement de mon Père.

26. En ce jour-là vous demanderez en mon nom, et je ne vous dis point que je prierai mon Père pour vous.

27. Car mon Père même vous aime, parce que vous m'avez aimé, et que vous avez cru que je suis venu de la part de Dieu.

28. Je suis sorti de mon Père, et je suis venu au monde, maintenant je laisse le monde, et je m'en vais à mon Père.

29. Ses Disciples lui dirent : C'est à cette heure que vous nous parlez clairement, et que vous ne proposez plus d'énigme.

30. Présentement, nous sommes convaincus que vous savez toutes choses, et il n'est pas besoin que personne vous interroge. C'est pour cela que nous croyons que vous êtes sorti de Dieu.

31. Jésus leur répondit : Vous croyez maintenant ;

32. Mais le temps vient, et il est déjà venu, que vous serez tous dispersés, chacun de son côté, et que vous me laisserez tout seul ; mais je ne suis pas seul, car mon Père est avec moi.

33. Je vous ai dit ces choses, afin que vous soyez tranquilles sur mon sujet. Vous aurez à souffrir dans le monde ; mais ayez bon courage, j'ai vaincu le monde.

temps où je ne vous parlerai plus en paraboles, mais où je vous annoncerai ouvertement touchant le Père. En ce jour-là, vous demanderez en mon nom, et je ne vous dis pas que je demanderai au Père pour vous, car le Père lui-même vous aime, parce que vous m'avez aimé, et que vous avez cru que je suis venu de Dieu. Je suis venu du Père, et je suis venu dans le monde ; de nouveau je quitte le monde, et je vais vers le Père. Ses Disciples lui dirent : Voilà, tu parles maintenant ouvertement, et tu ne dis plus de paraboles. Maintenant, nous voyons que tu sais tout, et que tu n'as pas besoin que quelqu'un t'interroge. En cela, nous croyons que tu es sorti de Dieu. Jésus leur répondit : Vous croyez à présent ! voilà l'heure qui vient, et maintenant elle est venue que vous serez chacun dispersés de votre côté, et vous me laisserez aller seul ; et je ne suis pas seul, parce que le Père est avec moi. Je vous ai dit cela, afin que vous ayez la paix en moi. Vous aurez de la tribulation dans le monde ; mais prenez confiance, j'ai vaincu le monde.

CHAPITRE XVII.

1. Jésus parla ainsi, puis il leva les yeux au Ciel, et dit : Mon Père, l'heure est venue, glorifiez votre Fils, afin que votre Fils vous glorifie :

2. Puisque vous lui avez assujetti tous les hommes, afin qu'il donne la vie éternelle à tous ceux que vous lui avez donnés.

3. Or, la vie éternelle, c'est de vous reconnnaître pour le seul vrai Dieu, et Jésus-Christ, que vous avez envoyé.

4. Je vous ai glorifié sur la terre, et j'ai achevé l'œuvre que vous m'avez donnée à faire.

5. Maintenant donc, mon Père, glorifiez-moi auprès de vous, de la même gloire que j'ai eue en vous, avant que le monde fût fait.

6. J'ai fait connaître votre nom aux hommes que vous m'avez donnés et séparés du monde. Ils étaient à vous, et vous me les avez donnés ; et ils ont gardé votre parole.

7. Ils savent maintenant que tout ce que vous m'avez donné, vient de vous.

8. Car je leur ai communiqué les vérités que vous m'aviez confiées, et ils les ont reçues ; ils ont vraiment connu que je suis sorti de vous, et ils ont cru que vous m'avez envoyé.

9. C'est pour eux que je prie : je ne prie pas pour le monde, mais pour ceux-ci que vous m'avez donnés, parce qu'ils sont à vous.

10. Car tout ce qui est à moi, est à vous, comme tout ce qui est à vous est à moi ; et j'ai été glorifié par eux.

11. Bientôt je ne serai plus au monde : mais pour eux, ils sont en ce monde, et je vais à vous. Père saint, gardez en votre nom ceux que vous m'avez donnés, afin qu'ils soient un entre eux, comme nous sommes un.

ÉVANGILE DIX-SEPTIÈME.

Jésus dit cela, et il leva ses yeux vers le Ciel, et dit : Père, l'heure est venue, glorifie ton Fils, afin que ton Fils te glorifie. Selon que tu m'as donné pouvoir sur toute chair, afin qu'il donne une vie éternelle à tout ce que tu lui as donné ; or, la vie elle-même consiste à vivre en toi et en ton Fils, et en l'Esprit, par qui nous connaissons et nous sommes connus. Je t'ai glorifié sur la terre, j'ai accompli l'œuvre que tu m'as donné à faire ; et maintenant, toi, Père, glorifie-moi en toi-même de cette gloire que j'ai eue éternellement par toi. J'ai manifesté ton nom aux hommes que tu m'as donnés de ce monde : ils étaient à toi, et tu me les a donnés ; et ils ont gardé ta parole ; maintenant, ils ont reconnu que tout ce que tu m'as donné est de toi, parce que toutes les paroles que tu m'as données, je (les) leur ai données, et eux-mêmes ils les ont reçues et ont reconnu véritablement que je suis sorti de toi, et ils ont cru que tu m'as envoyé. Moi, je prie pour eux ; ce n'est pas pour le monde que je prie, mais pour ceux que tu m'as donnés, parce qu'ils sont à toi. Et tout ce qui est mien est tien, et ce qui est tien est mien, et, en cela, je suis glorifié. Et je ne suis plus en le monde, et ceux-ci sont en le monde, et je viens vers toi. Père saint, conserves en ton nom ceux que tu m'as donnés, afin qu'ils soient un comme nous.

12. Pendant que j'etais avec eux, je les gardais en votre nom : j'ai gardé ceux que vous m'avez donnés, et il n'y a eu de perdu que le Fils de perdition, afin que l'Écriture fût accomplie.

13. Mais maintenant je vais à vous ; et je dis ceci étant encore dans le monde, afin qu'ils ressentent déjà en eux-mêmes la joie que je leur promets.

14. Je leur ai communiqué votre parole, et le monde les a haïs, parce qu'ils ne sont point du monde, comme je n'en suis pas non plus.

15. Je ne vous prie pas de les retirer du monde, mais de les préserver du mal.

16. Ils ne sont pas du monde, comme je ne suis pas non plus du monde.

17. Sanctifiez-les par votre vérité : car votre parole est la vérité.

18. Comme vous m'avez envoyé dans le monde, je les ai aussi envoyés dans le monde.

19. Et je me sanctifie moi-même pour eux, afin qu'ils soient sanctifiés par la vérité.

20. Ce n'est pas seulement pour eux que je prie, mais encore pour tous ceux qui croiront en moi par leur parole :

21. Afin que tous ensemble ils ne soient qu'un. Comme vous, ô mon Père! vous êtes en moi, et moi en vous, qu'ils soient tous un en nous, et que par-là le monde croie que vous m'avez envoyé.

22. Et je leur ai donné la gloire que vous m'avez donnée, afin qu'ils soient un, comme nous sommes un.

23. Je suis en eux, et vous êtes en moi ; afin qu'ils soient consommés en l'unité, et que le monde connaisse que c'est vous qui m'avez envoyé, et que vous les avez aimés, comme vous m'avez aimé.

24. Mon Père, je désire que là où je suis, ceux que vous m'avez donnés y soient avec moi, afin qu'ils voient la gloire que vous m'avez donnée, parce que vous m'avez aimé avant la création du monde.

25. Père juste, le monde ne vous a point connu, mais moi je

Lorsque j'étais avec eux dans le monde, je les conservais en ton nom; j'ai gardé (ceux) que tu m'as donnés, et nul d'eux n'a péri, sinon le Fils de la perdition. Or, maintenant, je vais vers toi, et je dis cela dans le monde, afin qu'ils aient à eux ma joie et qu'ils en soient comblés. Je leur ai donné ta parole, et le monde les a haïs, parce qu'ils ne sont pas du monde, comme je ne suis pas du monde. Je ne demande pas que tu les ôtes du monde, mais que tu les préserves du méchant; ils ne sont pas du monde, comme je ne suis pas du monde. Sanctifie-les en ta vérité : ta parole est vérité. Comme tu m'as envoyé dans le monde, moi aussi je les ai envoyés dans le monde, et pour eux je me sanctifie moi-même, afin qu'eux-mêmes soient sanctifiés en vérité. Mais ce n'est pas seulement pour eux que je prie, mais encore pour ceux qui croient en moi par leur parole, afin que tous ne fussent qu'un, comme toi, Père, en moi, et moi en toi, afin qu'eux soient un pour que le monde croie que tu m'as envoyé. Et je leur ai donné la gloire que tu m'as donnée, afin qu'ils ne soient qu'un, comme nous ne faisons qu'un. Je (suis) en eux, et toi en moi, afin qu'ils soient perfectionnés en une seule chose, et que le monde connaisse que tu m'as envoyé, et que tu les as aimés comme tu m'as aimé. Père, ceux que tu m'as donnés, je veux qu'où je suis, ceux-là soient aussi avec moi, afin qu'ils contemplent ta gloire, celle que tu m'as donnée, parce que tu m'as aimé avant tout. Père juste, le monde ne t'a point connu; pour moi, je t'ai connu, et ceux-ci ont connu que tu m'as envoyé, et je leur ai fait connaître ton nom, et je (le) ferai connaître afin

vous ai connu, et ceux-ci ont reconnu que vous m'avez envoyé.

26. Je leur ai fait connaître votre nom, et je le leur ferai encore connaître, afin qu'ils aient part à l'amour dont vous m'avez aimé, et que je sois aussi en eux.

que l'amour dont tu m'as aimé soit en eux, et moi en eux. Cependant, Jésus ayant levé les mains, dit à ses Disciples : Voici que l'heure est venue de boire le calice que le Père m'a donné; je m'en vais vers mon Père, qui m'a envoyé, et je vous dis, je vous envoie de nouveau; observez mes commandemens; enseignez ce que je vous ai enseigné, afin que le monde le connaisse. C'est pourquoi recevez l'Esprit-Saint, et ceux dont vous aurez remis les péchés, ils leur seront remis; et ceux dont vous les aurez retenus, ils leur seront retenus. Vous avez entendu ce que je vous ai dit : Je ne suis pas de ce monde. Le Paraclet est en vous, enseignez en le Paraclet. Comme mon Père m'a envoyé, ainsi je vous envoie. En vérité, je vous dis, je ne suis pas de ce monde; mais Jean sera votre père, jusqu'à ce qu'il vienne avec moi dans le Paradis; et il les oignit en le Saint-Esprit.

CHAPITRE XVIII.

1. Jésus ayant dit ces choses, s'en alla avec ses Disciples au-delà du torrent de Cédron, en un lieu où il y avait un jardin, dans lequel il entra, et ses Disciples avec lui.

2. Or, Judas qui le trahissait, connaissait aussi ce lieu-là, parce que Jésus s'y trouvait souvent avec ses Disciples.

3. Judas ayant donc pris une compagnie de soldats, et des officiers de la part des Pontifes et des Pharisiens, vint à ce jardin avec des lanternes, des flambeaux et des armes.

4. Mais Jésus qui savait ce qui lui devait arriver, s'avança, et leur dit : Qui cherchez-vous ?

5. Ils lui répondirent : Jésus de Nazareth. C'est moi, leur dit Jésus. Et Judas, qui le trahissait, était aussi avec eux.

6. Mais Jésus ne leur eut pas plutôt dit, c'est moi, qu'ils tombèrent à la renverse.

7. Il leur demanda de rechef : Qui cherchez-vous ? et ils dirent Jésus de Nazareth.

8. Jésus leur répondit : Je vous ai dit que c'est moi. Si donc c'est moi que vous cherchez, laissez aller ceux-ci.

9. C'était afin que ce qu'il avait dit fût acompli : Je n'ai perdu aucun de ceux que vous m'avez donnés.

10. Cependant Simon-Pierre qui avait une épée, la tira et en frappa un serviteur du Pontife, et lui coupa l'oreille droite : ce serviteur se nommait Malchus.

11. Mais Jésus dit à Pierre : Remettez votre épée dans le fourreau. Ne faut-il pas que je boive le calice que mon Père m'a donné ?

12. Alors la compagnie des soldats, le capitaine et les officiers des Juifs se saisirent de Jésus, le lièrent,

13. Et le menèrent premièrement chez Anne : car il était

ÉVANGILE DIX-HUITIÈME.

Ayant dit cela, Jésus s'en alla avec ses Disciples au-delà du torrent de Cédron, où était un jardin, dans lequel il entra lui et ses Disciples. Mais Judas le voyant dans ce lieu, s'en alla de nouveau, et ayant pris avec lui la cohorte et des valets des Prêtres et des Pharisiens, il vint là avec des lanternes, des flambeaux et des armes. Jésus donc voyant tout ce qui venait contre lui, leur dit en sortant : Qui cherchez-vous? Ils lui répondirent : Jésus le Nazaréen. Jésus leur dit : C'est moi. Or, avec eux se tenait aussi Judas qui le trahissait. Lors donc qu'il leur eut dit : C'est moi, ils s'en allèrent en arrière et tombèrent à terre. Il les interrogea donc de nouveau : Qui cherchez-vous? Mais ils dirent : Jésus le Nazaréen. Jésus répondit : Je vous ai dit que c'est moi. Si donc vous me cherchez, laissez aller ceux-ci, afin que la parole qu'il avait dite fût accomplie : Et ceux que tu m'as donnés, je n'en ai pas perdu aucun. Ainsi donc la cohorte et le chiliarque, et les valets des Juifs, s'emparèrent de Jésus, et le lièrent, et ils l'emmenèrent chez Anne d'abord : il était beau-père de Caïapha, qui était Pontife cette année-là. Or, c'était Caïapha qui avait conseillé aux Juifs qu'il importait qu'un homme mourût pour le peuple; mais Simon-Pierre, et un autre Disciple, suivaient Jésus. Or, ce Disciple-là était connu

beau-père de Caïphe, qui était souverain Prêtre cette année-là.

14. C'était ce même Caïphe qui avait donné ce conseil aux Juifs, qu'il était de leur intérêt qu'un homme mourût pour le peuple.

15. Cependant Simon-Pierre suivait Jésus, et un autre Disciple avec lui ; et comme ce Disciple était connu du Pontife, il entra dans sa cour en même temps que Jésus,

16. Pendant que Pierre demeurait dehors à la porte. Mais cet autre Disciple qui était connu du Pontife, sortit, et ayant parlé à la portière, elle fit entrer Pierre.

17. Cette servante donc qui servait de portière, dit à Pierre : Et vous, n'êtes-vous pas des Disciples de cet homme ? Je n'en suis point, dit-il.

18. Les serviteurs et les officiers étaient devant le feu, parce qu'il faisait froid, et ils se chauffaient : Pierre était aussi debout avec eux qui se chauffait.

19. Cependant le Pontife interrogea Jésus sur ses Disciples, et sur sa doctrine.

20. Jésus lui répondit : J'ai parlé publiquement au monde ; j'ai toujours enseigné dans la Synagogue et dans le Temple, où tous les Juifs s'assemblent, et je n'ai rien dit en cachette.

21. Pourquoi m'interrogez-vous ? interrogez ceux qui m'ont ouï, de quoi je leur ai parlé : ils savent bien ce que j'ai dit.

21. A peine Jésus eût-il dit cela, qu'un des officiers qui était-là présent, lui donna un soufflet, en lui disant : Est-ce ainsi que vous répondez au Pontife ?

23. Jésus leur répondit : Si j'ai mal parlé, faites voir ce que j'ai dit de mal ; mais si j'ai bien dit, pourquoi me frappez-vous ?

24. Or, Anne l'avait envoyé lié à Caïphe, qui était souverain Prêtre.

25. Comme donc Simon-Pierre était là à se chauffer, ils lui dirent : Et vous, n'êtes-vous pas aussi un de ses Disciples ? Il le nia et dit : Je n'en suis point.

26. Un des serviteurs du Pontife, parent de celui à qui Pierre avait coupé l'oreille : lui dit : Ne vous ai-je pas vu dans le jardin avec lui ?

du Pontife, et il entra avec Jésus dans la cour de ce Pontife ; or, Pierre se tenait devant la porte en dehors. L'autre Disciple, qui était connu du Pontife, sortit donc, et il parla au portier, et il introduisit Pierre. La servante portière dit à Pierre : N'es-tu pas aussi des Disciples de cet homme? Il dit : Je ne (le) suis pas. Or, les esclaves et les serviteurs qui avaient allumé du feu, se tenaient debout, parce qu'il faisait froid, et ils se chauffaient. Or, avec eux était Pierre, se tenant debout et se chauffant. Le Pontife interrogea donc Jésus sur ses Disciples et sur sa doctrine; Jésus lui répondit : J'ai parlé au monde publiquement ; j'ai toujours enseigné dans la Synagogue et dans le Temple, où les Juifs se rassemblent de toutes parts, et je n'ai rien dit en cachette. Pourquoi m'interroges-tu ? demande à ceux qui ont entendu ce que je leur ai dit : voilà, ceux-ci savent ce que j'ai dit. Mais ayant dit cela, un des serviteurs qui étaient présens donna un soufflet à Jésus, en disant : Est-ce ainsi que tu réponds au Pontife? Jésus lui répondit : Si j'ai mal parlé, rends témoignage du mal, mais si (j'ai parlé) bien, pourquoi me frappes-tu ? Anne le renvoya donc lié à Caïapha, le Pontife. Or, Simon-Pierre était debout et se chauffait. Ils lui dirent donc : N'es-tu pas aussi de ses Disciples ? Il dit : Je ne (le) suis pas. Un des esclaves du Grand-Prêtre dit : Ne t'ai-je pas vu dans le jardin avec lui ? Pierre nia donc de nouveau. Ils conduisirent donc Jésus de chez Caïapha au prétoire. Or, il était matin, et eux-mêmes n'entraient point dans le prétoire, afin de ne pas se souiller, mais afin de manger la Pâque. Pilate sortit donc vers eux, et dit : Quelle accusation

27. Pierre le nia encore : et aussitôt le coq chanta.

28. Cependant ils menèrent Jésus de chez Caïphe au palais du gouverneur. Or, il était matin, mais ils n'entrèrent point dans le prétoire, de peur de se souiller et de ne pouvoir manger la Pâque.

29. Pilate donc sortit dehors pour leur parler, et leur dit : De quel crime accusez-vous cet homme-là ?

30. Ils lui répondirent : Si cet homme n'était pas un malfaiteur, nous ne vous l'aurions pas livré.

31. Sur quoi Pilate leur dit : Prenez-le vous-même, et le jugez selon votre loi. Mais les Juifs lui dirent : Il ne nous est pas permis de faire mourir personne ;

32. Afin que s'accomplît ce qu'avait dit Jésus, par où il avait marqué de quelle mort il devait mourir.

33. Pilate rentra donc dans le prétoire, appella Jésus, et lui dit : Êtes-vous le roi des Juifs ?

34. Jésus lui répondit : Dites-vous cela de vous-même, ou si d'autres vous l'ont dit de moi ?

36. Suis-je Juif ? lui répliqua Pilate. C'est votre nation, et même les Princes des Prêtres qui vous ont mis entre mes mains. Qu'avez-vous fait ?

36. Jésus répondit : Mon règne n'est pas de ce monde : si mon règne était de ce monde, j'aurais des soldats qui combattraient pour empêcher que je ne fusse livré aux Juifs ; mais mon règne n'est pas d'ici-bas.

38. Sur cela, Pilate lui dit : Vous êtes donc roi ? Jésus lui répondit : Vous le dites, je suis roi : c'est pour cela que je suis né, et que je suis venu au monde ; afin de rendre témoignage à la vérité. Quiconque aime la vérité, écoute ma voix.

38. Qu'est-ce que la vérité ? lui dit Pilate. Et en disant cela, il sortit encore pour parler aux Juifs, et il leur dit : Je ne trouve aucun crime en cet homme-là.

39. Mais comme c'est la coutume que je vous relâche un prisonnier pour la fête de Pâque, voulez-vous donc que je vous relâche le Roi des Juifs ?

40. Alors ils s'écrièrent tous de nouveau : Non, pas celui-ci, mais Barrabas. Or, ce Barrabas était un voleur.

portez-vous contre cet homme-ci? Ils répondirent et lui dirent :
S'il n'était pas un malfaiteur, nous ne te l'aurions pas livré. Pilate leur dit donc : Prenez-le vous-mêmes, et jugez-le selon votre loi. Les Juifs lui dirent donc : Il ne nous est pas permis de mettre personne à mort. Pilate entra donc de nouveau dans le prétoire, et fit appeler Jésus, et il lui dit : Es-tu le roi des Juifs? Jésus lui répondit : Dis-tu cela de toi-même, ou d'autres te l'ont-ils dit de moi? Pilate répondit : Est-ce que je suis Juif? ta nation et les principaux Prêtres t'ont livré à moi. Qu'as-tu fait? Jésus répondit : Mon royaume n'est pas de ce monde; si mon royaume était de ce monde, mes serviteurs auraient combattu pour que je ne fusse pas livré aux Juifs; mais maintenant mon royaume n'est pas d'ici. Pilate lui dit donc : Tu es donc roi? Jésus répondit : C'est toi qui dis que je suis roi; je suis venu pour la vérité, et pour cela, je suis entré dans le monde, afin de rendre témoignage à la vérité : quiconque est de la vérité entend ma voix. Pilate lui dit : Qu'est-ce que la vérité? Et ayant dit cela, il sortit de nouveau vers les Juifs, et leur dit : Je ne trouve aucun crime en lui. Mais une coutume pour vous est que je vous délivre en la Pâque un (homme) : voulez-vous donc que je vous délivre le Roi des Juifs? tous de nouveau s'écrièrent, en disant : Pas celui-ci, mais Barrabas. Or, Barrabas était un voleur.

CHAPITRE XIX.

1. Alors Pilate fit prendre Jésus, et le fit fouetter.

2. Et les soldats ayant fait une couronne d'épines, la lui mirent sur la tête, et le revêtirent d'un manteau d'écarlate.

3. Et ils venaient à lui, et lui disaient : Je vous salue, Roi des Juifs. Ensuite ils lui donnaient des soufflets.

4. Pilate sortit donc encore une fois, et leur dit : Le voici que je vous amène, afin que vous sachiez que je ne trouve aucun crime en lui.

5. Ainsi Jésus sortit, portant la couronne d'épines et l'habit d'écarlate, et Pilate leur dit : Voilà l'homme.

6. Mais dès que les Princes des Prêtres et les officiers l'eurent vu, ils crièrent : Crucifiez-le, crucifiez-le. Pilate leur dit : Prenez-le vous-même? et le crucifiez ; car pour moi, je ne trouve aucun crime en lui.

7. Les Juifs lui répondirent : Nous avons une loi, et selon notre loi il doit mourir, parce qu'il s'est fait Fils de Dieu.

8. Pilate ayant entendu ces paroles, craignit encore davantage.

9. Il rentra donc dans le prétoire, et dit à Jésus : D'où êtes-vous ? Mais Jésus ne lui fit aucune réponse.

10. Sur quoi Pilate lui dit : Vous ne dites rien ? ne savez-vous pas que j'ai le pouvoir de vous faire crucifier, et de vous relâcher.

11. Jésus lui répondit : Vous n'auriez aucun pouvoir sur moi, s'il ne vous était donné d'en haut. C'est pourquoi celui qui m'a livré à vous, est coupable d'un plus grand péché.

12. A cause de cette réponse, Pilate cherchait à le délivrer ; mais les Juifs criaient : Si vous le relâchez, vous n'êtes pas ami de César : car quiconque se fait roi, se déclare contre César.

13. Quand Pilate eut entendu ces paroles, il amena Jésus de-

ÉVANGILE DIX-NEUVIÈME.

Pilate ayant entendu ce que les Juifs demandaient, saisi de crainte, prit Jésus, et le fit flageller, et les soldats ayant entrelacé une couronne d'épines, la placèrent sur sa tête, et lui mirent un manteau de pourpre, et ils disaient : Salut, roi des Juifs! et ils lui donnaient des soufflets. Pilate sortit donc de nouveau, et leur dit : Voilà, je vous l'amène au dehors, afin que vous connaissiez que je ne trouve en lui aucun crime. Jésus sortit donc dehors, portant la couronne d'épines et le manteau de pourpre. Il leur dit : Voilà l'homme. Lors donc que les Princes des Prêtres et les serviteurs l'eurent vu, ils crièrent, en disant : Crucifié, (qu'il soit) crucifié. Pilate leur dit : Prenez-le vous (mêmes), et crucifiez (le), car moi je ne trouve point en lui de crime. Les Juifs lui répondirent : Nous avons une loi, et selon notre loi il doit mourir, parce qu'il s'est fait lui-même Fils de Dieu. Lors donc que Pilate eut entendu ces paroles, il fut plus effrayé, et il rentra encore une fois dans le prétoire, et il dit à Jésus : D'où es-tu? Mais Jésus ne lui donna aucune réponse. Pilate lui dit donc : Tu ne me parles pas! ne sais-tu pas que j'ai pouvoir de te faire crucifier, et pouvoir de te délivrer? Jésus répondit : Tu n'aurais aucun pouvoir sur moi s'il ne t'avait été donné d'en haut; c'est pour cela que celui qui m'a livré à toi a

bors, et s'assit sur son tribunal, au lieu appelé Lit de pierre, et en hébreu, Gabatha.

14. Or, ce jour-là était la préparation de la Pâque, et il était environ la sixième heure. Pilate dit donc aux Juifs : Voilà votre roi.

15. Mais ils crièrent : Faites-le mourir, faites-le mourir : ôtez-le, ôtez-le ; crucifiez-le. Pilate leur dit : Crucifierai-je votre roi ? Les Princes des Prêtres répondirent : Nous n'avons point d'autre roi que César.

16. Alors donc Pilate le leur livra pour être crucifié, ainsi ils prirent Jésus, et l'emmenèrent.

17. Et Jésus, portant sa croix, sortit pour aller au lieu appelé Calvaire, en hébreu, Golgotha.

18. Où ils le crucifièrent, et avec lui deux autres, un de chaque côté, et Jésus au milieu.

19. Et Pilate fit faire une inscription, qu'il fit mettre sur la croix ; elle était conçue en ces termes : *Jésus de Nazareth, Roi des Juifs*.

20. Or, plusieurs d'entre les Juifs lurent cette inscription, car le lieu où Jésus fut crucifié était près de la ville, et elle était écrite en hébreu, en grec, et en latin.

21. Sur quoi les Princes des Prêtres des Juifs dirent à Pilate : N'écrivez pas : Roi des Juifs ; mais qu'il a dit : Je suis le Roi des Juifs.

22. Pilate leur répondit : Ce que j'ai écrit, je l'ai écrit.

23. Quand donc les soldats l'eurent crucifié, ils prirent ses vêtemens, en firent quatre parts, une pour chaque soldat : pour sa tunique, qui était sans couture, et d'un seul tissu depuis le haut jusqu'en bas,

24. Ils dirent entre eux : Ne la coupons pas, mais tirons au sort à qui l'aura. Afin que ces paroles de l'Ecriture fussent accomplies : Ils ont partagé mes vêtemens, et ils ont tiré ma robe au sort. C'est ce que les soldats firent.

25. Cependant la mère de Jésus, et la sœur de la mère, Marie, femme de Cléophas, aussi-bien que Marie Magdeleine, étaient au pied de la croix.

un plus grand péché. De ce moment, Pilate cherchait à le délivrer; mais les Juifs criaient, en disant : Si tu le délivres, tu n'es pas ami de César : quiconque se fait roi, contredit César. Pilate donc ayant entendu cette parole, amena Jésus dehors, et s'assit sur le tribunal dans un lieu appelé Lithostrolos, et en hébreu Gabbalha. Or, c'était (jour) de préparation pour la Pâque, et environ la sixième heure, et il dit aux Juifs : Voilà votre roi; mais ils crièrent : Ote, ôte, crucifie-le. Pilate leur dit : Crucifierai-je votre roi ? les Princes des Prêtres répondirent : Nous n'avons de roi que César. Alors donc il le leur livra pour qu'il fut crucifié. Ils prirent donc Jésus, et l'emmenèrent; et, portant sa croix, il sortit vers le lieu dit du Crâne, qui, en hébreu, est dit Golgotha, où ils le crucifièrent, et avec lui deux autres, un de chaque côté. De plus, Pilate fit aussi une inscription, et la plaça sur la croix; or, il y avait d'écrit : *Jésus le Nazaréen, le Roi des Juifs.*

Beaucoup de Juifs lurent donc cette inscription, parce que le lieu où Jésus fut crucifié, était proche de la ville; et elle était écrite en hébreu, en grec et en latin. Les principaux Prêtres des Juifs disaient donc à Pilate : N'écris pas le Roi des Juifs; mais c'est lui qui a dit : Je suis Roi des Juifs. Pilate répondit : Ce que j'ai écrit, j'ai écrit. Lors donc que les soldats eurent crucifié Jésus, ils prirent ses vêtemens, et en firent quatre parts, une part pour chaque soldat, avec la tunique. Or, la tunique était sans couture, et depuis le haut toute entière d'un seul tissu; ils se dirent donc les uns aux autres : Ne la divisons pas, mais

26. Jésus donc ayant aperçu sa mère, et près d'elle le Disciple qu'il aimait, il dit à sa mère : Femme, voilà votre Fils.

27. Puis il dit à ce Disciple : Voilà votre mère. Et depuis ce temps-là le Disciple la reçut chez lui.

28. Ensuite Jésus voyant que tout était consommé, afin que l'Ecriture fût accomplie, il dit : J'ai soif.

29. Or, il y avait là un vase plein de vinaigre. Les soldats y ayant trempé une éponge, la mirent au bout d'un bâton d'hyssope, et la lui portèrent à la bouche.

30. Jésus ayant pris le vinaigre, dit : Tout est consommé, et baissant la tête, il rendit l'esprit.

31. Or, de peur que les corps ne demeurassent en croix le jour du Sabbat, car c'en était la préparation, et même ce Sabbat était un jour solennel, les Juifs prièrent Pilate qu'on leur rompît les jambes, et qu'on les ôtât de la croix.

32. Les soldats vinrent donc, et rompirent les jambes au premier, puis à l'autre qui étaient crucifiés avec lui.

33. Puis quand ils vinrent à Jésus, voyant qu'il était déjà mort, ils ne lui rompirent point les jambes.

34. Mais un des soldats lui ouvrit le côté avec sa lance, et à l'instant il en sortit du sang et de l'eau.

35. Celui qui l'a vu en a rendu témoignage ; et son témoignage est véritable, et est bien assuré de la vérité de ce qu'il dit, afin que vous le croyez aussi vous-mêmes.

36. Car cela s'est fait, afin que cette parole de l'Ecriture s'accomplisse : Vous ne briserez pas un de ses os.

37. Aussi-bien que cet autre endroit de l'Ecriture : Ils verront celui qu'ils ont percé.

38. Après cela, Joseph d'Arimathie, qui était Disciple de Jésus, mais Disciple caché, parce qu'il craignait les Juifs, pria Pilate de lui permettre d'enlever le corps de Jésus : et Pilate le lui permit. Il vint donc, et enleva le corps de Jésus.

39. Nicodème, qui la première fois était venu trouver Jésus la nuit, y vint aussi, portant une composition de mirrhe et d'aloës, du poids d'environ cent livres.

tirons-la au sort à qui elle sera. Voilà donc ce que firent les soldats. Or, il y avait debout, près de la croix de Jésus, sa mère et la sœur de sa mère, Marie (fille) de Cléophas, et Marie Magdeleine. Jésus voyant donc sa mère et le Disciple qu'il aimait, debout, dit à sa mère : Ne pleure pas, je remonte près de mon Père et à une vie éternelle ; voilà ton fils, celui-ci tiendra lieu de moi. Ensuite il dit au Disciple : Voilà ta mère. Ensuite, ayant baissé la tête, il rendit l'esprit. Les Juifs donc, pour que les corps ne restassent pas sur la croix le Sabbat, puisque c'était la veille, car c'était là le grand jour du Sabbat, demandèrent à Pilate qu'il leur fît briser les jambes, et qu'on les enlevât ; les soldats vinrent et ils brisèrent les jambes du premier et du second qui avaient été crucifiés avec lui ; mais étant venus à Jésus, comme ils virent qu'il était déjà mort, ils ne brisèrent pas ses jambes ; mais un des soldats lui ouvrit le flanc avec une lance, et aussitôt il sortit du sang et de l'eau. Après cela, Joseph d'Arimathie qui, étant Disciple de Jésus, s'était caché par la crainte des Juifs, demanda à Pilate (la permission) d'enlever le corps de Jésus, et Pilate accorda. Il vint donc et enleva le corps de Jésus ; de plus, vint aussi Nicodème, celui qui d'abord était venu à Jésus de nuit, portant une mixtion de myrrhe et d'aloès, d'environ cent livres. Ils prirent donc le corps de Jésus, et l'enveloppèrent de linceuls, avec des aromates, comme c'est une coutume aux Juifs d'ensevelir. Or, il y avait dans le lieu où il avait été crucifié, un jardin, et dans le jardin un sépulcre neuf, dans lequel personne n'avait encore été mis. C'est donc là qu'ils

40. Ils prirent donc le corps de Jésus, l'embaumèrent, et l'enveloppèrent de linges, selon la manière d'ensevelir parmi les Juifs.

41. Il y avait près du lieu où il avait été crucifié, un jardin; et dans ce jardin, un sépulcre tout neuf, où personne n'avait encore été mis.

42. Comme donc ce sépulcre se trouvait près de là, ils y mirent Jésus, à cause de la préparation du Sabbat des Juifs.

(*Voyez page 232 et suiv. la fin de l'Evangile selon la Vulgate*).

mirent Jésus, à cause du vendredi des Juifs, parce que le sépulcre était proche. Jean, le Disciple que Jésus aimait, rend témoignage de la vérité de cet écrit, afin que vous le croyiez et et que vous l'enseigniez.

FIN DES ÉVANGILES D'APRÈS L'ÉGLISE PRIMITIVE.

Nota. Les Épitres et l'Apocalypse de l'Apôtre Jean, conservées dans l'Église Chrétienne-Primitive, étant semblables aux Épitres et à l'Apocalypse de la Vulgate, nous ne les rapporterons pas dans ce recueil.

CHAPITRE XX.

1. Le premier jour de la semaine, dès le grand matin, comme il faisait encore obscur, Marie Magdeleine alla au sépulcre, et elle vit que la pierre en était ôtée.

2. Elle courut donc à Simon-Pierre, et à l'autre Disciple que Jésus aimait, et leur dit: On a enlevé le Seigneur du sépulcre, et nous ne savons où on l'a mis.

3. Aussitôt Pierre partit et cet autre Disciple, et ils allèrent au sépulcre.

4. Ils couraient tous deux ensemble ; mais l'autre Disciple courait plus vite que Pierre, et il vint le premier au sépulcre.

5. Et s'étant baissé, il vit les linceuls qui étaient là, mais il n'entra point.

6. Simon-Pierre, qui le suivait, vint après lui, et entra dans le sépulcre où il vit aussi les linceuls.

7. Pour le suaire qu'on avait mis sur sa tête, il n'était pas avec les linceuls, mais plié à part en un coin.

8. Alors l'autre Disciple qui était arrivé le premier au sépulcre, y entra aussi : il vit, et il crut.

9. Car ils n'avaient pas encore bien compris ce que dit l'Écriture : qu'il devait ressusciter des morts.

10. Après cela, ses Disciples s'en revinrent chez eux.

11. Mais Marie resta auprès du sépulcre, fondant en larmes, et comme elle pleurait, elle se baissa pour regarder dans le sépulcre.

12. Alors elle vit deux Anges vêtus de blanc, assis l'un à la tête, et l'autre aux pieds dans le lieu où l'on avait mis le corps de Jésus.

13. Et ils lui dirent: Femme, pourquoi pleurez-vous? C'est,

leur répondit-elle, qu'on a enlevé mon Seigneur, et je ne sais où on l'a mis.

14. Ayant dit cela, comme elle se retournait, elle vit Jésus qui était là; mais elle ne savait pas que ce fût lui.

15. Jésus lui dit: Femme, pourquoi pleurez-vous? Qui cherchez-vous? Elle, croyant que ce fût le jardinier, lui dit: Seigneur, si c'est vous qui l'avez enlevé, dites-moi où vous l'avez mis, et je l'emporterai.

16. Jésus lui dit: Marie! Aussitôt elle se retourna et lui dit: Rabboni, c'est-à-dire, mon Maître.

17. Jésus lui dit: Ne me touchez point; car je ne suis point encore monté à mon Père. Mais allez trouver mes frères, et leur dites que je monte à mon Père et à votre Père, à mon Dieu et à votre Dieu.

18. Marie Magdeleine alla donc annoncer aux Disciples qu'elle avait vu le Seigneur, et qu'il lui avait dit ces choses.

19. Sur le soir de ce jour-là même, qui était le premier de la semaine, les portes du lieu où les Disciples étaient assemblés étant fermées pour la crainte qu'ils avaient des Juifs, Jésus vint, et parut au milieu d'eux, et leur dit: Que la paix soit avec vous.

20. Dès qu'il leur eut dit cela, il leur montra ses mains et son côté. Les Disciples eurent donc une grande joie de voir le Seigneur.

21. Puis il leur dit encore une fois: La paix soit avec vous. Comme mon Père m'a envoyé, je vous envoie de même.

22. Ayant dit ces paroles, il souffla sur eux, et leur dit: Recevez le Saint-Esprit.

23. Ceux à qui vous remettrez les péchés, leurs péchés leur seront remis: ceux à qui vous les retiendrez, ils leur seront retenus.

24. Or, Thomas l'un des douze, surnommé Didyme, n'était point avec eux, quand Jésus leur apparut.

25. Les autres Disciples lui dirent nous avons vu le Seigneur; mais il leur dit: Si je ne vois à ses mains le trou qu'ont fait les clous, et si je n'y mets le doigt, et si je ne mets ma main dans son côté, je ne croirai point.

26. Huit jours après, ses Disciples étaient encore dans un même lieu, et Thomas avec eux; Jésus vint, les portes étant fermées: il parut au milieu d'eux, et leur dit: La paix soit avec vous.

27. Puis il dit à Thomas: Mettez-là votre doigt, et regardez mes mains; approchez aussi votre main et la mettez dans mon côté, et ne soyez point incrédule, mais fidèle.

28. Alors Thomas s'écria: Mon Seigneur et mon Dieu!

29. Jésus lui dit: Thomas, vous avez cru, parce que vous avez vu. Bienheureux sont ceux qui n'ont point vu, et qui ont cru.

30. Jésus fit encore plusieurs autres miracles en présence de ses Disciples, qui ne sont point écrits dans ce livre.

31. Mais ceux-ci sont écrits, afin que vous croyez que Jésus est le Christ, le Fils de Dieu, et qu'en croyant vous ayez la vie par son nom.

CHAPITRE XXI.

1. Après cela, Jésus se montra encore à ses Disciples sur le bord de la mer de Tibériade, et voici comme il apparut.

2. Simon-Pierre, Thomas, appelé aussi Didyme, Nathanaël, de Cana en Galilée, les fils de Zébédée, et deux autres Disciples étaient ensemble.

3. Simon-Pierre leur dit: Je vais pêcher. Ils lui dirent: Nous y allons aussi avec vous. Ils sortirent aussitôt et se mirent dans une barque; mais cette nuit-là ils ne prirent rien.

4. Le matin étant venu, Jésus se trouva sur le rivage, mais les Disciples ne connurent point que c'était lui.

5. Jésus leur dit: Enfans, n'avez-vous là rien à manger? Non, lui répondirent-ils.

6. Il leur dit: Jetez le filet du côté droit de la barque, et vous en trouverez. Ils le jetèrent donc et ils ne pouvaient plus le retirer à cause de la multitude des poissons.

7. Le Disciple que Jésus aimait, dit à Pierre: C'est le Seigneur. Simon-Pierre n'eut pas plutôt entendu dire: C'est le Seigneur, qu'il prit sa tunique; car il était nu, et se jeta dans la mer.

8. Pour les autres Disciples, ils vinrent dans la barque, car ils n'étaient éloignés de terre que d'environ deux cents coudées; et ils tiraient le filet plein de poissons.

9. Quand ils furent descendus à terre, ils virent de la braise, avec du poisson que l'on avait mis dessus, et du pain.

10. Jésus leur dit: Apportez des poissons que vous venez de prendre.

11. Simon-Pierre monta dans la nacelle, et tira à terre le filet, rempli de trois cent cinquante-trois grands poissons; et quoiqu'il y en eût tant, le filet ne rompit pas.

12. Jésus leur dit : Venez et dînez. Et aucun de ceux qui étaient à table n'osait lui demander ; Qui êtes-vous ? Car ils voyaient bien que c'était le Seigneur.

13. Jésus vint, prit du pain qu'il leur distribua, et fit la même chose du poisson.

14. C'est la troisième fois que Jésus se manifesta à ses Disciples, depuis la résurrection.

15. Quand ils eurent dîné, Jésus dit à Simon-Pierre : Fils de Jean, m'aimez-vous plus que vous n'aimez ceux-ci ? Oui, Seigneur, lui dit-il, vous savez que je vous aime. Jésus lui dit : Paissez mes agneaux.

16. Il lui dit encore : Simon, fils de Jean, m'aimez-vous ? Oui, Seigneur, lui dit-il, vous savez que je vous aime. Il lui dit : Paissez mes agneaux.

17. Il lui dit pour la troisième fois : Simon, fils de Jean, m'aimez-vous ? Pierre fut affligé de ce que pour la troisième fois Jésus lui avait dit : M'aimez-vous ? et il lui répondit : Seigneur, vous connaissez toutes choses, vous savez que je vous aime. Jésus lui dit : Paissez mes brebis.

18. En vérité, en vérité, je vous le dis, quand vous étiez jeune, vous mettiez vous-même votre ceinture et vous alliez où vous vouliez ; mais quand vous serez vieux, vous étendrez vos mains et un autre vous ceindra, et vous mènera où vous ne voudrez pas.

19. Or, il disait cela pour lui faire entendre par quelle mort il devait glorifier Dieu. Et après le lui avoir dit, il ajouta : Suivez-moi.

20. Pierre s'étant retourné, vit derrière lui le Disciple que Jésus aimait, et qui lors du soupé s'était penché sur son sein, et lui avait demandé : Seigneur, qui est celui qui doit vous trahir ?

21. Pierre ayant donc vu ce Disciple, dit à Jésus : Seigneur, et celui-ci, que lui arrivera-t-il ?

22. Jésus lui dit : Si je veux qu'il demeure jusqu'à ce que je vienne, que vous importe ? Pour vous, suivez-moi.

23. Là-dessus le bruit se répandit parmi ses frères, que ce

Disciple ne mourrait point. Jésus n'avait pourtant pas dit: Il ne mourra point, mais seulement : Si je veux qu'il demeure jusqu'à ce que je vienne, que vous importe?

24. C'est ce même Disciple qui rend témoignage de ces choses, et qui les a écrites, et nous savons que son témoignage est véritable.

25. Il y a encore beaucoup d'autres choses que Jésus a faites, lesquelles si elles étaient écrites en détail, je ne pense pas que le monde dût contenir les livres qu'il faudrait écrire pour cela.

FIN DE L'ÉVANGILE D'APRÈS LA VULGATE.

Plusieurs de nos Frères ayant exprimé le désir de voir rapporté à la suite du *Lévitikon*, le texte de la Charte de transmission, nous avons cru devoir consigner ici l'extrait du procès-verbal du Convent général du 18 mai 1810, où se trouve l'inventaire des objets renfermés dans les Archives de la *Chevalerie du Temple*, et dans lequel inventaire est transcrite une copie de la Charte (1).

ORDRE DU TEMPLE.

CONVENT GÉNÉRAL.

Séance du 14 Tab, 692 (18 Mai 1810).

EXTRAIT

Du Procès-Verbal dressé en exécution de la Loi du 29 Véadar 691, pour l'inventaire des Charte, Statuts, Reliques et Insignes, composant le Trésor Sacré (2) de l'Ordre du Temple (3).

Le quatorzième jour de la Lune de Tab, l'an de l'Ordre six

---

(1) Cet inventaire ne concerne que les objets confiés à la garde de l'administration *magistrale*, ou de *l'Ordre du Temple*, et non les titres appartenant à *l'Ordre lévitique* ou *d'Orient*, dont la garde est confiée exclusivement *à la Cour Apostolique-Patriarchale*, titres dont l'inventaire ne pourrait être ordonné par un Convent général, mais par un concile général.

(2) Extérieur.

(3) Le cénotaphe; le suaire; les os des martyrs; l'épée du Martyr Jacques;

cent quatre-vingt-douze; du Magistère le sixième; dix-huit mai de l'an mil huit cent dix de Notre-Seigneur Jésus-le-Christ;

En exécution de la loi rendue par le Convent-Général, dans sa séance du vingt-neuf Véadar six cent quatre-vingt-onze, dont suit l'extrait:

« Le Convent-Général, ayant entendu M. le Grand-Prieur Ch.-Ant. Gabriel de Suède, Duc de Choiseul, chargé du rapport de la Commission spéciale, et adoptant les motifs qui sont développés dans ce rapport;

Considérant que tous les Membres de l'Ordre sont responsables des statuts, charte, insignes, etc.

DÉCRÈTE:

1° Le Secrétaire du Convent-Général et le Secrétaire-Magistral dresseront un procès-verbal contenant la copie littérale de la Charte de transmission et des statuts, ainsi que l'état détaillé des insignes, auguste et précieuse propriété de l'Ordre, envers lequel le Magistère (1) en est rendu responsable, d'après ledit procès-verbal.

2° Ce procès-verbal, transcrit sur les registres du Convent-général, sera certifié par la signature de tous les membres présens, lesquels signeront aussi le double qui sera remis au dépôt.

---

le casque du Martyr Guy; l'éperon du......; la paix de *Saint-Jean*; le sceau du Grand-Maître Jean; le sceau du Chevalier croisé; le sceau de *Saint-Jean*; la patène; la crosse et les mîtres primatiales; le baucéant; le drapeau de guerre; les originaux de l'inventaire, et des manuscrits antiques; les archétypes des Statuts décrétés par les derniers Convens généraux; la Charte de transmission, ainsi que les objets qui furent mutilés ou dégradés, lorsqu'on les arracha à la garde du Secrétaire-magistral *destitué* (Louis de Sondgaw), sont placés aujourd'hui dans les Archives, tant Magistrales que Patriarchales, sous la sauve-garde du Grand-Maître Souverain Pontife, et de *onze* Chevaliers, qui ont chacun une clé du Trésor sacré.

(1) Le *Magistère*, depuis 1705 jusqu'à l'époque de l'avant-dernier Convent général, se composait du Grand-Maître et des quatre Lieutenans-Généraux.

3º Expédition de l'état des insignes sera adressée à toutes les maisons de l'Ordre, pour être déposée dans leurs archives......

8º Le Convent-Général décrète un hommage particulier à LL. AA. EE. le Grand-Maître et les Lieutenant-Généraux d'Afrique, d'Asie et d'Europe; et proclame solennellement leur noble courage et la reconnaissance de l'Ordre, pour avoir conservé, au péril de leur vie, dans des temps malheureux, les statuts, charte et insignes, etc., monumens sacrés de l'Ordre du Temple.

9º Le présent décret sera transcrit en tête du procès-verbal ordonné par l'article 1er, et des expéditions portées en l'art. 3. »

Comme aussi, par suite de la sommation qu'a daigné nous adresser en Convent-Général, séance du 10 Nisan dernier, S. A. E. le Grand-Maître :

Nous, Charles de Tartarie, Ministre de l'Ordre, Secrétaire du Convent-Général, Grand-Précepteur de Nord-Europe, Grand-Prieur de Tartarie, Bailli de Roussillon, Commandeur de Clermont, Comte de Dienne du Puy de Chaylade,

Et Auguste-Savinien de Lorraine, Ministre de l'Ordre, Secrétaire-Magistral, Grand-Prieur de Lorraine, Bailli de Champagne, Commandeur de Rouen, Chevalier le Blond de Saint-Romain,

Nous sommes retirés au Palais Magistral par-devant LL. AA. EE. les très-grands, très-puissans et très-excellens Princes, nos sérénissimes Seigneurs (1), Mgr Grand-Maître, et MM^{grs} les Lieutenans-Généraux d'Asie, d'Afrique, d'Europe et d'Amérique, réunis en Conseil-Souverain,

A l'effet de recevoir de leurs mains la communication des objets antiques formant le trésor sacré de l'Ordre, pour desdits objets être fait par nous fidèle et général inventaire.

---

(1) Voyez la note de la page 40.

ici on dit privilegia et auctoritatem
(ligne 30) et dans le manuel de
1825 on lit auctoritatem et privilegia

LL. AA. EE. nous ont remis :

1° La Charte de transmission, écrite en deux colonnes et demie, sur une très-grande feuille de parchemin, ornée, suivant le goût du temps, de dessins gothiques architecturaux, de lettres fleuronnées, coloriées, dorées et argentées, dont la première offre un Chevalier appuyé sur un bouclier armorié de la Croix de l'Ordre.

Au haut, en tête, est peinte la Croix conventuelle, dans la forme gothique.

Au bas est le sceau de la milice, suspendu par des lacs de parchemin.

Les acceptations, par les Grands-Maîtres, commencent vers le milieu de la troisième colonne, se continuent à la suivante, et finissent aux deux tiers inférieurs de la marge à droite.

De laquelle Charte nous avons transcrit la présente copie :

Ego, Frater Johannes-Marcus Larmenius, *Hierosolymitanus, Dei gratiâ et Secretissimo Venerandi* SANCTISSIMIQUE *Martyris, Supremi Templi Militiæ Magistri (cui honos et gloria) decreto, communi Fratrum Consilio confirmato, super universum Templi Ordinem Summo et Supremo Magisterio insignitus, singulis has decretales litteras visuris salutem, salutem, salutem.*

Notum sit omnibus tàm præsentibus quàm futuris, quòd, deficientibus, propter extremam ætatem, viribus, rerum angustiâ et gubernaculi gravitate perpensis, ad majorem Dei gloriam, Ordinis, Fratrum et Statutorum tutelam et salutem, ego, suprà dictus, humilis Magister Militiæ Templi, inter validiores munus Supremum statuerim deponere Magisterium.

Idcircò, Deo juvante, unoque Supremi Conventûs Equitum consensu, apud eminentem Commendatorem et carissimum Fratrem, Fransciscum-Thomam-Theobaldum Alexandrinum, Supremum Ordinis Templi Magisterium, PRIVILEGIA *et* AUCTORITATEM *contuli, et hoc præsenti decreto pro vitâ confero, cum potestate, secundùm temporis et rerum leges, Frati alteri, institutionis et ingenii nobilitate morumque honestate præstantissimo, Summum et Supremum Ordinis Templi Magisterium* SUMMAMQUE AUCTORITATEM *conferendi. Quod* sic, ad perpetuitatem Magisterii, successorum non intersectam seriem et Statutorum integritatem tuendas. Jubeo tamen ut non transmitti possit Magisterium, sine commilitonum Templi Conventûs Generalis consensu, quotiès colligi valuerit Supremus iste Conventus; et, rebus itá sese habentibus, successor ad nutum Equitum eligatur.

Ne autem languescant Supremi Officii munera, sint nunc et perenniter quator Supremi Magistri Vicarii, supremam postestatem, eminentiam et auctoritatem, super universum Ordinem, SALVO JURE Supremi Magistri, habentes : qui Vicarii Magistri apud seniores secundùm professionis seriem, eligantur. Quod Statutum è commendato mihi et Fratribus voto SACROSANTI supra dicti Venerandi Beatisimique Magistri nostri, Martyris (cui honos et gloria): Amen.

Ego deniquè, Fratrum Supremi Conventûs decreto, è supremâ mihi commissâ auctoritate, Scotos Templarios Ordinis desertores, anathemate percussos, illosque et Fratres Sancti Johannis Hierosolymæ, dominiorum Militiæ spoliatores (quibus apud Deüm misericordia) extrà girum Templi, nunc et in futurum, volo, dico et jubeo.

Signa, ideò, pseudo-Fratribus ignota et ignoscenda constitui, ore commilitonibus tradenda, et quo, in Supremo Conventu, jàm tradere modo placuit (1).

Quæ verò signa tantummodò pateant post debitam professionem et equestrem consecrationem, secundùm Templi commilitonum Statuta, ritus et usus, suprà dicto eminenti Commendatori à me transmissa, sicut à Venerando et SANCTISSIMO Martyre Magistro (cui honos et gloria) in meas manus habui tradita. Fiat sicut dixit. Fiat. Amen.

Ego Johannes-Marcus *Larmenius* dedi, die decimâ tertiâ februarii 1324.

Ego Franciscus-Thomas-Theobaldus *Alexandrinus*, Deo juvante, Supremum Magisterium acceptum habeo, 1324.

---

(1) Voyez le décret Magistral sur les nouveaux signes de reconnaissance, prescrits par le Convent-Général de l'an 695.

Ce passage ne autem à paraît avoir été altéré par Bernard. Raymond, vo[ir] le passage gravé ci-derrière.

Le passage de la Charte relatif aux Lieut.� Généraux avant et après l'alteration

MANUSCRIT
avant l'alteration

Ne autem languescant supremi
Officii munera, sint nunc et
perenniter quatuor **Supremi**
Vicarii Magistri, supremam
pro vita, eminentiam et auctoritatem super universum Ordinem, si-
mul cum Magistro, habentes etc. etc.

IMPRIME.
(après l'alteration)

Supremi Magistri Vicarii, supremam potes-
tatem, eminentiam et auctoritatem, super universum Ordinem, salvo Jure
Supremi Magistri, habentes etc. etc.

Pauvre Duguesclin, il me semble que l'histoire dit pourtant que tu ne savais écrire. —

Bernard d'armagnac on dit ici 1362
le manuel de 1825 dit 1392
Jean d'armagnac on dit ici 1416.
le manuel dit 1419

Ego Arnulphus *De Braque*, Deo juvante, Supremum Magisterium acceptum habeo, 1340.

Ego Johannes *Claromontanus*, Deo juvante, Supremum Magisterium acceptum habeo, 1349.

Ego Bertrandus *Duguesclin*, Deo juvante, Supremum Magisterium acceptum habeo, 1357.

Ego Johannes *Arminiacus*, Deo juvante, Supremum Magisterium acceptum habeo, 1381.

Ego Bernardus *Arminiacus*, Deo juvante, Supremum Magisterium acceptum habeo, 1362.

Ego Johannes *Arminiacus*, Deo juvante, Supremum Magisterium acceptum habeo, 1416.

Ego Johannes *Croyus*, Deo juvante, Supremum Magisterium acceptum habeo, 1451.

Ego Robertus *Lenoncurtius*, Deo juvante, Supremum Magisterium acceptum habeo, 1478.

Ego Galeatius *De Salazar*, Deo juvante, Supremum Magisterium acceptum habeo, 1497.

Ego Philippus *Chabotius*, Deo juvante, Supremum Magisterium acceptum habeo, 1516.

Ego Gaspardus *De Salciaco*, Tavannensis, Deo juvante, Supremum Magisterium acceptum habeo, 1544.

Ego Henricus *De Monte Morenciaco*, Deo juvante, Supremum Magisterium acceptum habeo, 1574.

Ego Carolus *Valesius*, Deo juvante, Supremum Magisterium acceptum habeo, 1615.

Ego Jacobus *Ruxellius De Granceio*, Deo juvante, Supremum Magisterium acceptum habeo, 1651.

Ego Jacobus-Henricus *De Duro Forti*, dux De Duras, Deo juvante, Supremum Magisterium acceptum habeo, 1681.

Ego *Philippus*, dux Aurelianensis, Deo juvante, Supremum Magisterium acceptum habeo, 1705.

Ego Ludovicus-Augustus *Borbonius*, dux du Maine, Deo juvante, Supremum Magisterium acceptum habeo, 1724.

Ego Ludovicus-Henricus *Borbonius-Condœus*, Deo juvante, Supremum Magisterium acceptum habeo, 1737.

(244)

Ego Ludovicus-Franciscus *Borbonius-Conty*, Deo juvante, Supremum Magisterium acceptum habeo, 1741.

Ego Ludovicus-Hercules-Timoleo *De Cossé-Brissac*, Deo juvante, Supremum Magisterium acceptum habeo, 1779.

Ego Claudius-Mathæus *Europæus*, *Radix De Chevillon*, Templi senior Vicarius Magister, adstantibus Fratribus Prospero-Mariâ-Petro-Michaële *Asiatico*, *Charpentier De Saintot*, Bernardo-Raymundo *Americano*, *Fabré-Palaprat De Spolète*, Templi Vicariis Magistris, et Johanne-Baptistâ-Augusto *De Courchant* (1), Supremo Præceptore, hasce litteras decretales à Ludovico-Hercule-Timoleone *De Cossé-Brissac*, Supremo Magistro, in temporibus infaustis mihi depositas, Fratri Jacobo-Philippo *Africano*, *Le Dru*, Templi seniori Vicario Magistro tradidi, ut istæ litteræ, in tempore opportuno, ad perpetuam Ordinis nostri memoriam, *juxtà ritum* (vide Ritual. levitic). *Orientalem* (2), vigeant : Die decimâ junii 1804.

---

(1) Élu et sacré Lieutenant-Général au titre d'Europe *, en 1804 (après la mort du Lieutenant-Général Claude-Mathieu-d'Europe (*Radix de Chevillon*), et par suite de l'avénement de Bernard-Raymond d'Amérique (*Fabré-Palaprat de Spolète*) à la Grande-Maîtrise ; nommé depuis par le Grand-Maître, Prince délégué.

(2) Jusques en l'an 1804, la haute initiation religieuse, conférée seulement à un petit nombre de frères, était restée couverte d'un voile mystérieux. Elle n'était désignée dans les actes de l'autorité, que par des expressions dont la valeur était seulement connue des adeptes.

Ce n'est qu'après l'avénement de Bernard-Raymond au Souverain-Pontificat, que la Cour Apostolique a pensé que la lumière ne devait pas rester éternellement cachée *sous le boisseau* ; et bientôt le rit d'Orient (l'Église du Christ), a pu compter un nombre respectable de fidèles dans les différentes maisons du Temple.

Enfin, dans le Convent-Magistral, anniversaire de 1830 (24 mars), le Grand-Maître a déchiré le voile. Il a ouvert la porte du sanctuaire à tous les

---

* Depuis l'an de l'Ordre 586 jusqu'à l'an 693, le sacre des Lieutenans-Généraux a eu lieu de la même manière que le sacre du Grand-Maître (sauf l'exercice du Souverain-Pontificat). Le Convent-Général tenu, en l'an 693, a rendu au Grand-Maître la plénitude de l'autorité magistrale, et a prescrit le mode d'*exaltation* des Lieutenans-Généraux (*Voyez* Chap. 7 des Statuts).

Ego Claudius Mathæus & & & pourq[uoi]
n'est-là une copie de la charte de
transmission u papag[e] n'est-il pas
textuellement le même ici et dans
l'édition in 18 des Statuts de l'ordre
imprimée en 1825 (an 707) tout ce
que j'ai souligné ici ne s'y rencont[re]
pas. Est-ce ici ou dans le volume
de 1825 qu'il y a faux.

Le même livre fixe à 1776 et non
à 1779 l'acceptation de Cossé-brissa[c]

† Dans le manuel des Chev. du Temple de 1825 dont je viens de parler on lit = Eqs Bernardus - Raymundus Fabri - Palaprat, Deo javante &c = Si ceci est une copie exacte, pourquoi ne lit-on pas ici ce nom Palaprat. Le manuel in 8°. porte aussi ces deux noms. Palaprat est un nom de guerre (quelques uns disent le nom de sa mère) pris par Mr. Fabré en procès de distinguer m'a-t-il dit d'un sien confrère homonyme qui vivait à cette époque, habitait non loin de lui, faisait des lettres de change et les laissait protester. Est-ce vrai, je ne sais..... Ce qu'il y a de certain c'est que son nom de famille est Fabré tout court.

Ego Bernardus-Raymundus *Fabré*, Deo juvante, Supremum Magisterium acceptum habeo: Die quartâ novembris 1804.

2° L'archétype des statuts de l'an de l'Ordre cinq cent quatre-vingt-sept (1705), transcrits à la main sur vingt-sept folios de papier, reliés en un volume *in-folio* mineur, couvert en velours cramoisi sans ornemens, doublé en satin de même couleur, et doré sur tranches ; étant en tête un folio blanc et quatre à la fin, en tout trente-deux folios, liés par le bas par un cordon de soie cramoisie, duquel pend un grand sceau gothique, ovale en pointe, de cire verte, empreint, sur une face, de l'effigie de Saint-Jean, supportée par un trait au-dessous duquel est l'écusson chargé de la Croix du Temple, et de l'inscription *Mil. Templ. sigillum*, et sur l'autre face, de la Croix de l'Ordre dans un écu rond.

En tête du second folio est le cartouche des armes de l'Ordre, puis, pour première lettre, un P sur un écusson écartelé des armes de l'Ordre et des armes du Grand-Maître (d'Orléans).

Au verso du vingt-septième folio sont les signatures du Grand-Maître Philippe, et de ses Lieutenans-Généraux, Jean-Hercules d'Afrique, François-Louis-Léopold d'Europe, Henri d'Asie, Marie-Louis d'Amérique, et plus bas, celle du Secrétaire-Magistral, Pierre d'Urbin.

Duquel archétype nous avons transcrit la présente copie.

AD MAJOREM DEI GLORIAM.

STATUTA

Commilitonum Ordinis Templi,
E regulis,
In Conventibus Generalibus sancitis,
A Conventu Generali Versaliano

---

frères, et l'allocution qu'il a prononcée à ce sujet a été comme un signal de reconnaissance publique du culte trois fois saint dont l'Ordre était depuis si long-temps le foyer conservateur.

Anni millesimi septingentesimi quinti
Confecta,
Et in unum codicem coacta.

Philippus, *etc.* »

. . . .

3° Un petit reliquaire de cuivre, en forme d'église gothique, contenant dans un suaire de lin, broché tout autour d'une guirlande de Croix d'Orient ou du Temple, quatre fragmens d'os brûlés, extraits du bûcher des illustrissimes martyrs de l'Ordre.

4° Une épée de fer, cruciforme, surmontée d'une boule, et présumée avoir servi au Grand-Maître, le très-glorieux martyr Jacques.

5° Un casque de fer, à visière, armoirié de dauphins et damasquiné en or, présumé celui du glorieux martyr Guy, Dauphin d'Auvergne.

6° Un ancien éperon de cuivre doré.

7° Une patène de bronze, dans l'intérieur de laquelle est gravée une main étendue, dont le petit doigt et l'annulaire sont repliés dans la paume.

8° Une paix en bronze doré, représentant l'Apôtre Jean sous une arcade gothique.

9° Trois sceaux gothiques de bronze, en forme ovale pointue, et de grandeurs différentes, désignés dans les statuts sous les noms de sceau du *Grand-Maître Jean*, sceau du *Chevalier croisé* et sceau de *Saint-Jean*.

10° Un haut de crosse d'ivoire et trois mitres d'étoffe, l'une en or, brodée en soie, et deux en argent, brodées en perles, ayant servi aux cérémonies de l'Ordre.

11° Le baucéant, en laine blanche, à la Croix de l'Ordre.

12 Le drapeau de guerre, en laine blanche, à quatre pals noirs.

De tous et chacun desquels monumens, trésor sacré de l'Ordre du Temple, à nous représentés par LL. AA. EE., nos Souverains Seigneurs, nous avons, sous leurs yeux, dressé et clos le présent

inventaire, par nous fait double, à savoir : un sur le registre du Convent-Général, et le présent en soixante folios, lesquels seront, avec le décret magistral, revêtus des signatures de tous les Chevaliers présens à la séance de clôture du Convent-Général, munis des sceaux de l'Ordre, et déposés dans la caisse à cinq clefs, en perpétuel témoignage de la vénération de tous.

Ainsi fut fait au Palais Magistral, à Paris, les jour et an que dessus, en vertu des pouvoirs qui nous ont été confiés par la loi du vingt-neuf Véadar 691, sus relatée.

En foi de quoi j'ai signé,

Le Grand-Prieur, Secrétaire du Convent-Général,

☩ F. Charles de Tartarie.

En foi de quoi j'ai signé,

Le Ministre de l'Ordre, Secrétaire-Magistral,

☩ F. Auguste-Savinien de Lorraine.

« Bernard-Raymond, etc.

A tous ceux qui ces présentes lettres verront,

Salut, salut, salut.

Le Convent-Général ayant déterminé, dans la séance du 26 Véadar dernier, le mode d'inventaire et de dépôt du trésor sacré de l'Ordre, dont la garde nous est confiée par les statuts, ainsi que les solennités qui doivent en accompagner la représentation, à l'ouverture et à la clôture de toute session de Convent-Général ;

Voulant remplir, dans toute leur étendue, des dispositions aussi prudentes et sages dans leur but religieux, que dans la noble confiance avec laquelle la sainte Milice se repose de leur exécution sur notre vigilance ;

Après avoir fait dresser, en notre présence, par nos bien-aimés, féaux et très-chers frères, les Ministres, Secrétaire du Convent-Général, et Secrétaire-Magistral, l'inventaire dudit trésor ;

Nous avons décrété et décrétons ce qui suit:

Art. 1ᵉʳ. L'inventaire dressé ce jour en notre présence, et transcrit en tête du présent décret par les Ministres, Secrétaire du Convent-Général et Secrétaire-Magistral, des monumens précieux composant le trésor sacré de l'Ordre, est reconnu bon et fidèle, et approuvé de nous en tout son contenu.

2. Ledit inventaire, ainsi que les monumens y relatés et décrits, seront présentés au Convent-Général, dans la séance de ce jour, pour y être reconnus par la signature de tous les Chevaliers présens, tant sur le registre du Convent-Général, que sur la double expédition qui doit, aux termes de la loi du 29 Véadar 691, rester déposée dans la caisse à cinq clefs.

3. Sera, en exécution de ladite loi, le présent décret, pareillement remis dans la caisse, comme acte solennel de dépôt, et garant perpétuel de la religieuse exactitude avec laquelle nous avons satisfait à des mesures si importantes aux saintes et longues destinées que l'Ordre est appelé à remplir.

Soit, à ces causes, le présent décret expédié par notre Secrétaire-Magistral, et transcrit à la suite du procès-verbal d'inventaire, tant sur les registres du Convent-Général, que sur l'expédition déposée dans la caisse, pour y recevoir les signatures de tous les Chevaliers présens audit Convent-Général, être scellé par le Grand-Chancellier, et de suite extraits en être envoyés à toutes les maisons de l'Ordre.

Donné à Paris, en notre Palais Magistral, le quatorzième jour de la lune de Tab, l'an de l'Ordre six cent quatre-vingt-douze; de notre Magistère le sixième; quinze mai, de l'an de Notre-Seigneur Jésus-le-Christ, mil huit cent dix.

☦ F. BERNARD-RAYMOND.

☦ F. J. P. d'Afrique; ☦ F. P. M. P. M. d'Asie; ☦ F. J. B. A. d'Europe; ☦ F. J. L. d'Amérique.

De par LL. AA. EE. le Ministre de l'Ordre, Secrétaire Magistral,

☦ F. Auguste-Savinien de Lorraine.

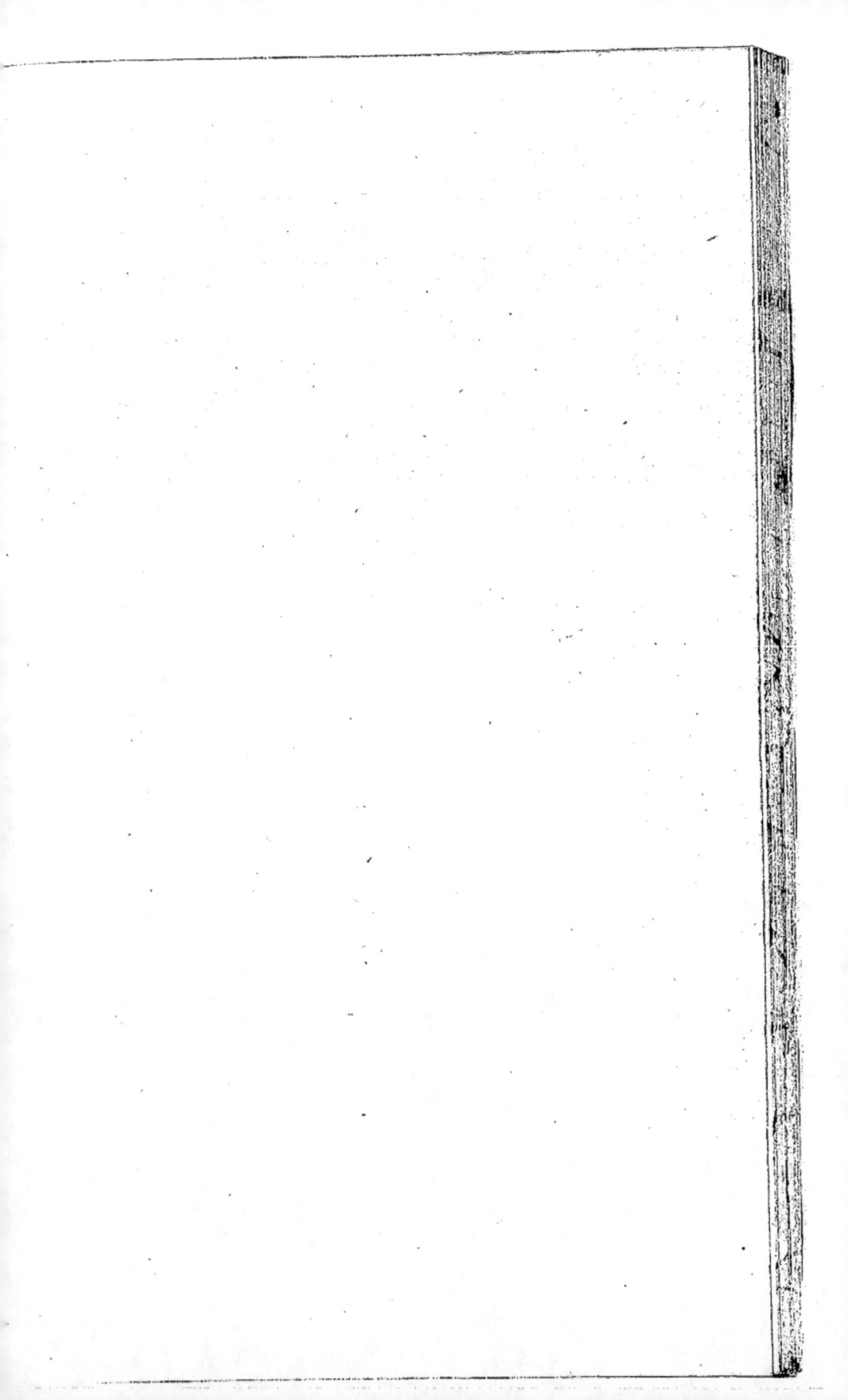

Et ledit jour, quatorzième jour de la lune de Tab, l'an de l'Ordre six cent quatre-vingt-douze; le sixième du Magistère; dix-huit mai mil huit cent dix, le présent acte a été, en Convent-Général, revêtu de la signature de tous les Chevaliers présens, auxquels chacun des monumens y relatés a été présenté par le Magistère, et, séance tenante, déposé dans la caisse à cinq clefs (1), après avoir reçu le serment de tous, conformément à la loi du 29 Véadar.

Suivent plus de 200 signatures, parmi lesquelles on remarque celles d'un grand nombre de hautes notabilités scientifiques, littéraires, administratives, judiciaires et militaires.

De par LL. AA. EE.

Le Ministre de l'Ordre, Secrétaire-Magistral,

☩ F. Auguste-Savinien de Lorraine.

Scellé par nous Vice-Grand-Chancelier de l'Ordre,

☩ F. Louis de Sundgaw.

Bernard-Raymond, par la grace de Dieu, et les suffrages de nos Frères, Grand-Maître de la Milice du Temple, S. P. et P.

A tous ceux qui ces présentes verront ou entendront lire,

Salut, salut, salut.

Vu le procès-verbal des séances du Convent-Général, des 1er et 5 Nisan et 6 Tab 695, constatant les changemens et les modifications faits aux statuts de l'Ordre du Temple,

---

(1) La caisse de dépôt est aujourd'hui fermée à douze clefs (*Voyez* p. 39, note).

Vu le titre des Statuts généraux, portant que les Statuts sont composés des règles sanctionnées par les Convens-Généraux,

Vu les dispositions de la règle *intime*, prescrites ou consacrées par nos plus anciens Convens-Généraux, etc., comprenant le Rituel magistral, pontifical et patriarchal, le Rituel lévitique, le Rituel militaire, le Rituel de l'initiation, le Rituel de la haute Milice et de la profession, le Manuel de la Chancellerie, le Formulaire du Temple, la Table d'Or, la règle de Saint-Bernard, le livre de la Morale, les Evangiles de l'apôtre Jean, S. P. et P., la Doctrine de l'initiation, etc., etc.;

Considérant que l'insertion de quelques articles de cette règle intime du Temple, dans l'archétype de la règle générale, doit, en rendant plus complète cette dernière règle, concourir à faire connaître plus particulièrement, et autant qu'il est possible, à tous les Frères, leurs droits et leurs devoirs religieux et militaires, le rang de l'Ordre *dans l'une* et *l'autre hiérarchie*, le style consacré pour la rédaction des lettres-patentes, diplômes etc., etc., etc.;

Vu, en outre, l'art. 37 des Statuts, par lequel est accordé au Grand-Maître le droit d'interpréter les règles et lois;

Notre Conseil privé entendu, nous avons décrété et décrétons ce qui suit :

Art. 1er. Les Statuts généraux de l'Ordre du Temple seront rédigés conformément aux décrets rendus par le Convent-Général, dans les séances des 1er et 5 Nisan et 6 Tab 695.

Art. 2. Seront insérées dans lesdits Statuts les dispositions de la *règle intime et légale*, qui nous ont été indiquées par sa Très-Sainte Eminence le Primat, notre vénérable Frère Guillaume des Antilles.

Art. 3. La rédaction des Statuts, en exécution et selon l'esprit de notre présent décret, sera soumise en Conseil-Magistral, à notre sanction Magistrale, Patriarchale, à la diligence des Ministres de l'Ordre, Grand-Sénéchal, Secrétaire-Magistral et Intendant-Général d'ambassade, que nous chargeons spécialement de la susdite rédaction.

Donné à Paris, en notre Palais-Magistral, le 23 de la lune de Nisan, l'an de l'Ordre 696, dixième de notre Magistère et de notre Patriarchat; 13 du mois d'avril, an de Notre Seigneur Jésus-le-Christ 1814.

Signé ✠ F. BERNARD-RAYMOND.

De par S. A. E.

Le Ministre de l'Ordre, Secrétaire-Magistral,

Signé ✠ F. ✠ ETIENNE DE LA BELGIQUE.

De par S. A. E.

Enregistré et scellé en la Grande-Chancellerie,

Le Ministre de l'Ordre, Grand-Chancelier,

Signé ✠ F. ✠ SIGISMOND DES LUCAYES.

De par S. A. E.

Enregistré en la Grande-Sénéchaussée,

Pour le Ministre de l'Ordre Grand-Sénéchal,

Signé ✠ F. JOSEPH DU MILANAIS.

Enregistré en la Cour Primatiale.

Le Ministre de l'Ordre, Primat,

✠ F. ✠ GUILLAUME DES ANTILLES,
Evêque de Saint-Domingue.

STATUTA

COMMILITONUM

ORDINIS TEMPLI,

E Regulis sancitis in Conventibus Generalibus, præsertim, in Conventu Generali *Versaliano*, anno quingentesimo octogesimo sexto, et in Conventibus Generalibus *Lutetianis*, anno sexcentesimo nonagesimo tertio, nec non anno sexcentesimo nonagesimo quinto, confecta, et in unum codicem coacta.

AD MAJOREM DE GLORIAM.

Bernardus-Raymundus, *Dei Gratiâ et Fratrum suffragiis*, Militiæ Templi Supremus Magister, Supremus Pontifex et Patriarcha, *omnibus has præsentes visuris vel audituris salutem, salutem, salutem.*

Conventus generalis commilitonum Templi, die primâ lunæ Nisan, anno Ordinis sexcentesimo nonagesimo quinto; anno nono Magisterii nostri nostrique patriarchatûs; primâ die mensis

Aprilis, anno D. N. J. C. millesimo octingentesimo decimo tertio, Parisiis habitus, MILITIÆ TEMPLI REGULAS, ut sic digestas, per universum Ordinis imperium, STATUTA, exsequendas DECREVIT.

. . . .

Voyez (*pour les Statuts de l'Ordre ou de la Chevalerie du Temple; pour la hiérarchie des charges bénéficiales, Commanderies, Bailliages, Grands-Prieurés, Grandes-Préceptoreries, Lieutenances-Générales, Grande-Maîtrise; pour le Tableau des Chevaliers qui composent le gouvernement et le corps législatif de l'Ordre; pour les Maisons Conventuelles; pour les Maisons des Dames Chevalières et Chanoinesses; pour les Maisons inférieures ou Maisons d'Épreuves; pour le costume, etc.*), Manuel des Chevaliers de l'Ordre du Temple, édition de 707-1825; Rituel de la Chevalerie; Rituel des Abbayes; Rituel des Postulances et des Maisons d'initiation, etc.

(254)

TRADUCTION de la série chronologique des TT. SS. PP. Souverains-Pontifes de la Sainte Église du Christ, d'après la Table d'Or, la tradition apostolique et la Charte de transmission.

ORDRE NUMÉRIQUE des Saints-Pères.	NOMS.	ÈRE Chrétienne.
1	✠ JÉSUS, LE CHRIST, Fils de Dieu notre Père et Seigneur, son Messie sur la terre, et son premier Apôtre, Envoyé pour y rétablir la Loi éternelle et son culte trois fois Saint.	1
2	✠ F. Jean, Apôtre (Christ), frère, et premier successeur de Jésus dans la principauté de l'Apostolat.	33
3	✠ F. Zébédée (C.).	99
4	✠ F. Simon (C.).	109
5	✠ F. Tite (C.).	111
6	✠ F. Joseph (C.).	134
7	✠ F. Théodecte (C.).	158
8	✠ F. Jonas (C.).	162
9	✠ F. Zacharie (C.).	191
10	✠ F. Joseph de Césarée (C.).	205
11	✠ F. Marc (C.).	219
12	✠ F. Jérôme (C.).	244
13	✠ F. Cyrille (C.).	260
14	✠ F. David (C.).	272
15	✠ F. Adrien Antoine (C.).	286
16	✠ F. Agathon (C.).	289
17	✠ F. Mathias (C.).	317
18	✠ F. Athanase (C.).	334
19	✠ F. Jean Tite (C.).	353

ORDRE NUMÉRIQUE des Saints Pères.	NOMS.	ÈRE Chrétienne.
20	✠ F. Felix (C.).	358
21	✠ F. Thomas (C.).	381
22	✠ F. Agrippa (C.).	382
23	✠ F. Mathieu d'Alexandrie (C.).	390
24	✠ F. Chrisostôme (C.).	415
25	✠ F. Isaac (C.).	422
26	✠ F. Diodore (C.).	451
27	✠ F. Julien (C.).	483
28	✠ F. Prosper (C.).	500
29	✠ F. Justin (C.).	508
30	✠ F. Auguste (C.).	519
31	✠ F. Aurélien (C.).	520
32	✠ F. Faustin (C.).	539
33	✠ F. Paul de Judée (C.).	543
34	✠ F. Eusèbe (C.).	567
35	✠ F. Irénée (C.).	575
36	✠ F. Epicrate (C.).	598
37	✠ F. Maxime (C.).	614
38	✠ F. Antonin Romain (C.).	662
39	✠ F. Christophe (C.).	665
40	✠ F. Grégoire (C.).	677
41	✠ F. Léonce (C.).	689
42	✠ F. Eugénien (C.).	703
43	✠ F. Samuel d'Antioche (C.).	724
44	✠ F. Théobald Bysantin (C.).	26

ORDRE numérique des Saints-Pères.	NOMS.	ÈRE Chrétienne.
45	✠ F. Raphaël (C.).	741
46	✠ F. Michaël (C.).	770
47	✠ F. Priscillien (C.).	782
48	✠ F. Valère (C.).	785
49	✠ F. Corneille (C.).	794
50	✠ F. Claude (C.).	806
51	✠ F. Sylvestre (C.).	833
52	✠ F. Etienne Simon (C.).	849
53	✠ F. André Philippe (C.).	865
54	✠ F. Cléophas d'Égypte (C.).	888
55	✠ F. Ovide (C.).	903
56	✠ F. Porphyre (C.).	905
57	✠ F. Jacob de Samarie (C.).	916
58	✠ F. Anatole (C.).	918
59	✠ F. Irenée Céphas (C.).	945
60	✠ F. Damase (C.).	954
61	✠ F. Siméon Claude (C.).	977
62	✠ F. Romain (C.).	997
63	✠ F. Jean Léon (C.).	1012
64	✠ F. Zacharie (C.).	1014
65	✠ F. Alexandre Dactyle (C.).	1020
66	✠ F. Lazare Iduméen (C.).	1038
67	✠ F. Cyprien (C.).	1055
68	✠ F. Eustate (C.).	1087
69	✠ F. Théoclet (C.).	1099

ORDRE NUMÉRIQUE des Saints-Pères.	NOMS.	GRANDS-MAITRES du Temple.	AN de l'Ordre.	AN de l'Ère Chrétienne.
70	✠ F. Hugues de Payens (C.).	1	1	1118
71	✠ F. Robert de Croï (C.).	2	21	1139
72	✠ F. Eberhart des Barres (C.).	3	29	1147
73	✠ F. Bernard du Tremblay (C.).	4	33	1151
74	✠ F. Bertrand de Blancfort (C.).	5	36	1154
75	✠ F. Philippe de Naples (C.).	6	51	1169
76	✠ F. Odon de St.-Amand (C.).	7	53	1171
77	✠ F. Arnauld de la Tour-Rouge (C.).	8	62	1180
78	✠ F. Jean de Terric (C.).	9	67	1185
79	✠ F. Girard de Riderfort (C.).	10	69	1187
80	✠ F. Robert de Sables (C.).	11	73	1191
81	✠ F. Gilbert d'Eralic (C.).	12	78	1196
82	✠ F. Philippe du Plessis (C.).	13	83	1201
83	✠ F. Guillaume de Carnote (C.).	14	99	1217
84	✠ F. Pierre de Montaigu (C.).	15	100	1218
85	✠ F. Armand de Pierre-Grosse (C.).	16	111	1229
86	✠ F. Hermann - Petragorius (C.).	17	119	1237
	✠ F. (Guillaume de Rochefort, Régent).		126	1244
87	✠ F. Guillaume Sonnéius (C.).	18	129	1247
88	✠ F. Renauld Vichierus (C.).	19	132	1250

ORDRE NUMÉRIQUE des Saints-Pères.	NOMS.	GRANDS-MAITRES du Temple.	AN de l'Ordre.	AN de l'ère Chrétienne.
89	✠ F. Thomas Berauld (C.).	20	139	1257
90	✠ F. Guillaume de Beaujeu (C.).	21	156	1274
91	✠ F. Théobald Gaudin (C.).	22	173	1291
92	✠ F. Jacques de Molay (C.).	23	180	1298
93	✠ F. Jean-Marc Larménius de Jérusalem (C.).	24	196	1314
94	✠ F. Thomas-Théobald d'Alexandrie (C.).	25	206	1324
95	✠ F. Arnauld de Bracque (C.).	26	222	1340
96	✠ F. Jean de Clermont (C.).	27	231	1349
97	✠ F. Bertrand Duguesclin (C.).	28	239	1357
98	✠ F. Jean d'Armagnac (C.).	29	269	1381
99	✠ F. Bertrand d'Armagnac (C.).	30	274	1392
100	✠ F. Jean d'Armagnac (C.).	31	301	1419
101	✠ F. Jean de Croï (C.).	32	333	1451
	✠ F. (Bernard-Imbert, Lieutenant-Général d'Afrique, Régent).		354	1472
102	✠ F. Robert de Lenoncourt (C.).	33	360	1478
103	✠ F. Galéas de Salazar (C.).	34	379	1497
104	✠ F. Philippe de Chabot (C.).	35	398	1516
105	✠ F. Gaspard de Saulx de Tavannes (C.).	36	426	1544
106	✠ F. Henry de Montmorency (C.).	37	456	1574

(259)

ORDRE NUMÉRIQUE des Saints-Pères.	NOMS.	GRANDS-MAITRES du Temple.	AN	
			de l'Ordre.	de l'ère Chrétienne.
107	✠ F. Charles de Valois (C.).	38	497	1615
108	✠ F. Jacques Rouxel de Grancey (C.).	39	533	1651
109	✠ F. Jacques Henry de Durfort, Duc de Duras (C.).	40	563	1681
110	✠ F. Philippe, Duc d'Orléans (C.).	41	587	1705
111	✠ F. Louis-Auguste de Bourbon, Duc du Maine (C.).	42	606	1724
112	✠ F. Louis-Henri de Bourbon-Condé (C.).	43	619	1737
113	✠ F. Louis-François de Bourbon-Conti (C.).	44	623	1741
114	✠ F. Louis-Henri-Timoléon, Duc de Cossé-Brissac (C.).	45	658	1776
	✠ F. (Claude-Mathieu Radix de Chevillon, Lieutenant-Général d'Europe, Régent).		674	1792
115	✠ F. Bernard-Raymond Fabré-Palaprat de Spolète (C.).	46	686	1804

FIN DU TABLEAU CHRONOLOGIQUE DES SOUVERAINS PONTIFES.

RITUEL-CÉRÉMONIAIRE

DU SAINT-SACRIFICE EUCHARISTIQUE,

OU

PREMIER SERVICE RELIGIEUX,

QUI A LIEU LES JOURS DE FÉRIE.

Sont jours de férie les dimanches et les fêtes solennelles prescrites par décision de la Cour Apostolique Patriarchale.

Dans les premiers temps du christianisme, le samedi était le jour principal de férie, et le premier service avait lieu le vendredi, après le coucher du soleil. Un second service d'actions de graces était célébré le samedi avant le coucher du soleil.

Depuis long-temps on est dans l'usage de faire le service du Saint-Sacrifice le dimanche matin, et le service d'actions de graces, ou vespéral, dans la soirée, aux heures qui conviennent au plus grand nombre.

(*Voyez le diurnal lévitique, pour le service d'actions de graces, et les services quotidiens.*)

1º. Entrée des lévites au son d'une musique religieuse.

De jeunes lévites, ou enfans de chœur, portent l'autel et ouvrent la marche (1).

---

(1) Dans les lieux où il existe des maisons du Temple, il est du devoir des

2° Les lévites se placent en demi-cercle autour de l'autel, après l'avoir posé sur une estrade, vers la partie antérieure du sanctuaire (1).

3° Ici ont lieu, ainsi qu'il suit, les prières et cérémonies du Saint-Sacrifice, conformément au diurnal quotidien, avec les modifications dans le service des jours fériés, prescrites par décision des supérieurs de l'Eglise.

4° Le lévite-officiant, *évêque* ou *prêtre*, placé derrière l'autel, et constamment tourné vers le peuple, lève les mains au ciel, et fait la prière suivante :

« Grand Dieu, nous vous prions de daigner répandre votre
« bénédiction toute puissante sur notre patrie, notre souverain
« N...... (ou bien sur le chef ou sur les chefs de l'Etat); [*on*
« *ajoute, en France* : et sur les mandataires de la nation], sur tous
« les peuples de la terre, sur votre Eglise, en général, sur chacun
« des frères qui la composent en particulier, et principalement
« sur la personne du Très-Saint-Père, Prince des Apôtres, Sou-
« verain Pontife et Patriarche, Grand-Maître du Temple N....
« qu'il a plu à votre sagesse de nous donner, pour transmettre à
« votre milice vos saints commandemens. »

Tous répondent : « Gloire à Dieu ! »

---

chevaliers et autres membres de ces maisons, de se présenter revêtus de leurs insignes, pour servir d'escorte aux lévites, et participer à toutes les cérémonies d'une religion dont la doctrine et les précieuses archives ont été placées *par le Souverain Pontife et Patriarche', Théoclet*, sous la protection, la garde et la défense spéciales de la Milice du Temple. Le même devoir est imposé aux *Dames Chevalières* et *Chanoinesses.*

(1) L'autel est en forme de table.

On pose au milieu de la partie antérieure une croix orientale ; à la droite de l'officiant une cassolette en réchaud avec des charbons ardens, un porte-encens et une cuiller ; et à sa gauche, un vase contenant l'eau de l'aspersion et une branche de laurier. Une lampe est placée de chaque côté de la croix.

La partie postérieure (du côté de l'officiant), est destinée à recevoir le pain et le vin du sacrifice.

Pour aider la mémoire de l'officiant, on peut placer un pupitre sur l'autel avec le livre des prières, ou diurnal.

5° Puis, étendant les mains sur les fidèles, il dit :

« Que le Dieu fort, puissant et invincible, nous donne force
« et puissance pour combattre nos passions, les vaincre, et ac-
« complir, pour sa gloire, les vœux que nous avons faits au
« pied de son trône ! »

Tous répondent : « Gloire à Dieu!
« Vive Dieu Saint Amour ! »

6° Après cela, l'officiant brûle de l'encens dans le réchaud-cas-
solette, et il asperge les fidèles en s'écriant : « Purifions nos cœurs
« en présence du Saint des Saints, et qu'ils restent à jamais
« exempts de toute souillure. »

7° Puis l'officiant dit, en s'inclinant sur l'autel :

« Je me présente devant vous, ô mon Dieu! pour offrir à
« votre souveraine Majesté le symbole du sacrifice consacré par
« les paroles, trois fois saintes, du Christ, et prescrit par votre
« Eglise, afin de rappeler éternellement que votre Fils Jésus,
« notre Père et Seigneur, s'est offert en holocauste pour le sou-
« tien de votre loi.

« C'est en commémoration de son amour pour nous, pour en-
« tretenir nos frères dans l'union et la charité qui doit régner
« entre eux, que je viens bénir et leur présenter le pain et le
« vin par lesquels nous marcherons à la vie éternelle, si nous
« avons le bonheur d'écouter vos paroles, d'où découlent l'es-
« prit et la vie, et de pratiquer votre foi.

« Quelle que soit mon indignité, j'aborde, ô Seigneur ! votre
« saint autel, plein de confiance dans votre infinie miséricorde. »

8° Levant les mains vers le ciel, il dit :

« Dieu éternel, Père, Fils et Saint-Esprit! recevez nos
« hommages, exaucez nos vœux, et donnez-nous votre lumière!
« Trinité Sainte, agréez nos louanges et nos actions de grâces! »

9° Il quitte l'autel, s'avance vers le peuple, et dit : « Mes
« frères, glorifions le Seigneur. »

Tous disent ensemble :

« Gloire à Dieu dans le ciel, et paix sur la terre aux
« hommes de bonne volonté. Grand Dieu ! nous vous louons,
« nous vous bénissons, nous vous adorons, nous vous glori-
« fions, nous vous rendons graces. »

L'officiant étend la main droite sur les fidèles, et dit :

« Que le Seigneur soit avec vous ! »

Tous répondent : « Gloire à Dieu ! »

10° L'officiant retourne à sa place derrière l'autel, et levant les mains vers le ciel, il dit :

« Que Dieu éclaire notre esprit, qu'il le pénètre des vé-
« rités éternelles, et nous donne la grace de marcher dans la
« voie de la justice et de la charité.

R. « Gloire à Dieu ! »

Puis il dit :

« Seigneur, donnez-nous l'intelligence des vérités saintes
« que vous avez daigné révéler aux hommes par vos prophètes
« et par Jésus, votre Fils.

R. « Gloire à Dieu ! »

11° Un diacre s'avançant vers le peuple, au côté droit de l'autel, lit un passage des Epîtres ou des Evangiles.

12° Les lévites entonnent un des cantiques consacrés par l'Eglise (*Voyez le diurnal*). Tous les fidèles prennent part au chant, et célèbrent en chœur le Dieu éternel.

13° Les lévites vont se placer sur leurs siéges, et un prêtre lit la profession de foi, en entier ou en abrégé.

SYMBOLE DE LA FOI APOSTOLIQUE,

OU

PROFESSION DE FOI DES CHRÉTIENS DE L'ÉGLISE PRIMITIVE
OU UNIVERSELLE.

ART. 1er. Je crois en Dieu, Père, Fils et Saint-Esprit.

2. Je crois que Dieu existe de toute éternité, et que, de

même qu'il remplit l'infinité du temps, il remplit aussi l'infinité de l'espace.

3. Je crois que Dieu, éternel, infini, est un, immuable, souverainement grand, souverainement puissant, souverainement bon, et souverainement juste et parfait.

4. Je crois que tout ce qui existe n'existe que par Dieu, et en Dieu, et que toutes les parties de l'univers, créées, formées et constituées, dans le temps, par un acte de la volonté éternelle de la divine Providence, sont destinées à subir aussi, dans le temps, après leur dissolution, d'autres modes d'existences, selon ce qui est prescrit par l'intelligence, la volonté et la justice souveraines et éternelles de Dieu.

Conséquemment, je crois à une autre vie de l'homme, dont il n'est point donné à l'intelligence humaine de connaître la nature.

5. Je crois que Dieu, en donnant à l'homme le libre arbitre, lui a fait une loi *de la charité*, et qu'il a gravé dans son cœur ce précepte, trois fois saint : « *Fais aux autres, autant que tu le pourras, ce que tu voudrais qui te fût fait : ne fais pas aux autres ce que tu ne voudrais pas qu'on te fît.* » Conséquemment, je crois que lorsque son organisation n'est pas altérée, l'homme a la faculté de faire le bien et d'éviter le mal.

6. Je crois que, dans la vie future, et au sein d'une nouvelle existence, une émanation de nous, l'ame, ou ce qui perçoit les sensations, en dirige le résultat, et en conserve le souvenir chez tous les êtres doués du libre-arbitre ; je crois que cette émanation, ou ame, sera récompensée ou punie, selon que l'homme ou l'être duquel elle émanera aura observé ou transgressé la loi de charité ; mais, attendu que la justice de Dieu est infinie, et que notre intelligence a des bornes, il ne nous est pas donné même de pressentir quelles seront la nature et la durée des récompenses et des peines.

7. Je crois que Jésus-le-Christ est Fils de Dieu ; qu'il est son Verbe et son Messie sur la terre ; qu'il est venu pour rétablir la

loi sainte qui doit nous conduire à la connaissance de la vérité et au bonheur, et qu'il est mort pour sceller de son sang la loi de Dieu, affermir notre croyance, et opérer ainsi notre salut.

8. Je crois qu'il n'existe qu'une religion vraie, celle qui a été révélée à notre raison par la volonté de Dieu, en son Prophète et Pontife Moïse, et par le Christ, notre divin législateur.

9. Je crois qu'après avoir rétabli dans sa pureté primitive, et rendu à la sanctification la loi divine, dont Moïse fut le conservateur et le ministre, Jésus-le-Christ a constitué douze Apôtres, ou Evêques supérieurs, ainsi que des Evêques soumis à la juridiction desdits Apôtres, et qu'il a aussi institué des prêtres docteurs de la loi, et autres Disciples lévites, afin que, sous l'autorité du chef des Apôtres que, dans la personne de son Disciple bien-aimé Jean, il a qualifié de Père de l'Eglise, ces Apôtres, Evêques et autres, fussent les pasteurs de cette même Eglise, et les successeurs légitimes de lui, le Christ, pour la dispensation de la parole divine.

10. Je crois que la transmission des pouvoirs aux Apôtres et autres Evêques, ainsi qu'aux prêtres, consiste essentiellement et radicalement dans l'onction sainte et le prononcé des paroles : « *Reçois l'Esprit-Saint; et ceux auxquels tu auras remis les fautes, elles seront remises, et ceux auxquels tu les auras retenues, elles seront retenues.* » Paroles proférées par le Christ, lorsqu'il institua le *Sacrement de l'Ordre*, ou *Sacerdoce*, etc., qu'il invoqua la descente de l'Esprit de Dieu sur les lévites, qu'il les oignit en le Paraclet, et qu'il les établit pour être les ministres de son Eglise.

11. Je crois que les Apôtres et les Evêques, sous la direction desdits Apôtres, ont reçu du Christ la puissance de transmettre successivement, jusqu'à la fin des siècles de l'homme, leurs pouvoirs à d'autres lévites ; et que c'est en vertu de cette puissance que, depuis Saint-Jean, le Disciple le plus intime du Christ, l'ami de son cœur, l'Apôtre de l'amour fraternel, et le régulateur de l'apostolat, il a existé constamment, et sans au-

cune interruption sur la terre, une transmission successive des mêmes pouvoirs pour assurer la perpétuité du gouvernement légitime de l'Eglise, une et indivisible de notre divin maître, le Christ.

12. Je crois que, l'Eglise étant soumise à un ordre hiérarchique de pouvoirs lévitiques, nous sommes tenus d'obéir aux décisions légalement émanées de ces mêmes pouvoirs, en tout ce qui n'est pas contraire à la loi du Christ, loi qui est une et inaltérable, et que l'Eglise primitive a su converver pure, sans mélange, et toujours sainte, telle que le Christ la lui a transmise, et que les Apôtres, premiers disciples du Christ, et les Apôtres leurs successeurs, réunis en assemblée ou Cour apostolique, sous le haut épiscopat du Prince des Apôtres, Souverain Pontife et Patriarche, Père de l'Eglise, ont transmis et transmettront aux diverses générations des fidèles, par le moyen de l'Ecriture-Sainte et de la tradition évangélique-apostolique.

13. Je crois que la véritable doctrine religieuse ou dogmatique se trouvant absolument, et textuellement dans ladite Ecriture et dans ladite tradition apostolique, conservées précieusement dans le sein de l'Eglise primitive, *nulle puissance sur la terre n'a le droit de faire subir à cette doctrine, émanée de Dieu, aucune modification*, et que le pouvoir dont sont investis les Apôtres et autres Evêques, ainsi que les prêtres ou docteurs de la loi, ne s'étend que sur les objets de discipline, la liturgie et le gouvernement de l'Eglise et de ses fidèles.

14. Je crois que l'Ecriture, et la tradition, étant l'expression claire et formelle de la religion de Dieu éternel, ne peuvent contenir aucun sens, aucune expression qui pourraient être considérés comme ambigus, absurdes, immoraux, impies; conséquemment que tout ce qui, dans la lettre et l'esprit de l'Ecriture, et l'exposé de la tradition, pourrait avoir un caractère d'ambiguité, qui ne serait pas clair, précis, positif, et qui blesserait la raison que nous tenons de Dieu, la pureté des mœurs évangéliques et sociales, et le saint amour

de Dieu et du prochain, n'est qu'une œuvre d'iniquité, et que ces passages doivent être rejetés.

15. Je crois que le chrétien doit pratiquer essentiellement les trois vertus théologales, ou de la religion, la *foi*, *l'espérance* et la *charité*; mais que la foi et l'espérance ne servant de rien sans la charité, il est nécessaire qu'un vrai chrétien n'existe que pour la charité, et que la *foi*, *l'espérance*, et toutes nos actions soient dirigées par cette même *charité*.

16. Je crois que, puisqu'il nous est imposé de pratiquer, en tout et par tout, la charité, tous les hommes, sans exception, ont des droits égaux à notre bienveillance; conséquemment, qu'il ne nous appartient pas de juger si un homme qui n'aurait pas le bonheur de marcher dans la route de la vraie religion, révélée par le Seigneur-le-Christ, mérite les anathèmes de ses semblables, qui sont tous les enfans de Dieu et égaux en droits devant Dieu et devant les hommes, et surtout s'il mérite les anathèmes de Dieu son Père.

Je crois, au contraire, que ce serait offenser Dieu, dans sa justice et sa bonté infinies, que de penser que l'homme qui ne marche pas dans le sentier de la vérité révélée par le Christ, ne peut être sauvé, s'il est de bonne foi dans son erreur, et si, d'ailleurs, il se conforme à la loi éternelle émanée de l'amour de Dieu : « Ne fais pas, etc., fais, etc. »

17. Je crois qu'il existe dans la Sainte Eglise catholique primitive, ou universelle, des sacremens institués pour la plus grande édification des fidèles, sans exception, et que nous sommes tenus de vénérer ces sacremens, et, quand il y a lieu, de les recevoir avec piété et reconnaissance.

18. Je crois que, l'homme étant doué du libre-arbitre, il doit ne faire profession de foi religieuse qu'après s'être livré à une étude attentive et approfondie de la doctrine; qu'après l'avoir soumise aux témoignages réunis de sa raison, de son cœur, de ses inspirations et de sa conscience; enfin, qu'après avoir invoqué avec ardeur l'assistance de Dieu, Père et Fils, et les lu-

mières du Saint-Esprit, et avoir acquis, au sein du recueillement et de la méditation, une pleine et entière conviction.

19. Je crois que tout acte de foi qui ne serait pas le résultat d'une conviction raisonnée, pleine et entière, ne saurait être agréable à Dieu, parce qu'un tel acte n'aurait pas pour soutien la foi et l'espérance, qu'il n'aurait pas reçu l'impulsion de la charité, et qu'il ne serait appuyé que sur l'hypocrisie et le mensonge.

20. Je crois que Jésus-le-Christ ayant dit : « *Rendez à César ce qui appartient à César,* » l'Eglise, d'après ce précepte de rigueur, doit, en général, et ses ministres et ses fidèles doivent, en particulier, soumission entière *aux Puissances temporelles*, quelles qu'elles soient; mais je crois aussi que Jésus-le-Christ ayant ajouté : « *Rendez à Dieu ce qui est à Dieu*, » et ce qui est à Dieu étant du domaine de la religion ou de la *Puissance éternelle*, et l'Eglise étant établie par Jésus-le-Christ pour régir et gouverner ce qui est du domaine de la religion, je crois aussi que nul autre que les ministres, successeurs légitimes des Apôtres et Disciples du Christ, n'a le droit de prendre part au saint gouvernement de l'Eglise.

21. En un mot, je crois et professe, sans exception aucune, tout ce que croit, professe et enseigne l'Eglise catholique primitive, ou universelle, telle qu'elle a été établie par Jésus-le-Christ, notre Père et Seigneur; telle que ledit notre Seigneur l'a placée sous l'autorité des Apôtres; telle enfin qu'elle a été depuis, qu'elle est encore et qu'elle sera toujours, sous l'autorité des successeurs légitimes desdits Apôtres, seuls dépositaires de la vraie tradition dogmatique, et seuls chargés de gouverner la sainte Eglise du Christ, soit par eux-mêmes, soit par les autres évêques, les prêtres, les diacres et les lévites des six ordres inférieurs, sous la direction suprême du Prince, ou Père des Apôtres, institué par le Christ pour maintenir l'harmonie, l'unité et la charité dans le sein des pasteurs et du troupeau que ledit Christ leur a confié.

Telle est la foi de l'Eglise de Jésus-le-Christ, dont je déclare que j'ai le bonheur de faire partie, et dont je suis et serai, jusqu'à la mort, le fidèle serviteur.

Que Dieu m'accorde sa grace !

Ainsi soit-il.

Bénissons le Seigneur.

Ainsi soit-il.

(*Voyez*, dans le *Diurnal lévitique*, l'abrégé de la profession de foi dont on donne lecture pendant les cérémonies du sacrifice quotidien. *Voyez* dans le même recueil, les prières et cérémonies pour l'administration du baptême, et pour les divers actes religieux consacrés par l'usage, et autorisés par décision de la Cour Apostolique-Patriarchale.)

14° Prédication ou conférence.

15° Recueillement, méditation.

16° Les lévites vont prendre l'officiant, et le conduisent à l'autel sur lequel il brûle, de nouveau, de l'encens ; puis il s'asseoit. — Musique.

17° Deux diacres apportent l'un le pain, l'autre le vin de la communion, qu'ils placent sur l'autel ; le pain est sur une patène, et le vin dans un calice. Un enfant de chœur les précède en portant une aiguière remplie d'eau, un bassin et une serviette.

18° L'officiant se lave les mains, et dit :

« Purifiez-moi, ô mon Dieu ! afin que je puisse vous offrir,
« avec des mains pures, le sacrifice de l'Eucharistie de notre
« Seigneur le Christ. »

19° Puis, plaçant la main droite sur la patène, et l'autre sur le calice, il dit :

« Nous vous offrons, Dieu éternel, le pain et le vin, selon
« les paroles de notre Seigneur Jésus-le-Christ, comme étant le
« sacrifice le plus digne de vous pour l'expiation de nos fautes,

« pour l'édification de votre sainte Eglise, et pour le bonheur
« de tous les hommes vivans et morts, afin qu'il soit pour eux
« et pour nous le gage du salut éternel. »

R. « Amen. »

20° Le prêtre continuant dit :

« O Jésus ! notre divin Maître, qui avez consacré la loi Sainte
« en donnant votre corps, et en répandant votre sang, ren-
« dez-nous dignes du bonheur éternel, et que votre mort de-
« vienne la vie pour nous. »

R. « Gloire à Dieu ! »

Prenant la patène et le calice, il dit :

« Dieu infini ! avec ce pain et ce vin nous vous offrons, par
« les paroles de Jésus-le-Christ, qui seules sont l'esprit et la vie,
« le sacrifice symbolique de sa chair et de son sang, qu'il vous
« offrit lui-même, et qui doivent nourrir de la vie éternelle ceux
« qui en mangent et en boivent. »

21° S'adressant aux fidèles, il dit :

« Priez, mes frères, afin que le sacrifice que je vais offrir, et
« qui est aussi le vôtre, soit agréable à Dieu notre Père, et qu'il
« le reçoive de mes mains pour la gloire de son nom, et pour
« le bien de toute son Eglise. »

R. « Amen. »

22° Se mettant à genoux (les assistans se mettent aussi à
genoux), et levant les mains au ciel, l'officiant dit :

« Dieu Tout-Puissant qui nous avez créés à votre image, et
« qui nous avez faits capables de vous aimer et de vous posséder
« éternellement, nous vous adorons en toute humilité comme le
« souverain Seigneur de toutes choses ; nous espérons en vous,
« et nous vous aimons de tout notre cœur, parce que vous êtes
« notre Père, et que nous ne sommes qu'en vous et par vous, et
« que votre miséricorde, votre bonté, et votre justice, n'ont
« point de bornes. »

« Grand Dieu, à qui tout est soumis, nous reconnaissons que
« nous n'avons rien qui ne vienne de vous ; nous ne cesserons de

« publier vos perfections infinies, et de vous remercier de tous
« vos bienfaits, surtout de ce que vous nous avez éclairés de la
« vraie foi, en nous plaçant dans le sein de l'Église pure, ca-
« tholique et apostolique de votre Fils Jésus-le-Christ, et en
« nous inspirant la plus grande tolérance pour ceux qui ont le
« malheur de ne point marcher selon la foi de cette même
« Église. »

Puis se levant, il dit :

« Mon Dieu ! tous les hommes sont vos enfans ! daignez les
« illuminer de votre Esprit-Saint, et les faire vivre en frères. »

Ensuite il prend la croix placée sur l'autel, et dit, en l'élevant sur le peuple :

« Seigneur, par la croix sainte, symbole et témoignage de
« votre bonté infinie, permettez que nous vous adressions nos
« prières pour les bienfaiteurs de cette Eglise, pour nos parens,
« nos amis, nos ennemis, et généralement pour tous nos frères
« présens et absens qui vivent dans la vie humaine ou dans
« toute autre vie. Bénissez-les, purifiez-les, éclairez-les, et con-
« duisez-les dans les voies du salut éternel par les mérites de
« notre Seigneur Jésus-le-Christ. »

Puis s'adressant au peuple, il dit :

« Mes frères, Dieu, notre Seigneur, a fait entendre ses pa-
« roles par la bouche de Jésus son Fils ; adorons le Seigneur, et
« préparons-nous pour le Saint-Sacrifice de son autel. »

23° L'officiant, ou un des prêtres assistans, rappelle l'origine
de la cène et le motif de sa célébration dans l'Église chrétienne. Il
prévient que nul ne peut y participer, si son ame n'est pure de
toute atteinte à la loi éternelle gravée dans le cœur de l'homme :
« *Ne fais pas à autrui*, etc. »

Il invite ses frères à expier leurs fautes par le repentir, et la
ferme volonté de les réparer par la pratique du bien et du juste.

Pour rendre encore plus sainte la résolution des frères de
marcher dans le chemin de la vertu, il annonce qu'il va mettre
le sceau à leur repentir, en les absolvant au nom du Seigneur le

Christ; mais il déclare que toute absolution est inutile, sans le regret le plus sincère d'avoir failli, et sans la volonté positive de se tenir constamment dans les voies de la charité chrétienne.

Ensuite, étendant ses bras sur l'assemblée, dont tous les membres sont à genoux, il prononce les paroles suivantes de l'absolution : « *Que les fautes soient pardonnées à ceux qui, par* « *leur repentir, sont dignes de pardon; qu'elles soient retenues à* « *ceux qui n'ont pas su, par un repentir sincère, se rendre dignes* « *de pardon.* »

24° L'officiant rapproche le calice de la patène, étend ses mains dessus, et fait avec ses mains un signe de croix sur le pain et le vin, puis il dit, d'un ton solennel :

« Voici le pain et le vin qui sont descendus du Ciel.... Si « quelqu'un en mange et en boit, il vivra éternellement.... C'est « ma chair et mon sang. En vérité, je vous le dis, si vous ne « mangez la chair du Fils de l'Homme, et ne buvez son sang, « vous n'aurez pas la vie en vous. Celui qui mange ma chair « et boit mon sang demeure en moi, et je demeure en lui.... « Mais c'est l'esprit qui vivifie, la chair ne sert de rien; mes « paroles seules sont l'esprit et la vie. » (*Sixième Évangile de* « *l'Apôtre Jean*).

25° Ensuite il prend la patène de la main droite, et le calice de la main gauche. Il les présente au peuple, et entonne en même temps un cantique sur l'amour de Dieu et du prochain.

Ce cantique est chanté par tous les assistans.

26° S'adressant au peuple, sur lequel il étend ses mains, l'officiant dit :

« Que notre ame se recueille, que nos vœux et nos prières « s'élèvent vers le grand Dieu vivant, comme la fumée de cet « encens ! (Ici le prêtre brûle de l'encens). Que l'Eternel daigne « recevoir cet holocauste sacramentel, en hommage de notre « reconnaissance, de notre vénération, et de notre amour ! »

Puis il dit, en levant les mains vers le Ciel :

« Seigneur, purifiez nos cœurs, détruisez-en nous tous les
« mouvemens de la concupiscence charnelle, afin que nous
« soyons plus dignes de proclamer vos bienfaits, et de chanter
« vos louanges.

« Dieu suprême! créateur, source et principe de tous les
« êtres, vous qui réunissez tout ce qui est, et le nom de toutes
« les créatures, sans que les hommes aient pu exprimer vos in-
« finies perfections; vous, par lequel, et dans lequel existe cet
« univers suspendu sur nos têtes, et qui semble rouler autour de
« la terre; c'est à vous seul qu'il obéit. Il marche et il observe
« en silence la loi éternelle que vous lui avez imposée. Être infini!
« nous aussi, nous reconnaissons votre loi, nous vous adorons et
« nous vous adressons nos vœux et nos prières, car vous daignez
« nous permettre de vous invoquer. Vous serez, grand Dieu!
« l'universel objet de nos louanges, et votre souveraine puis-
« sance sera le sujet de nos cantiques; votre empire est
« éternel, rien n'a pu se faire, rien ne se fait, rien ne se fera
« dans la nature sans vous, qu'en vous, par vous et pour vous;
« les destinées du monde, et celles des nations, s'accomplissent
« selon les lois éternelles et immuables de ce qui est, ou de
« vous, ô mon Dieu! Ces lois dominent à jamais le ciel, la
« terre, et toutes les parties de l'univers, et conséquemment la
« nature humaine qu'a daigné visiter votre Esprit. En un mot,
« elles dominent tous les êtres qui remplissent par vous l'infinité
« du temps et de l'espace, et qui, selon les paroles remar-
« quables (1) de l'Apôtre Paul (*dans lesquelles se trouve renfermé*
« *le mystère de votre Trinité*), ne vivent, ne se meuvent et n'exis-
« tent qu'en vous, qui êtes notre Dieu.

« Être infini! qui êtes tout ce qui est, et en lequel nous som-
« mes, nous agissons et nous possédons la vie intellectuelle, dai-
« gnez nous éclairer de plus en plus! Qu'un rayon de votre lu-
« mière se répande plus abondamment sur notre intelligence, si

---

(1) Act. des Ap., ch. 17, v. 28.

« tels sont les décrets de votre justice, pour éloigner de vos en-
« fans les ténèbres qui les environnent, et dans lesquelles ils ne
« pourraient que s'égarer ; donnez-leur une portion de cette
« sagesse avec laquelle vous gouvernez le monde, et vous vous
« gouvernez vous-même. Alors ils sauront que le bonheur qu'ils
« cherchent avec tant d'ardeur et de sollicitude, ne peut se
« trouver que dans l'accomplissement des devoirs que vous avez
« si bien assortis à leur nature ; et leur occupation la plus chère
« sera de chanter, pleins de vénération et de gratitude, vos
« sublimes perfections, et les bienfaits que vous répandez jour-
« nellement sur vos enfans, hélas ! trop souvent ingrats, et
« trop souvent eux-mêmes la cause des maux qu'ils éprouvent. »

27° Le Pontife brûle de l'encens : puis il prononce l'invocation suivante, en élevant les mains vers le Ciel :

« Dieu éternel et Tout-Puissant ! père de tous les hommes,
« votre règne s'étend sur l'univers, visible et invisible ; votre
« miséricorde est infinie. Que votre nom soit sanctifié, que
« votre volonté soit faite en tout, pour tout et partout ; donnez-
« nous la nourriture spirituelle et corporelle dont nous avons be-
« soin ; pardonnez-nous nos offenses comme nous pardonnons
« à ceux qui nous ont offensés ; que toute mauvaise tentation
« s'éloigne de nous, et délivrez-nous du mal. Amen. »

28° Puis l'officiant, croisant les mains sur la poitrine, et levant la tête vers le Ciel, dit :

« Seigneur, qui avez dit à vos Apôtres : Je vous laisse la paix,
« je vous donne ma paix ; n'ayez point égard à nos péchés, mais
« à la foi de votre Eglise, et donnez-nous la paix et l'union ! »

Puis élevant les mains vers le Ciel, il dit :

« Seigneur, Fils du Dieu vivant, qui êtes la lumière du
« monde, et avez rendu la vie aux hommes ! délivrez-moi, par
« le sacrement Eucharistique, de tous mes péchés et de tous
« autres maux ; faites que je demeure toujours attaché à vos com-
« mandemens, et ne permettez pas que je me sépare jamais de
« vous. »

29° Puis l'officiant communie, en prenant d'abord le pain et ensuite le vin (dont il conserve une part pour en faire la distribution aux fidèles, s'il y a lieu): dans ce cas, il répand sur le pain la partie du vin qu'il a réservée.

Musique pendant la communion.

30° Après la cène, l'officiant dit :

« Recevez, ô Trinité sainte ! l'hommage et l'aveu de ma dé-
« pendance, ayez pour agréable le sacrifice Eucharistique que
« j'ai offert à Votre Divine Majesté ; faites qu'il devienne un
« sacrifice de propitiation pour moi, et pour tous ceux pour
« qui je l'ai offert.

« Mes frères, que le Seigneur soit avec nous. Amen. »

31° Après cette prière, l'officiant brûle de l'encens, et entonne un cantique d'actions de graces, qui est chanté en chœur par tous les assistans.

32° Un diacre recommande les pauvres à la charité des fidèles.

33° Les dames hospitalières, chevalières ou chanoinesses, font la quête.

34° L'officiant fait la prière finale, et dit :

« Seigneur, Dieu de bonté et de miséricorde, créateur et
« conservateur de l'univers ! vous connaissez les besoins de vos
« créatures ; veuillez soutenir notre existence et perfectionner
« notre entendement, et daignez nous accorder la paix du corps
« et de l'ame, avec tous les biens nécessaires pour remplir di-
« gnement la destinée à laquelle nous sommes appelés par vos
« décrets impénétrables, et pour pouvoir obtenir dans les de-
« meures célestes l'éternité bienheureuse. Amen. »

35° Après la quête, l'officiant donne la bénédiction au peuple, sur lequel il étend les mains, en disant :

36° « Que l'Eternel daigne nous donner ses graces et sa bé-
« nédiction ! Allez en paix. »

Tous répondent :

« Gloire à Dieu !

« Vive Dieu-Saint-Amour ! »

37° Sortie des lévites conformément au cérémonial.

Nota. Voyez *le Diurnal lévitique* : pour les cantiques ; pour le vespéral, ou service d'actions de graces ; pour les diverses cérémonies relatives aux baptêmes, mariages, décès, etc., etc., et pour tous autres actes religieux, *autorisés* par la cour Apostolique-Patriarchale pour la plus grande instruction, l'édification ou la consolation des fidèles.

(NOTE A.)

ABRÉGÉ ANALYTIQUE

D'UN

COMMENTAIRE DE L'APOCALYPSE.[1]

§ Ier.

Des lois admirables régissant le monde physique, il est impossible que le monde intellectuel soit abandonné à lui-même.

---

(1) Quoique ce *Commentaire* d'un livre vénéré dans l'Église catholique primitive, et repoussé, comme absurde, par quelques esprits présomptueux, ne soit pas avoué par les autorités de cette même Église, l'on a pensé que les rapprochemens, vraiment remarquables, que l'on trouve entre cette manière d'expliquer le livre prévisionnel de Jean, et celle dont l'Eglise a, de tout temps, considéré cette œuvre d'inspiration extatique, et en quelque sorte divine, on a pensé, disons-nous, que ces rapprochemens suffisaient pour en autoriser l'insertion dans un ouvrage qui consacre l'Apocalypse comme un des livres authentiques de l'Église du Christ, et qui la présente tant comme une allégorie du monde planétaire dans lequel notre terre est placée, que comme une exposition prévisionnelle de ce qui devait arriver à l'Église primitive.

Conformément à l'opinion de l'un de nos plus savans docteurs allemands, le très-révérend Frère Z***, auquel nous devons cet abrégé analytique du Commentaire de l'Apocalypse, opinion que nous partageons entièrement, nous pensons (quel que soit le rapport sous lequel on envisage cette œuvre de l'apôtre Jean, et abstraction faite de toute action surnaturelle, et de toute inspiration d'en haut), qu'il est dans l'ordre des choses possibles et probables que Jean a été doué d'une grande puissance extatique, ou, pour parler le langage adopté en ce moment, d'une grande puissance magnétique : et par cela même que l'on voit assez fréquemment des somnambules donner des marques d'une lucidité extraordinaire, et se livrer à des actes *d'intuition* et de

Nous reconnaissons des lois rigoureuses qui régissent la naissance et la mort des hommes réunis en familles, ou en nations ; il n'est pas probable que dans le cours de la vie même de l'humanité, dans son histoire, ou dans la succession des âges de la famille humaine, il n'existe point certaines règles qui en dirigent les grands mouvemens.

§ II.

Nous apercevons bien les causes qui ont amené le bonheur ou la ruine des empires ; mais souvent nous n'y trouvons que des mystérieuses destinées, c'est-à-dire, des événemens, dont la cause, la liaison, le but nous échappent. Nous sentons toute la profondeur de cet Océan et la force supérieure qui l'agite ; mais le sentiment de notre faiblesse s'effraie à la vue de telles grandeurs, et recule, épouvanté d'un examen sérieux.

§ III.

Il est naturel que l'avenir nous paraisse bien plus mystérieux

---

prévision, qui frappent d'étonnement, et qui ne peuvent être révoqués en doute, pourquoi répugnerait-on à croire que (par la volonté de Dieu, car tout se fait par cette volonté) Jean ait reçu le don d'une immense lucidité prévisionnelle, pendant ses extases, de quelle dénomination qu'on les qualifie ; et que le langage hyéroglyphique et allégorique dont il a fait usage dans ces états anormaux des fonctions intellectuelles, ne soit l'expression également anormale d'événemens qu'il entrevoyait dans les divers élémens d'un avenir plus ou moins éloigné ?

Les hommes qui se livrent à *l'étude des faits*, et qui ont appris à ne pas raisonner d'après de vaines théories, se garderont bien de rejeter une telle explication qui, d'après les observations positives sur l'extase magnétique qu'a déjà recueillies la médecine, a le droit de prendre place à côté de tant d'autres explications consacrées par nos plus savans physiologistes.

C'est pour cela que nous avons cru devoir insérer ici celle que nous tenons de l'obligeance et du zèle évangélique de notre frère et collègue dans l'épiscopat, Z*** (dont nous avons cru devoir conserver religieusement toutes les phrases, toutes les expressions), et qui, nous le croyons, sera du moins considérée comme une explication infiniment ingénieuse.

encore. L'esprit humain ne voit pas au loin devant lui : à peine a-t-il quelque certitude de son lendemain. C'est que nous sommes peu par nous-mêmes; nos notions ne nous sont acquises que du temps passé. Quant au temps futur, nous n'avons que l'ardent désir d'en débrouiller le mystère.

§ IV.

Toutefois, dans le monde physique, l'homme sait calculer l'avenir jusqu'à un certain point; l'astronomie en a donné des preuves. Même dans le monde intellectuel, à certaines dispositions de l'enfant, nous jugeons de son état futur, de ses vertus, de ses passions, de son sort. L'humanité dans son ensemble paraît avoir aussi ses périodes et peut-être on peut par quelques indices reconnaître déjà à son premier âge les actions que doit produire son état viril. Toute explication serait ici très-hasardée. Mais si l'individu dans le somnambulisme voit *incontestablement*, quant à l'espace, et quant au temps, plus loin que dans l'état ordinaire, il est permis de penser que le somnambulisme puisse avoir des degrés indéfinis et que la Providence dans certains cas rares, et pour certains buts inconnus, ait doué certains hommes de la puissance de prévoir l'avenir à une grande distance. Ce serait ce qu'on appelle *révélation*. Nous examinerons si dans l'*Apocalypse* une telle prévision, portée à un des points les plus élevés, a pu s'étendre jusqu'aux événemens de nos jours.

§ V.

L'Apocalypse, ridicule aux yeux des esprits forts, désespoir des gens sensés, existe depuis plus de 1800 ans; les critiques les plus sévères l'ont reconnue comme authentique, l'ont reconnue comme l'ouvrage de *Saint-Jean*, l'Apôtre chéri et privilégié de *Jésus-le-Christ*. *Irenée* qui, dans son enfance, pouvait même avoir connu cet Apôtre, parle de l'Apocalypse et de son auteur.

§ VI.

Mille savans ont cherché à trouver la solution de cette énigme historique ; tous se sont égarés dans ce labyrinthe sacré. Newton et Haller, qu'on ne rangera pas du côté des esprits faibles, y ont échoué également. L'abbé *Bengel* a été plus heureux. Quarante ans avant la révolution française, il en a prédit, par l'Apocalypse, tous les événemens les plus marquans. Après la vérification, on a commencé a y croire. M. *Stilling*, plus connu sous le nom de *Ioung*, en a donné un commentaire, que nous suivrons avec d'autant plus d'attention, qu'il coïncide d'une manière remarquable avec celui dont nous avons eu l'avantage d'étudier les élémens dans les livres précieux qui constituent le trésor de l'Eglise primitive. Le développement successif des faits finira peut-être par faire croire ce qui paraît incroyable. Dans des temps très-éloignés, l'on aurait nié, ou ridiculisé la prévision des éclipses, des comètes. Cet état du ciel était encore dans la catégorie des mystères. Ces mystères sont maintenant des faits.

§ VII.

L'Apocalypse n'est qu'un tissu de mots vagues, figurés ; c'est un amas d'hiéroglyphes fantastiques pour quiconque n'en a pas la clef. Il faut bien qu'un profond mystère y soit caché, s'il y a mystère ; et dans ce cas, le but de la Providence est inexplicable à l'homme, livré à son état naturel ou ordinaire. Mais l'on a déchiffré de nos jours les hiéroglyphes les plus obscurs de l'antiquité ; et les faits semblent prouver qu'on a découvert aussi la clef des symboles prophétiques ou prévisionnels du livre dont nous parlons.

§ VIII.

D'abord, il faut définir ce que l'on doit entendre par les mots *prévision* et *prophétie*. Si, dans son état normal, un homme, par suite de calculs de son intelligence, annonce un évènement futur, et que cet évènement soit produit avec les conditions qu'il aura indiquées, nous appellerons cette fonction intellectuelle, *prévision*. Mais si un homme a prédit une série d'événemens, s'il a présenté le tableau historique de ces événemens, par le moyen de signes, de chiffres, etc., et que ces évènemens se réalisent à

des époques indiquées par les rapports de ces signes, chiffres, etc., la *prévision* ne peut plus être considérée comme résultant du calcul de l'intelligence humaine, soumise à ses lois ordinaires. Elle est d'une nature plus élevée. C'est une sorte d'inspiration ; et dans ce cas, nous l'appellerons *prévision anormale* ou *prophétique*, ou bien, selon le langage des physiologistes magnétisans, nous la désignerons sous le nom de *prévision extatique*.

D'après le Commentaire dont nous donnons un aperçu, Saint-Jean aurait, dans son Apocalypse, prévu les évènemens les plus remarquables de l'histoire de nos dix-huit cent dernières années. Il serait donc prophète, ou inspiré pour une *prévision anormale*; car il est incontestable que dans son état ordinaire (et quand il ne se trouve pas en état d'extase magnétique), l'homme n'est jamais susceptible d'une perspicacité aussi profonde.

§ IX.

Or, toutes les conditions de *prévision extatique* ou *prophétique*, semblent se trouver dans l'Apocalypse d'après le commentaire d'*Ioung*. Nous allons en présenter les traits les plus remarquables.

Ioung donne d'abord des notions élémentaires et parle des époques prophétiques et des chiffres qui les désignent. Si l'on prend les chiffres apocalyptiques, par exemple : 42 mois de la bête, ou 1260 jours de la femme revêtue du soleil, ou les $\frac{1}{2}$, 1, 2 temps dans leur signification ordinaire, on n'aura que 10 à 11 ans pour l'espace apocalyptique. Si on fait de ces mois et de ces jours, des années, on ne trouve aucune concordance avec les évènemens historiques. C'est ce que les commentateurs avaient toujours fait ; et c'est ce que l'abbé *Bengel* et *Ioung* ont su éviter. Mais leurs calculs sont trop longs pour qu'on puisse en donner ici une idée complète. Nous ne pensons qu'effleurer leur système.

§ X.

666 est le chiffre radical de l'Apocalypse. Le seul point de vue (*Ioung* le prouve par l'Apocalypse même) est d'envisager ce

chiffre mystérieux comme étant composé de 3 parties ou *temps*, c'est-à-dire de 600, 60, 6. Si l'on divise 666 par 3, on obtient 222, dont la moitié est 111; le nombre 222 serait donc 1 *temps apocalyptique*, et 111 un demi temps, ou, d'après le calcul rigoureux de Bengel 111 $\frac{1}{9}$. La progression apocalyptique est par conséquent la suivante :

111 $\frac{1}{9}$ ou la moitié du temps de la femme revêtue du soleil.

222 $\frac{2}{9}$ ou un temps entier.

333 $\frac{1}{3}$ ou 1 $\frac{1}{2}$ temps, époque de la domination du paganisme sur le christianisme. Constantinople consacrée au christianisme à 334.

444 $\frac{4}{9}$ font 2 temps.

555 $\frac{5}{9}$ indiquent les 70 semaines de Daniel.

666 $\frac{6}{9}$ est la durée de la bête de la mer.

777 $\frac{7}{9}$ sont les 3 $\frac{1}{2}$ temps de la femme.

888 $\frac{8}{9}$ sont le temps du dragon.

1111 $\frac{1}{9}$ sont le *chrônos* des ames sous l'autel, etc.

Nota. Ce qui est encore bien remarquable, c'est que l'abbé Bengel a trouvé par le nombre radical apocalyptique le cycle ou le nombre radical de tous les mouvemens astronomiques (1) qu'on avait cherché si péniblement par des observations même les plus minutieuses, sans pouvoir le découvrir. Ce sont 280,000 années terrestres ou 252 chrônos apocalyptiques. Plusieurs astronomes ont, depuis peu, reconnu l'exactitude de ce calcul.

Au surplus, quant aux nombreuses figures emblématiques de

---

(1) Ce qui confirmerait, s'il en était besoin, la doctrine de l'Eglise-Primitive sur le système planétaire dont l'Apocalypse est déclarée être une allégorie. (*Voy.* p. 77).

l'Apocalypse, elles ont besoin d'explication pour être comprises, comme nous le verrons plus tard.

§ XI.

Après ces préliminaires, il importe, avant tout, de caractériser les trois personnages les plus marquans qui figurent dans ce drame mystique. Ce sont *la bête de la mer, la bête de l'abîme* et la *femme revêtue du soleil*.

Les orientaux et les prophètes ou prévisionnans sont accoutumés à une langue figurée, qui peut paraître en opposition avec la manière dont s'expriment les peuples occidentaux, et doit, en quelque sorte, leur paraître choquante, ridicule, absurde; mais au fond, c'est une langue poétique tout comme une autre; et la prophétie, si jamais elle a dû ou doit être encore produite par la Providence, n'a pu et ne pourrait parler que par allégorie. Quand le temps de solution de cette énigme est venu, on peut parler la langue naturelle ou philosophique, afin de la faire comprendre. Les trois personnages susdits sont des êtres abstraits et représentent le bien et le mal de l'humanité. Le *dragon* est la figure du mal, et paraît tantôt sous le caractère de la bête de la mer, tantôt sous celui de la bête de l'abîme. La *femme revêtue du soleil* est son antagoniste et représente la morale pure de Jésus-le-Christ.

§ XII.

La bête de la mer, dont l'apparition commence chap. 13, a reçu sa puissance du dragon ou principe du mal (chap. 13, v. 2). Or, le dragon ressemble, dans sa plénitude, à la monarchie universelle, ou au despotisme absolu. Par conséquent, il faut en conclure que la papauté est et doit être ce personnage; car aucune autre puissance religieuse n'a montré cette tendance à la monarchie universelle autant que la cour de Rome; aussi l'a-t-elle exercée pendant long-temps par son pouvoir sur les consciences des peuples et des rois, par ses intrigues, par un luxe qui éclipsait celui des monarques, etc. Ce n'était pas l'esprit de *Jésus*; aussi a-t-elle poursuivi tous ceux qui voulaient conserver la simplicité des premiers chrétiens, les *Pauliciens*, les *Moraviens*, les *Calvinistes*, les *Luthériens*, etc.

La vision de *Saint-Jean* (chap. 17, v. 18) est décisive sur la signification de la bête de la mer. Il dit : « La femme que tu as vue est la grande ville qui a le pouvoir sur tous les rois de la terre. » C'était alors Rome.

§ XIII.

Une autre bête, dont l'Apocalypse fait souvent mention, est *la bête de l'abîme*. C'est une abstraction d'un parti qui ne reconnaît plus de religion, qui met à la tête de l'intelligence la *raison exclusive*, laquelle s'adore elle-même et veut régner *sans Dieu*; au lieu que la bête de la mer veut gouverner *au nom de Dieu*. La bête de la mer a pour élément la superstition; et la bête de l'abîme, l'incrédulité. Celle-ci est plus coupable par son orgueil, celle-là par son hypocrisie.

§ XIV.

Une vision plus riante présentait à Saint-Jean une *femme revêtue du soleil*, la lune sous ses pieds, et une couronne de douze étoiles sur sa tête (chap. 12, v. 2); elle était enceinte et souffrante de douleurs de l'enfantement. Cette femme est l'Église de 144,000 *marqués*; les douze étoiles peuvent faire allusion à $12 \times 12 = 144$, comme elles font allusion aux douze Apôtres. L'image d'une femme enceinte vis-à-vis de la prostituée de Babylone, ou la bête de la mer, est une opposition tranchante. Cette femme est resplendissante du soleil, c'est-à-dire de la vérité de *Jésus-le-Christ*, qui est le soleil du monde intellectuel. (Notez que dans toutes ses prévisions, Saint-Jean n'avait en vue que l'Église dont Jésus-le-Christ l'avait institué le père). La lune indique la sagesse humaine, éclairée par le soleil de la religion. La foi est le feu central, la raison son reflet, mais l'un est le soutien de l'autre. La religion de *Jésus* est caractérisée par l'amour de ses semblables, la douceur, la modestie, la patience; opposition complète à toute espèce de despotisme, et, par conséquent, contraire au

naturel du dragon moral, qui n'est que violence, égoïsme et mensonge. Déjà *Bengel* comparait la femme revêtue du soleil à l'Église *Moravienne*, analogue à l'Église primitive, religion mère, épouse de l'agneau. Elle existe depuis le neuvième siècle; son siége principal est en Moravie et dans la Lusace. *Ioung* de même y reconnaît la religion de 44,000; mais malgré sa prédilection pour les *Moraviens*, il dit, 2ᵉ vol. p. 151 : « *Mais depuis ce temps-là* (la 1ʳᵉ édition), *il m'est devenu clair qu'une manifestation évidente de cette prophétie est encore* FUTURE. » *Ioung* ne connaissait pas l'Église primitive dont Saint-Jean était la source après Jésus-le-Christ; et l'existence de cette Église justifiait parfaitement les pressentimens d'Ioung; car c'est d'elle qu'on peut dire que les nations en étaient exclues, que les *marques* restent durant les quarante-deux mois de persécution dans la partie intérieure du temple; ou bien « qu'elle a peu de force, et que pourtant elle a conservé ma parole et ne l'a jamais démentie. » (chap. 3, v. 8).

§ XV.

Après avoir donné des notions générales, nous allons parcourir rapidement les époques les plus mémorables de l'histoire depuis Jésus-le-Christ.

La première vision représente sept chandeliers d'or, qui indiquent sept églises, savoir: *Ephèse*, *Smyrne*, *Pergame*, *Thyatire*, *Sardes*, *Philadelphie*, et *Laodicée* (chap. 1, v. 11). Au milieu d'eux était *un* qui ressemblait au Fils de Dieu, de la bouche duquel sortait une épée à deux tranchans, c'est-à-dire, la vérité. Ces églises n'étaient au fond que les différentes sociétés de l'avenir religieux.

L'église de *Thyatire*, suivant *Ioung*, ressemble à celle des *Moraviens*, des *Albigeois*; elle doit bien garder ce qu'elle possède, la vraie religion de *Jésus*, jusqu'à ce que vienne le Fils de Dieu (chap. 2, v. 25).

L'église de *Philadelphie* paraît jouir d'une prédilection particulière. Nous en avons donné les signes caractéristiques dans la description de la femme revêtue du soleil.

L'église de *Laodicée*, ce qui veut dire tribunal du peuple, est démocratique comme celle de *Sardes*, et ressemble assez à l'église protestante.

Laodicée se réunira, suivant l'Apocalypse, vers la fin, avec l'église de Sardes. Il en sera de même de Thyatire et Philadelphie, ou des Moraviens et des Johannites ou catholiques primitifs, qui ont une si grande analogie entre eux; leur règne sera théocratique; et ils deviendront les colonnes du temple de Dieu.

§ XVI.

Dans le quatrième chapitre, la vision change. Les sept chandeliers disparaissent; et *Saint-Jean* voit, dans le Ciel même, un trône entouré de vingt-quatre autres, sur lesquels étaient assis vingt-quatre vieillards, dont les têtes étaient couronnées d'étoiles. Celui qui était assis sur le trône du milieu tenait un livre fermé par sept cachets, symboles des difficultés pour l'ouvrir. Le cheval blanc qui sortait après le premier cachet ouvert, annonce, dans le sens prophétique, la victoire; c'était *Jésus*. Le deuxième cachet enlevé, il paraît un cheval rouge comme du feu, symbole de guerre. Le troisième cachet fait sortir un cheval noir, qui indique la misère, la faim. Le quatrième, cheval fauve, annonce la mort. Tous ces symboles appartiennent à l'histoire des premiers siècles, et nous ne les indiquons ici que pour donner un aperçu de la manière d'expliquer de l'auteur.

§ XVII.

Les six premiers cachets montrent la victoire du christianisme sur le paganisme; mais nous passons sous silence tous ces détails souvent frappans de vérité (§ 10).

§ XVIII.

Au chap. 7, v. 4, il est fait la première mention de 144,000 *marqués*, dont l'Apocalypse parle souvent (§ 14). C'était le

noyau du vrai christianisme, et qui fut mis à l'abri de toute atteinte, c'est-à-dire, *marqué*, enfermé durant le combat des passions et la purification de l'humanité.

§ XIX.

Dès que les 144,000 furent *marqués*, le septième cachet fut ouvert; sept Anges avec sept trompettes se présentèrent. La première excitait une grêle mêlée de sang (chap. 8, v. 7), indiquant les *Goths*, les *Huns*, qui tombèrent sur l'état romain. Les autres trompettes annonçaient des désastres semblables dont l'histoire fait mention.

§ XX.

Au chap. 10, v. 6 et 7, l'Ange annonce le temps où le grand mystère de l'humanité religieuse sera découvert, c'est-à-dire, que la vérité de *Jésus* sera reconnue. Pour trouver le chiffre historique, l'abbé *Bengel* a fait des rapprochemens ingénieux. La vision dit : qu'il ne durera plus un chrônos (chap. 10, v. 6), qui est $1111\frac{1}{9}$ comme nous l'avons dit (§ 10). Or, le temps de l'annonce doit être de 725 à 774; et 725, additionné à 1111, fait 1836. Par conséquent, comme l'annonce dit que cela ne durera plus un chrônos, nous sommes dans l'époque.

§ XXI.

Chapitre 12, v. 3, il paraît un dragon rouge comme du feu avec sept têtes et dix cornes, et sept couronnes sur les têtes. Une puissance à sept couronnes est à-peu-près ce que le dragon convoitait, la monarchie universelle. Le nombre de sept pourrait, en outre, indiquer les sept collines de sa capitale; et les dix cornes, les dix royaumes de la chrétienté. Et le dragon s'arrêta devant la femme qui devait enfanter, afin que lorsqu'elle aurait enfanté, il dévorât son fils (chap. 12, v. 4). En effet, le Pape *Hildebrand*, ou *Grégoire* VII, ne rêvait que monarchie universelle, et poursuivit l'Église Moravienne dès qu'elle fut instituée (au 9ᵉ siècle). Cette persécution a été portée à outrance, et a presque exterminé l'Église Moravienne. Nous savons déjà que cette église est, d'après *Bengel*, la femme revêtue du soleil (§ 14). Depuis ce temps, la vraie religion devrait encore attendre un temps, des temps, et la moitié d'un temps, pour être victorieuse. Or, un temps prophétique est $222\frac{2}{9}$: des temps veulent dire 2 temps $= 444\frac{4}{9}$, la moitié d'un temps $111\frac{1}{9}$, par conséquent, les $3\frac{1}{7}$ temps ensemble font $777\frac{1}{7}$ (§ 10). Le Pape *Grégoire* VII a obtenu, en 1058, que les Moraviens ne pourraient plus exercer aucun rit de leur religion. C'était le moment de les dévorer. Si l'on additionne ce chiffre avec $777\frac{7}{9}$, on obtient 1836, époque à laquelle l'Église chrétienne-catholique-primitive pourrait bien avoir, sinon triomphé de ses ennemis, échappé aux coups de la haine sacerdotale, du fanatisme, de l'ignorance et de la mauvaise foi, aux sarcasmes de l'impiété, aux outrages des folliculaires, etc., mais s'être assise sur une base assez solide pour qu'il lui fût permis d'étendre à tous les peuples de la terre les biens infinis qu'elle renferme dans son sein.

§ XXII.

Une époque très-mémorable de l'histoire religieuse est la réformation. Elle est indiquée par une blessure mortelle de la bête de la mer qu'une de ses têtes avait reçue (chap. 13, v. 3), mais qui se guérit de nouveau, à l'étonnement de toute la terre.

§ XXIII.

Pendant le trop long temps, que la superstition gouvernait le monde, l'incrédulité, à son tour, arrachait les rênes à la première. Le Jésuitisme cédait au Jacobinisme. C'est clairement désigné dans l'Apocalypse ; mais nous ne donnerons, à ce sujet, que des rapprochemens, pour ainsi dire généalogiques et qui nous paraissent curieux, des bêtes apocalyptiques, lesquels coïncident avec les époques mémorables de notre temps. D'abord (chap. 13, v. 5), le pouvoir est donné à la bête de la mer pour quarante-deux mois prophétiques ; et (chap. 13, v. 18) le nombre civil de la bête indique 666 (§ 10). On sait, par d'autres preuves encore, que les quarante-deux mois égalent 666. Or, il est certain

que l'apparition de la bête de la mer date du temps du Pape *Grégoire* VII, dont la domination universelle a été décrétée par le premier concile de l'Eglise occidentale à Rome, composé de plus de mille prélats. Si vous additionnez 1123 et 666, vous aurez 1789, première année de la révolution française, que l'abbé *Bengel* a, par ce calcul, prédit quarante ans auparavant. Mais à l'année 1123 la force de la bête ne fut pas encore complète; ce n'est que le Pape Innocent II, 1132, qui osa appeler son vassal l'empereur Clothaire II. Additionnez 1132 et 666, vous aurez l'an 1798. Est-ce hasard (1)?

L'histoire de la progression de la puissance de la bête de la mer, peut être comprise dans quatre époques, dont les différens degrés *correspondent* avec ceux de sa destruction : 1° sa naissance, qui date de 1123, et coïncide avec 1789, commencement de sa décadence. Ajoutez 666 à 1123, vous aurez 1789; 2° le temps de son élévation, bien établie en 1132, correspond à 1798, époque où Napoléon a comprimé le pouvoir papal : 1132 + 666 font 1798; 3° l'élection du Pape, qui avait long-temps été partagée entre l'empereur romain et la ville de Rome, fut opérée en 1143, en faveur de Célestin II, par les seuls cardinaux, ce qui établissait l'invasion du pouvoir absolu de Rome; mais aussi ce pouvoir fut-il en quelque sorte anéanti par le pouvoir de Napoléon, en 1809, époque correspondante à 1143; car 1809 est le résultat de 1143 et de 666; 4° la toute-puissance des Papes fut accomplie sous l'empereur Frédéric Barberousse, en 1170, époque correspondante de 1836; or, ainsi qu'on l'a déjà dit, 666 + 1170 donnent l'an 1836 (2), où le vieux serpent devrait perdre de sa puissance, et où le bon principe marcherait au triomphe, malgré la persécution qui pourrait encore être dirigée contre lui.

---

(1) Cette expression n'est ici que *pro formá*; le *hasard* étant impossible, et tout effet supposant nécessairement une cause.

(2) Quelles que soient ou que puissent être la valeur, la vertu, la puissance, ou l'influence des nombres, et sans nous permettre de nous ériger en juges

§ XXIV.

Il est encore frappant que la réapparition de la bête de la mer a été prévue par l'Apocalypse d'une manière incontestable. Le Pape était exilé, sa puissance anéantie, et la cour de Rome est revenue avec son luxe, son autorité, ses principes et sa tendance

---

sur cette matière, on ne saurait disconvenir qu'il se rencontre quelquefois des coïncidences numériques tellement remarquables, que, sans les donner comme des conséquences rigoureuses d'une doctrine, d'une vérité, ou d'une loi mathématique, l'on peut du moins les présenter comme des conséquences curieuses de combinaisons cycliques provenant d'un nombre radical déterminé.

C'est dans ce sens que nous rappellerons qu'un de nos Lévites, en désignant chaque lettre de l'alphabet par le chiffre qui exprime son rang, et en prenant le nom du Grand-Maître actuel de l'Ordre du Temple de N. S. le C., Souverain-Pontife de la catholicité-chrétienne,

$$\underbrace{\overset{6}{|}\overset{18}{|}\overset{5}{|}\overset{18}{|}\overset{5}{|}}_{\text{FRÈRE}}\ \underbrace{\overset{2}{|}\overset{5}{|}\overset{18}{|}\overset{14}{|}\overset{1}{|}\overset{18}{|}\overset{4}{|}}_{\text{BERNARD-}}\underbrace{\overset{18}{|}\overset{1}{|}\overset{24}{|}\overset{13}{|}\overset{14}{|}\overset{4}{|}}_{\text{RAYMOND}}\ \underbrace{\overset{6}{|}\ \overset{209}{|}}_{\text{F. (Fabré) (1)}},\ \text{dont le nombre est 209,}$$

avait trouvé, par une première décomposition de ce nombre 209 :

$$\underbrace{\overset{3}{|}}_{\text{C. (Chev.)}}\underbrace{\overset{7}{|}\overset{18}{|}\overset{1}{|}\overset{14}{|}\overset{4}{|}}_{\text{GRAND}}\ \underbrace{\overset{13}{|}\overset{1}{|}\overset{9}{|}\overset{20}{|}\overset{18}{|}\overset{5}{|}}_{\text{MAITRE}}\ \underbrace{\overset{4}{|}\overset{21}{|}}_{\text{DU}}\ \underbrace{\overset{20}{|}\overset{5}{|}\overset{13}{|}\overset{16}{|}\overset{15}{|}\overset{5}{|}}_{\text{TEMPLE}},\ \text{dont le nombre est 209 ;}$$

Par une seconde décomposition du même nombre :

$$\underbrace{\overset{19}{|}\overset{15}{|}\overset{21}{|}\overset{22}{|}\overset{5}{|}\overset{18}{|}\overset{1}{|}\overset{9}{|}\overset{14}{|}}_{\text{SOUVERAIN}}\ \underbrace{\overset{16}{|}\overset{15}{|}\overset{14}{|}\overset{20}{|}\overset{9}{|}\overset{6}{|}\overset{5}{|}}_{\text{PONTIFE}},\ \text{dont le nombre est 209 ;}$$

Par une troisième décomposition du même nombre :

ÉLU LE 4 NOVEMBRE, AN DU C. (Christ)¹ 1 8 0 4, dont le nombre est 209 ;

---

(1) En inscrivant, selon l'usage, son acceptation de la Suprême-Magistrature, dans la Charte de transmission, le G.-M. actuel n'a signé que *ses noms de religion et un seul nom patronymique*: (Fabré).

(293)

à la monarchie universelle (chap. 17). D'abord, elle s'est assise sur la bête de l'abîme, c'est-à-dire, elle s'est alliée avec l'incrédulité même; mais bientôt elle s'en est libérée et a repris l'attitude qu'elle avait depuis des siècles.

§ XXV.

Tous ces évènemens sont déjà historiques pour nous; l'avenir vérifiera ce qu'il reste dans le tableau apocalyptique. Des grands désastres sont encore annoncés. Une grande bataille doit être livrée à *Armagedon* (mot qui indique ou veut dire défaite totale),

---

Par une quatrième décomposition du même nombre :

SACRÉ LE MÊME JOUR A. (Apôtre), CHR. (Christ), P. (Prince); id. 209;

Par une cinquième décomposition du même nombre (*ou en indication générale*) :

ÉLU A. E. (Altesse Emin.) ET CONSACRÉ C. (Christ), EN L'AN 1 8 0 4; 209;

Par une sixième décomposition du même nombre :

RÉTABLIRA L'ÉGLISE C. (Chrét.) DE JEAN, 1 8 3 0; id. 209;

Par une septième décomposition du même nombre :

TRIOMPHE DE L'ÉG. C. (Chr.), C. (Cath.), JOHAN. (Johannite), 1 8 3 6; id. 209.

Enfin, par une huitième décomposition du même nombre, on trouve *la devise et le cri de guerre de l'Ordre*, dont l'un est gravé au recto, et l'autre au verso de la croix apostolique.

PRO DEO ET PATRIA V. D. S. A. (VIVE-DIEU-SAINT-AMOUR), *dont le nombre est* 209.

(294)

entre tous les rois et les peuples, et perdue par les rois (chap. 16, v. 16; chap. 19). *Ioung* croit voir après cette défaite, dans les métaphores apocalyptiques, une horrible anarchie.

§ XXVI.

Après cette défaite et après cette anarchie, le dragon sera enchaîné; la doctrine pure de *Jésus* triomphera, et la paix sera générale pendant mille ans.

Saint-Jean finit sa vision, comme il l'a commencée, en assurant que c'est lui-même qui l'a écrite (chap. 1.–chap. 22). *Cette attention, à coup sûr, doit être considérée comme prophétique; car il prévoyait ce qui est, c'est-à-dire, que peu de monde croit encore que l'Apocalypse soit l'œuvre de cet Apôtre* (1), *et encore moins qu'on puisse en donner l'explication.*

§ XXVII.

Si l'auteur de l'Apocalypse était un poète romantique de notre temps, on trouverait ce livre sublime. Toutefois, la main qui a écrit les Evangiles, chef-d'œuvre d'un Apôtre, voire même d'un philosophe, mérite quelque confiance. On ne peut croire qu'il ait voulu laisser à sept églises un testament aussi bizarre, aussi inintelligible, et même, on ose le dire, aussi absurde, s'il n'est pas prophétique ou prévisionnel. Et, nous le demandons aux hommes de

---

(1) Si l'Apocalypse ne renfermait quelque grand mystère, si elle n'était un livre digne de l'attention de la sagesse, comment serait-elle vénérée comme livre d'initiation, dans une religion qui consacre le concours de la raison et des sciences pour marcher à la recherche de la vérité?

Des philosophes chrétiens, ou des chrétiens philosophes qui ont pu conserver intact le trésor si précieux de tant de connaissances physiques et morales, lequel est lui-même la première base d'une religion toute rationnelle, ces hommes auraient-ils conservé avec le même soin et le même respect, un livre qui ne serait qu'un tissu d'absurdités?

Cela paraît impossible.

bonne foi : qui pourrait ne voir dans ces images majestueuses, variées, déroulant avec tant d'ordre l'histoire des siècles, qui frappent si vivement tout lecteur attentif, qui pourrait n'y voir que le fruit informe, et dépourvu de substance, d'une faiblesse sénile ou les extravagances d'un délire chimérique? — Il est en outre hors de toute probabilité qu'un calcul, compliqué de tant de figures emblématiques, de tant de chiffres mystiques, coïncidât avec l'histoire de 1800 ans, s'il n'était pas prévisionnel, et s'il ne provenait d'une intelligence placée dans l'état de la plus haute lucidité.

Il serait peut-être même impossible que l'imagination la plus riche et la plus heureuse eût coordonné tant d'harmonie dans un si vaste tableau. Ce qu'on appelle hasard pourait-il jamais rendre des événemens historiques dans la prédiction singulière de 1/2, 1, 2 temps?... On dit que toutes les prévisions ou les prophéties ont été arrangées après et non avant les faits; mais ici nous avons des preuves évidentes du contraire. *Bengel* a écrit quarante ans avant la révolution française (*qui est, en quelque sorte, la révolution de l'univers*), et *Ioung* a écrit, en 1797. Or, il y a maintenant tant de faits accomplis qui justifient l'exactitude de leur prévision, qu'il serait presque ridicule de vouloir les expliquer par ce mot *hasard,* mot vide de sens, mais qui, dans tous les cas, serait aussi incompréhensible que celui de *révélation,* tel qu'on l'entend ordinairement. Et qu'est-ce donc, si ce n'est point, ou si ce ne peut être l'effet du hasard? — Est-ce prévision, prévision humaine selon l'ordre normal des intelligences? Non. Ce serait donc une révélation ou une prophétie, selon l'acception reçue de ces mots (§ 8), ou bien une prévision selon l'ordre des lois de l'extase magnétique ou de la révélation par l'effet des dispositions spéciales dans lesquelles nous savons que peut se trouver placée l'intelligence humaine?... Il ne nous appartient pas de décider.

Du reste, nous sommes encore placés dans l'avenir... Attendons.

Nota. Depuis la découverte du grand cycle de 280,000 ans, faite par M. *Bengel,* cinq nouvelles planètes, Herschel, Vesta, Junon, Pallas et Cérès, ont été observées par les astronomes ; il serait très-intéressant de calculer si leurs révolutions sont comprises dans la période soli-lunaire de 40,000 années, qui embrasse si bien les mouvemens des planètes anciennes. Nous ne pouvons qu'engager les astronomes à vouloir bien faire cette vérification (*Voyez* page 284, Nota).

(*Voyez* pour le développement de cette Notice « *Siegesgechichte* », par Ioung).

(Note B).

PRIMATIE-COADJUTORIALE
DES GAULES.

> Dès à présent, plusieurs Ante-Christ paraissent ; d'où nous savons que la dernière heure est venue (v. 18). Ils sont sortis d'avec nous : *Mais ils n'étaient pas des nôtres : car s'ils eussent été des nôtres, ils seraient demeurés avec nous* (v. 19). Pour vous, tenez-vous inviolablement à la doctrine que vous avez reçue *dès le commencement* (v. 24).
> (*Première Épître de l'Apôtre Saint-Jean*, chap. ij.)

Dans un moment où nos frères ont pris la résolution de professer *publiquement* et le plus tôt qu'ils le pourront, la doctrine du christianisme primitif, et où la nécessité d'en revenir à cette doctrine se fait sentir de toutes parts, il est de leur devoir de repousser le reproche qui leur a été adressé *d'avoir empêché le fondateur de l'église catholique française et son clergé, de coopérer à la propagation de cette même doctrine.*

Nous ne chercherons pas à découvrir l'auteur d'une aussi misérable imposture, et que peut-être on pourrait qualifier de maladroite ; mais quelle qu'en puisse être l'origine, nos frères, pour mettre fin à des manœuvres qui ne tendraient qu'à propager des erreurs graves et à compromettre la dignité de l'Église chrétienne primitive, nos frères ont jugé que *l'on ne pouvait se dispenser* de placer sous les yeux des fidèles l'extrait du rapport qui a été fait aux autorités supérieures, sur la conduite dudit fondateur, par le très-révérend évêque, Bailly Jean de Jutland.

Il résulte de ce rapport et d'une enquête ordonnée par les autorités de l'Église,

1° Que (d'après des démarches multipliées, faites par le fondateur de l'église catholique française admis déjà dans les rangs de la milice du Temple), pleinement convaincus que la plus grande bonne foi, et le zèle le plus ardent et le plus pur pour la propagation de la vérité avaient présidé à la conversion de cet ecclésiastique à la religion des Chrétiens primitifs, le Patriarche et la Cour apostolique, avaient autorisé son élévation aux honneurs de l'épiscopat, pour qu'il fût ensuite placé sur le siége de la primatie-coadjutoriale des Gaules, après, toutefois, qu'il aurait fait par écrit, entre les mains de qui de droit, un acte formel d'adhésion à la croyance de l'Église primitive;

2° Que cet acte d'adhésion ayant été rédigé et signé par ledit fondateur, ainsi qu'il suit :

« *Animé, depuis long-temps, du désir de voir enfin la religion du*
« *Christ débarrassée des honteuses entraves que l'ignorance, la mau-*
« *vaise foi, le fanatisme, l'intérêt et de non moins viles passions ont*
« *imposées à l'église chrétienne, j'ai conçu le projet de m'élever contre*
« *un état de choses aussi contraire à l'esprit divin qui éclaira de son*
« *flambeau la raison humaine.*

« *Profitant du droit de liberté religieuse consacré par l'article 5 de*
« *la Charte de 1830, j'ai donc cru devoir émettre une profession de*
« *foi, le plus en harmonie possible avec les vrais principes de la religion*
« *et les mœurs du siècle, secondé par des ecclésiastiques animés du*
« *même sentiment, et non moins jaloux de coopérer à l'œuvre néces-*
« *saire de la réformation.*

« *Toutefois, ayant appris, surtout en lisant l'histoire des sectes*
« *religieuses par le vénérable évêque de Blois, que l'Église catholique*
« *primitive, dépositaire par transmission successive et jamais in-*
« *terrompue, des documens, des dogmes, des rites, de la morale et*
« *des pouvoirs des apôtres et des premiers disciples du Christ, avait*
« *en ce moment son siége à Paris, j'ai sollicité l'avantage d'obtenir des*
« *conférences avec les chefs de l'Eglise-mère, qu'on m'avait dit être*
« *aussi digne par la sainteté inaltérable de sa mission, de devenir le*
« *centre et la réunion de tous les chrétiens.*

« *Après un grand nombre de conférences, après avoir, par moi-*
« *même, pris connaissance des précieux documens sur lesquels s'appuie*
« *d'une manière incontestable la transmission légitime des pouvoirs*
« *apostoliques, ainsi que la pureté, l'inaltérabilité et la sainteté de*
« *la doctrine du Christ; en un mot, après avoir acquis la conviction*
« *que les croyances religieuses de cette Église étaient l'expression de la*
« *doctrine de l'Église primitive, doctrine reproduite,* en partie, *dans*
« *notre profession de foi;*

« *J'ai cru, en mon ame et conscience, qu'en fesant acte de pro-*
« *fession de foi dans cette Église, qu'en fesant acte d'adhésion à tout*
« *ce qu'elle croit et enseigne, et qu'en reconnaissant l'autorité irréfra-*
« *gable du Souverain Pontife et Patriarche de cette Église* (dont le
« dernier actuellement placé sur la chaire pontificale a été sacré
« Évêque catholique par M. Mauviel, pontife romain, Évêque
« de Saint-Domingue et Primat de la cour synodiale), *des princes*
« *apostoliques, des évêques, prêtres et autres lévites institués par la*
« *volonté du Christ; enfin qu'en adoptant entièrement cette foi primitive,*
« *c'était donner à l'Église catholique française soumise à l'autorité de*
« *l'Église primitive, la force puissante qui en découle et les maté-*
« *riaux dont nous avons besoin pour travailler avec fruit au grand*
« *œuvre du rétablissement de la religion et au triomphe de ses prin-*
« *cipes.*

« *En conséquence, je déclare, tant en mon nom, qu'au nom des*
« *ecclésiastiques et fidèles de l'église catholique française, qu'à compter*
« *de ce jour, j'adhère,* sans restrictions, *à ce qui est cru, professé et*
« *enseigné dans l'Église catholique primitive; que je reconnais comme*
« *mes supérieurs légitimes tous les supérieurs institués conformément*
« *aux règles de cette même Église, et que je me soumets, pour le présent*
« *et pour l'avenir, en tout et par tout, aux décisions émanées desdits*
« *supérieurs, rendues conformément aux lois de l'Église primitive, et*
« *selon la profession de foi de ladite Église;*

« *Qu'à l'exemple des Fénélon, Massillon, Mauviel, d'Ortosia,*
« *Clouet et autres vénérables princes apostoliques, lesdits supérieurs*
« *ayant pensé que toute réforme trop brusque peut être plus nuisible*
« *qu'utile, je pense aussi qu'il serait impolitique de changer, sans*

« transition, la profession de foi et les usages admis dans l'Eglise
« romaine et consacrés dans l'eglise catholique française;

« Aussi et jusqu'à ce qu'il en ait été autrement ordonné par les
« supérieurs de l'Eglise primitive, je continuerai l'exercice du culte
« selon les usages et avec les changemens adoptés; je maintiendrai
« la profession de foi que j'ai publiée; et lorsqu'il en sera temps,
« d'après ce qui sera déterminé par une décision apostolique, l'on
« établira dans cette profession de foi les nuances qui seront jugées
« les plus convenables par un synode formé du clergé de l'église de
« France, lequel clergé sera nécessairement composé d'évêques,
« de prêtres, et de diacres institués par les supérieurs légitimes;

« Enfin, le Prince des Apôtres ayant bien voulu me communiquer
« un décret de la Cour apostolique qui me confère le titre de Primat-
« Coadjuteur des Gaules; et croyant, pour le plus grand bien de la
« religion, devoir accepter une haute mission épiscopale qui peut me
« fournir les plus grands moyens de travailler au bien de l'Eglise;

« Je déclare qu'après que j'aurai été élevé aux honneurs du saint-
« épiscopat, il sera de mon devoir de préparer par tous mes moyens,
« et surtout par une lettre pastorale, les prêtres et fidèles de l'église
« française, à recevoir les bienfaits que les chefs de l'Eglise chrétienne
« se proposent de leur dispenser, et qui leur permettront de par-
« ticiper enfin aux précieux usages, rites et cérémonies consacrés, et
« pratiqués par les chrétiens des premiers siècles, et conservés sans
« interruption depuis notre Seigneur jusqu'à ce jour.

« En foi de quoi, j'ai signé le présent, ce 4 mai 1831. L'abbé
« CHATEL, prêtre, fondateur de l'église catholique française, ap-
« prouvant six renvois marginaux et trois mots rayés nuls.

« Je declare adhérer entièrement et sans réserve à l'écrit d'autre
« part. L'abbé AUZOU, vicaire général de l'église catholique française

« Je déclare adhérer entièrement et sans réserve à l'écrit d'autre
« part. L'abbé BLACHÈRE, vicaire général de l'église catholique
« française.

« Je déclare, etc. » (Suivent d'autres adhésions.)

et cet acte d'adhésion ayant été jugé suffisant, M. Jean de Jutland
a été délégué pour procéder à la consécration épiscopale du susdit;

3º Que cette cérémonie a eu lieu selon la *lettre* et *l'esprit* du formulaire inséré dans le *Lévitikon*; et qu'après cette cérémonie, le nouvel évêque a été instalé sur le siége de la primatie coadjutoriale des Gaules ;

4º Que les lettres de consécration ont été remises par M. le Bailly de Jutland au nouvel évêque, ainsi qu'il appert du duplicata desdites lettres, signé de la main même de ce dernier et de M. de Jutland, et déposé, conformément aux règles, dans les archives de la chancellerie de l'Eglise ;

5º Que le primat-coadjuteur des Gaules ne remplissant point l'engagement formel, tant écrit que verbal, qu'il avait contracté, d'annoncer en chaire, chaque dimanche, et dans ses divers mandemens et lettres pastorales, et de faire annoncer que l'église de France aurait l'avantage de participer avant peu, à tous les bienfaits de l'Eglise chrétienne primitive ; et ledit coadjuteur manifestant au contraire, de plus en plus, l'intention de continuer dans son église la parodie des cérémonies religieuses romaines, et d'en faire l'objet d'une spéculation, le synode mentionné dans *l'acte d'adhésion* a été réuni par ordre supérieur.

6º Que ce synode (composé de plusieurs évêques et docteurs de la loi, notamment des docteurs attachés à l'église coadjutoriale des Gaules), étant chargé tant de prendre connaissance de l'état de l'administration de ladite église, que de statuer sur la réforme, a décidé que le temps était arrivé de proclamer franchement et loyalement la doctrine de l'Eglise primitive, ou du moins, de préparer par de fréquentes prédications, les fidèles à recevoir cette doctrine ;

7º Que, sur la demande formelle du trésorier de l'administration, le même synode a déclaré que l'honneur de l'église française et la responsabilité du trésorier, exigeaient que le primat-coadjuteur et son vicaire rendissent enfin et sans plus tarder compte des sommes qu'ils avaient perçues en contravention à leurs devoirs, et malgré leurs prospectus, lettres aux maires etc., où il est dit expressément que *lui, coadjuteur, a interdit à son clergé, et* qu'il s'est interdit à lui-même tout maniement des deniers de l'église, lesquels deniers devaient être versés dans la caisse de M. le trésorier, *seul* chargé de les percevoir au nom de l'administration, mais dans la caisse duquel aucune somme n'a été versée ;

8° Que le coadjuteur et son vicaire (qui *seuls* ont été d'un avis contraire à celui des autres membres du synode), ont, sous divers prétextes, ajourné la prise en considération d'un double vœu dont l'exécution devait assurer enfin la marche d'une sage administration, ramener l'ordre dans l'église catholique française, et faire participer les fidèles aux avantages d'une réforme attendue en vain pendant si long-temps ;

9° Que des ordres précis ayant été intimés à ce sujet, par les autorités supérieures, à M. le coadjuteur, non-seulement il en a éludé l'exécution, mais qu'il a témoigné en quelque sorte par toute sa conduite, qu'en sollicitant son aggrégation à l'Église primitive, il n'avait eu d'autre but que d'obtenir l'épiscopat et de secouer ensuite l'autorité de cette Eglise, de la même manière qu'il avait secoué l'autorité de l'Eglise de Rome ;

10 Que pour mieux préparer les voies de sa défection, il n'avait pas craint de publier qu'il tenait l'épiscopat d'un évêque romain (dont il taisait, disait-il, le nom, dans la crainte de lui faire perdre son diocèse), et qu'il était évêque selon l'Église romaine ; lorsque, par une singulière contradiction, il déclarait confidentiellement à qui voulait l'entendre, qu'il était le Patriarche ou le Vice-Patriarche de l'Eglise catholique française, par élection du peuple ;

11° Que pour justifier ses assertions, et ne point laisser des doutes sur la nature de son épiscopat, il avait résolu de procéder solennellement à une ordination de prêtres, selon le pontifical et l'esprit de l'Église romaine ;

12° Qu'ayant eu connaissance d'un tel oubli des devoirs les plus sacrés, et voulant prévenir les suites scandaleuses d'une imposture sans exemple, et rendre hommage, en même temps, à l'esprit de tolérance que professe notre Eglise pour toutes les

croyances, et à son respect pour les règles mêmes et les pouvoirs hiérarchiques établis dans l'Eglise de Rome, M. le Bailly de Jutland, après avoir pris les ordres de l'autorité supérieure, s'était hâté de se rendre chez le primat-coadjuteur des Gaules, dans l'espérance de le faire revenir de son funeste égarement et de lui éviter le regret d'avoir violé les promesses les plus saintes, d'avoir trompé indignement et les fidèles de l'église française et de jeunes lévites, notamment les sieurs Plumet et Laverdet, qui se livraient à lui de bonne foi (du moins nous croyons devoir le juger ainsi), lévites qu'en homme d'honneur il ne pouvait ordonner selon l'esprit et la règle d'une Eglise de laquelle il ne tenait pas ses pouvoirs et dont le dogme est si peu en harmonie avec celui de l'Église du Christ ;

13° Que, malgré les prières du Bailly de Jutland, le coadjuteur, persistant dans sa coupable résolution, et se prétendant évêque de la communion romaine, *par la raison que le Souverain Pontife actuel de l'Eglise primitive avait été sacré par un évêque qui avait fait partie de l'épiscopat romain, ainsi que lui coadjuteur avait eu le soin de le noter dans son acte d'adhésion*, et croyant, en outre, en sa qualité de fondateur, chef et maître de l'église catholique française, avoir le droit de ne reconnaître aucun supérieur, manifestait l'intention d'exercer l'épiscopat, comme il l'entendrait ;

14° Qu'après avoir supplié de nouveau le coadjuteur, et lui avoir ordonné, même, s'il en était besoin, de se souvenir du serment qu'il avait prononcé solennellement lorsqu'il avait été sacré évêque ; qu'après lui avoir inutilement démontré l'immoralité et l'absurdité de ses prétentions, et lui avoir rappelé que lors même que le Patriarche qui avait été sacré, il est vrai, par un ancien évêque de l'Église romaine, lui eût transmis lui-même les pouvoirs épiscopaux, une telle transmission n'ayant pu avoir été faite selon l'esprit et le mode de l'Eglise romaine, mais selon l'esprit et le rituel de l'Eglise primitive et avec *l'intention formelle* de procéder exclusivement selon l'esprit et la règle de cette dernière Eglise, il était incontestable que dans ce cas, lui coadjuteur n'eût pu recevoir d'autres pouvoirs que ceux de l'Eglise primitive ; et que si le Patriarche n'eût pas eu l'intention de le sacrer selon l'esprit de l'Eglise romaine, lui coadjuteur ne serait pas plus évêque romain, que ne le seraient des hommes que le Pape, devenu chef des Calvinistes ou des Musulmans, aurait, en cette dernière qualité, élevé au rang de ministres ou d'ulémas;

Que d'ailleurs la nature du sacre de Souverain Pontife ne pouvait pas être invoquée dans le cas présent, puisque lui coadjuteur, n'avait pas été consacré par le Souverain Pontife, mais bien par lui Bailly de Jutland, qui, n'ayant jamais reçu ni eu la volonté de recevoir l'épiscopat de l'Eglise de Rome, n'avait pu transmettre que les pouvoirs qu'il avait reçus de la seule Eglise primitive, selon le rite et la foi de laquelle il avait été consacré évêque;

Conséquemment, que lui coadjuteur n'avait ni la puissance ni le droit de transmettre aux lévites qu'il se proposait d'ordonner prêtres, des pouvoirs qui ne seraient pas ceux de l'Eglise primitive, de laquelle seule il tenait la puissance et les droits épiscopaux, etc., etc.

15° Enfin, que, vu la conduite du coadjuteur, laquelle annonçait, une résolution positive d'abjurer ses sermens, et de passer outre à l'ordination, lui Bailly de Jutland avait cru qu'il était de son devoir d'honnête homme et de Pontife, de déclarer ledit coadjuteur indigne d'exercer le saint ministère et de *le soumettre à l'interdiction;* etc.

Sur le vu dudit rapport, et après une enquête légale, l'autorité supérieure s'est vue dans la douloureuse nécessité de confirmer la sentence rendue par M. de Jutland. Elle a déclaré vacant le siége de la primatie-coadjutoriale des Gaules, et a chargé, *par interim*, un des vénérables conseillers apostoliques, de l'administration de la coadjutorerie.

Il a été, en même temps, pris des mesures sévères d'après lesquelles il y a lieu d'espérer que l'Eglise du Christ n'aura plus à gémir sur l'admission d'hommes dont le but serait encore de faire du Temple un bazar, et un théâtre du Sanctuaire.

FIN.

TABLE

DES PRINCIPALES MATIÈRES.

AVERTISSEMENT, page 1.

Examen critique du Lévitikon et des Évangiles de l'Église primitive, par l'évêque de Blois, 7, et par l'évêque de Zélande, 16.

Statut fondamental du gouvernement de l'Église, 21.

Des Conciles et Convens généraux, 22 (*Note*).

Prince des Apôtres, Souverain Pontife et Patriarche, *ibid.*

Cour Apostolique-Patriarchale. Princes-Apostoliques, 23.

Cour Synodiale-Primatiale, 26.

Cours Primatiales-Coadjutoriales, *ibid.*

Synodies Épiscopales, 27.

Synodies Curiales ou Capellanies, 28.

Insignes et Costumes des Lévites, 30.

Titres des Lévites (la plupart de ces titres ne sont plus usités en France), 40.

Signes distinctifs des Lévites des divers Ordres et des Dignitaires de l'Église, 42.

De l'Élection des Pasteurs, 22 à 29.

Division territoriale de l'Église, 43 (*Note*).

Lettres de Constitutions lévitiques, 44.

Lévitikon, ou Exposé des Principes philosophiques ou fondamentaux de la Doctrine Religieuse-Chrétienne-Primitive, 49.

Six premiers Ordres Lévitiques, 50.

Septième Ordre, ou Diacre, 51.

Huitième Ordre, Prêtre-Docteur de la Loi, 64.

Neuvième Ordre, Évêque ou Pontife, 84.

Du Mariage des Lévites, 49 (*Note*).

Dieu (Définition de), 52.

Doctrine de Moïse, sur Dieu, d'après Strabon, 52 (*Note*).

Comparaison de la définition de Dieu, selon l'Église primitive, avec les définitions données par Fénélon et le professeur Cousin, 58 (*Note*).

Gradation infinie d'intelligences, faisant partie du grand Tout ou Dieu, 53.

Hiérarchie entre les intelligences de même nature, 59.

De ce que l'on appelle *Ame*, 55.

Rapports de l'Ame avec le Corps, *ibid.* (*Note*).

L'Ame est au Corps ce que Dieu est à l'Univers, 57.

De l'Église du Christ; quels sont ses rapports avec la religion de Dieu? 51.

De la Foi Chrétienne, 52.

Il n'est qu'une seule religion vraie, celle qui est basée sur les lois éternelles de la nature, et avouée par la raison, 60.

Les lois essentielles de la nature sont immuables, 61-72.

Conséquences de ce principe, 72 (*Voyez* le Post-Scriptum).

La Religion Chrétienne est la religion révélée à la raison; elle est celle qu'ont professée les Égyptiens et les Hébreux, 61, 68 et 266.

Jésus-le-Christ a reçu l'Institution théocratique, dans le

Temple de l'Éternel, par l'organe des sages de l'Égypte, Princes de l'Église de Dieu, 61-67.

Passage remarquable d'Arnobe, sur les pratiques religieuses des Égyptiens, que les Païens accusaient Jésus-le-Christ d'avoir dérobées dans les lieux les plus secrets des temples d'Égypte, 62 (*Note*).

Rang de Jésus dans l'Ordre des intelligences, 72.

Sa nature, 73 *et suiv.*

Sa mission, 265.

Jésus prêche l'amour de Dieu, l'amour du prochain et l'égalité, en droits, de tous les hommes devant leur Père commun, 62.

Droit des peuples de se donner des gouvernemens, 69.

Une des lois chrétiennes est l'obéissance aux gouvernemens temporels ; mais à l'Église seule appartient le gouvernement de l'Église ou de la religion, 60, 269, n° 20.

Jésus institue l'Apostolat, et proclame Jean père de l'Église, 63-68-71-266.

Jésus est-il ressuscité? 72 (*Voyez* Post-Scriptum).

Transmission de l'Apostolat et du dépôt de la doctrine du Christ aux Grands-Maîtres des Templiers, 64-85.

De la *Trinité*, ou des trois Puissances essentielles de Dieu, *Père*, *Fils* et *Saint-Esprit*; définition de ces puissances, 65-264.

Chaque partie de ce qui compose l'Univers, ou Dieu, participe, selon sa destination, à une partie des trois puissances de Dieu, 67.

Symboles Sacramentels : Baptême, Eucharistie, Sacerdoce, 69-268, n° 17.

Les pouvoirs des Lévites, depuis la venue du Christ, sont les mêmes que ceux des Lévites qui existaient avant Jésus, 77.

Lesquels pouvoirs doivent se transmettre jusqu'à la fin des siècles de l'homme, 266, n°s 11 et 12.

Similitude de l'Ordination des anciens Prêtres Égyptiens et Juifs, et des Chrétiens, 80 (*Note*).

De l'Écriture et de la tradition, 88-267.

Livres transmis par l'Apôtre Jean, seuls reconnus authentiques, 77-231 (*Note*).

Sous quel rapport doivent être considérés les livres non-reconnus authentiques. Altération des écritures, etc., 78 (*Note*) et 267, n° 14.

Que doit-on entendre par création? 78 (*Note*).

Cérémonies de l'Ordination sacerdotale, 80.

Paroles sacramentelles de la Cène, 82.

Résumé de la Doctrine chrétienne (*Voyez* le Sacre des Évêques, 83 à 93 et le Symbole de Foi, p. 264 et suiv.).

Les Évêques ayant reçu l'Esprit-Saint dans l'Ordination sacerdotale, par l'imposition des mains, le prononcé des paroles sacramentelles et l'onction, doivent-ils recevoir une nouvelle imposition, etc., pour la validité de leur sacre? 85 (*Note*).

Existe-t-il une différence radicale entre les Prêtres et les Évêques? 86 et *Note*.

Nulle puissance n'a le droit de changer ou modifier la doctrine qui constitue la Foi chrétienne ou évangélique, 89-267.

Des trois Vertus théologales, la Foi, l'Espérance et la Charité, 50-268.

L'homme qui pratique la Charité, quoique dans le sentier de l'erreur, a-t-il droit à la participation aux graces de Dieu? 89-90-268, n° 16.

L'homme étant doué du libre-arbitre, peut-il, quand son orga-

nisation n'est pas altérée, discerner le bien d'avec le mal? 91-265.

Vie éternelle, 71-265.

Des récompenses (dans une autre vie), sont destinées à la vertu, et des punitions au vice, 71-90-91-265.

Les intelligences dont se composent le grand Tout, ou Dieu, peuvent faillir; l'intelligence suprême seule ne peut pas faillir, 92.

Conditions pour être admis à faire profession de foi religieuse, 268, n°s 18 et 19.

Evangiles de l'Apôtre Jean, selon l'Église primitive et selon la Vulgate.

	Vulgate.			Église primitive.	
Chapitre	Ier.	p. 98.	Évangile	Ier.	p. 99.
	II.	106.		II.	107.
	III.	110.		III.	111.
	IV.	116.		IV.	117.
	V.	124.		V.	125.
	VI.	132.		VI.	133.
	VII.	142.		VII.	143.
	VIII.	150.		VIII.	151.
	IX.	160.		IX.	161.
	X.	166.		X.	167.
	XI.	172.		XI.	173.
	XII.	180.		XII.	181.
	XIII.	188.		XIII.	189.
	XIV.	194.		XIV.	195.
	XV.	200.		XV.	201.
	XVI.	206.		XVI.	207.
	XVII.	212.		XVII.	213.
	XVIII.	218.		XVIII.	219.
	XIX.	224.		XIX et dernier	225.
	XX.	232.			
	XXI et dernier.	235.			

Procès-verbal de l'inventaire des archives de la milice du Temple, en Convent général, l'an 1810, 238.

Charte de transmission, 241.

Des Chevaliers et Écuyers. Des Dames Chevalières et Chanoinesses du Temple, et de leurs devoirs, 49-252-261 (*Note*), 263 et 276, n° 33.

Série chronologique des Souverains-Pontifes, depuis Jésus jusqu'à ce jour, 254.

Rituel cérémoniaire du Saint-Sacrifice, ou de la Cène, pour les jours fériés, 261.

Symbole de la Foi apostolique, 264.

Rituel-Diurnal pour les autres cérémonies religieuses, 277 (*Note*).

Abrégé analytique d'un commentaire de l'Apocalypse, 279.

Manière dont doivent être envisagées les prévisions de l'Apôtre Jean, 279 (*Note*), 282-295.

Nombre radical de l'Apocalypse, 283.

Décomposition de ce nombre, 284.

Résultat curieux de la décomposition du nombre radical du nom du Souverain-Pontife actuel, 291 (*Note*).

Le grand cycle, ou nombre radical astronomique trouvé par les nombres apocalyptiques, 284.

Événemens prédits et accomplis par les rapports des nombres apocalyptiques, 289 *et suiv*.

Déclaration essentielle au sujet de l'ex-Primat-Coadjuteur des Gaules, 297.

FIN DE LA TABLE.

ERRATA.

Page 51, ligne 9, *supprimez* : de la porte.
   52,   3 de la note, *lisez* : appelons.
   69,   20-21, *lisez*: λάβε πνεῦμα ἅγιον· ἄν τινῶν ἀφῇς τὰς ἁμαρτίας,
          ἀφιένται αὐτοῖς; ἄν, etc.
   80,   6, *lisez* : ἄν.
   93,   20,   le linge.
   119,   3,   cau-là.
   246,   26,   *dixi.*

Tous les exemplaires sont frappés d'un timbre sec.

(*) Tout ce prétendu extrait est falsifié [illegible struck-through] pollution de Fabri - Palaprat.

EXTRAIT DU SUPPLÉMENT.

(Voyez page 72, avant la *Note*).

Au surplus, la résurrection, telle qu'elle est indiquée dans les Évangiles non reconnus authentiques par l'Eglise primitive, est un acte contraire aux lois de la nature; et, quoique la puissance de Dieu soit infinie, quoiqu'il ait incontestablement le pouvoir de modifier ou changer, non les lois essentielles et nécessaires sur lesquelles reposent son *existence*, son *action* et son *intelligence*, ou en d'autres termes, *son essence divine*, mais seulement les lois que nous appellerons d'*harmonie*, et par lesquelles sont régies, de toute éternité, les parties qui constituent la trinité ou l'essence de Dieu; attendu que cette puissance infinie marche de concert avec la sagesse et la justice de Dieu, qui sont aussi des puissances infinies, je ne puis croire que sans une nécessité absolue, Dieu use, en aucune circonstance, et pour quelque cause que ce puisse être, de cette souveraine puissance, soit pour changer l'ordre établi de toute éternité au sein des parties qui constituent l'univers (ou l'essence même de Dieu), soit pour modifier quelques-unes des lois qui établissent l'harmonie entre les diverses parties constituantes de cet ensemble.

D'ailleurs, les Évangiles écrits par l'apôtre Jean ne parlent formellement d'aucun acte de Jésus, relatif à un changement des lois de la nature; et s'ils contiennent les merveilles de la guérison de Lazare, qualifiée de résurrection (Evangile 11), des guérisons qualifiées de miraculeuses, d'un paralytique (Evangile 5), d'un aveugle (Evangile 9), du fils d'un officier à Capharnaüm (Evangile 4), d'une apparence de changement d'eau en vin aux noces de Cana (Evangile 2), etc., etc., etc., merveilles (1) dont il est

(1) Qualifiées de *choses étonnantes* et de manifestation de *la science* de Jésus (*Voy.* l'Évang. 2 au sujet du changement d'eau en vin).

aisé de trouver l'explication ; Jean, dont le langage figuré, parabolique, allégorique, est toujours empreint du sceau de la vérité, n'a eu pour but, en rapportant ces faits, que de rendre hommage aux connaissances extraordinaires de Jésus dans les hautes sciences enseignées dans les temples de l'initiation.

Quant à d'autres actes mentionnés dans les Évangiles primitifs, et qui sont présentés comme miracles dans les Évangiles non reconnus par l'Église primitive, ce ne sont que des allégories dont il est de même aisé d'expliquer le sens (surtout si l'on a reçu la transmission des connaissances de la haute et sainte initiation).

D. Vous ne croyez donc pas à l'existence des miracles, selon l'acception reçue de ce mot ?

R. Je ne puis y croire, d'après les raisons que je viens de donner : mais s'il avait existé des miracles, Dieu, encore une fois, n'aurait pu les produire sans un but de nécessité absolue : or, dans aucun cas, il ne saurait y avoir de nécessité à Dieu de révéler quelques-unes de ses lois éternelles par des miracles, ou, en d'autres termes, par le bouleversement d'une partie de ces mêmes lois, puisqu'il a la puissance de recourir à des moyens infiniment plus simples de révélation et de conviction.

Dans le cas dont il s'agit, les miracles n'auraient lieu que pour établir une croyance nécessaire au bonheur des hommes ; mais comme, d'après la définition de la Divinité, transmise dans l'Église par la révélation, la raison et la vérité, il eût suffi du concours de sa volonté, de sa sagesse, de sa bonté et de sa justice, infinies, pour que chacun fût pénétré de cette croyance, et que ce moyen d'imprimer la foi eût été le plus simple et le plus efficace, il est impossible de croire que Dieu ne l'eût pas employé de préférence à tout autre.

En outre, les miracles opérés dans le but de certifier la vérité d'une doctrine religieuse et de déterminer la croyance à cette doctrine, intéressent également tous les enfans de Dieu ; car, puisque Dieu est un, il ne peut y avoir qu'une seule religion vraie. Donc tous, sans distinction, doivent être les témoins de ces miracles, ou du moins tous ont le droit d'en être les témoins et de réclamer ce témoignage.

Tout cela est de
fabri — Palaf

Tout cela est du Fabré
Palaprat

En effet, il serait souverainement injuste de favoriser les uns en les rendant témoins de miracles, et en privant les autres de l'avantage de ce moyen de conviction. Or, il est de fait que les miracles qu'on dit avoir été opérés pendant la vie, au crucifiement et après la mort de Jésus-le-Christ, et plus tard par ses Disciples et autres, il est de fait, dis-je, que ces miracles, opérés pour la conversion de *l'univers entier*, n'auraient été vus que par *un très-petit nombre* de personnes parmi lesquelles se seraient même trouvés des incrédules. Il est surtout établi que Jésus est mort publiquement, au milieu d'un peuple nombreux, et que nul ne l'a vu ressusciter.

Au lieu de montrer sa glorieuse et triomphante résurrection au yeux de *l'univers entier*, intéressé à embrasser le culte dont elle fût venue attester la sainteté, Jésus aurait, d'après tous les écrits publiés à ce sujet, apparu (quelque temps après sa résurrection, et non au moment même), d'abord à deux femmes, et puis à quelques Disciples (qui ne l'auraient même pas reconnu), dont un, entre autre Thomas, aurait eu besoin de toucher les plaies de son maître, pour croire à sa résurrection, quoique déjà des témoins, qui devaient être irrécusables à ses yeux, lui eussent certifié (ainsi qu'on nous le certifie à nous) qu'il était ressuscité, qu'on l'avait vu, qu'on lui avait parlé, etc.

Mais si les miracles dont il s'agit ont été jugés nécessaires pour opérer, pour décider la foi d'hommes, témoins journaliers des vertus, des doctrines, de la parole toute puissante, en un mot, de tous les actes de la vie du Christ et de sa volonté divine, qui suffisaient mille fois pour établir leur foi, que devrait-ce être pour ceux qui n'ont pas eu le bonheur de marcher à la suite du Seigneur, de manger avec lui, de recueillir ses paroles? etc. Certainement, et selon les lois de la plus rigoureuse justice, ces miracles, ou d'autres analogues, auraient dû frapper également les sens de tous les hommes, et ils devraient se renouveler pour tous, sans exception aucune, jusqu'à la fin des générations.

Mais puisqu'un grand nombre de générations qui nous ont précédés, depuis l'établissement du Christianisme, ont été privées du bienfait des miracles, et que nous en sommes privés de même;

que le salut de ces générations et le nôtre est et doit être aussi cher à Dieu que le salut de nos frères qui ont vécu du temps de Jésus-le-Christ et de ses premiers Disciples, nous devons conclure (abstraction faite des lois de la nature, qui ne sauraient être bouleversées sans nécessité, et qui, par conséquent, ne peuvent être jamais bouleversées), nous devons conclure, d'après les seules lois de la sagesse, de la justice et de la bonté infinies de Dieu, que lui, Père commun des hommes, n'a pu favoriser quelques-uns de ses enfans, plus que les autres qui ont les mêmes droits à sa justice et à sa bonté, et, par conséquent, qu'avant Jésus, de son temps et depuis son avénement, il n'y a pas eu et n'a pu y avoir des miracles (*tels qu'on l'entend par ce mot*), et que la sainteté de la doctrine du Christ, qui est celle de la raison, portant en elle-même les germes de conviction et les moyens les plus propres à l'établir, c'est dans elle seule que nous devons puiser, et que nous puisons notre foi.

Quant aux témoignages pris dans les martyrologes, nous pensons qu'il est inutile de les citer. Tout le monde sait ce que peuvent produire l'enthousiasme et le fanatisme. Les martyrs dont on nous parle ont voulu, dit-on, certifier par les supplices auxquels ils se soumettaient, ce qu'une imagination égarée leur présentait comme une vérité; mais puisque nous savons qu'ils ne croyaient que sur paroles, et que, lorsqu'il s'agit de juger et prouver l'existence d'un fait, il faut autre chose que des paroles, il est impossible d'invoquer le *témoignage* d'hommes qui se sont fait immoler pour attester ce dont *il est certain* qu'ils n'ont pas été les *témoins*.

Et, d'ailleurs, toutes les religions connues étant appuyées sur des narrations de miracles déclarés incontestables, et ces miracles étant de même scellés du sang de nombreux martyrs, il s'en suivrait que, par le fait même de l'existence des martyrs de toutes ces religions, on devrait croire ce que chacune de ces religions enseigne: ce qui serait souverainement absurde. C'est pourquoi je maintiens mes conclusions.

FIN DU SUPPLÉMENT DU LÉVITIKON.

Tout cela est de fabri
- Palaprat.

www.ingramcontent.com/pod-product-compliance
Lightning Source LLC
Chambersburg PA
CBHW060231230426
43664CB00011B/1607